済から実行され，地方の経済を活性化させる動力にもなっていた。

第2章(「中小企業における現状——上海を事例として——」)：上海は中国で最も中小企業が早く勃興した地域であり，しかも全国に先駆けて中小企業に関する調査をした地域でもあった。その調査結果を中心に紹介し，そこで何が問題になっているかを列挙しておいたが，その問題点はすべてその後における中国の中小企業の諸問題を含んでいる。ただ，日本との比較でいえば，当時の中小企業家と呼ばれる中国の経営者は，基本的に企業家精神に欠けていたが，現在ではソニーやホンダの創業者の精神を目標に企業活動を考えている。

第3章(「中小企業の政策課題——『白書』をめぐって——」)：中国ではじめて『中小企業白書』が出版され，その出版の意義と目的を紹介しておいた。中国経済の中で，中小企業が21世紀の柱となるという位置付けを行っており，その下で中小企業の現状と各地区の成功事例を学んでほしいという意図で出版された。特に，政府が中小企業とどのような関係をもつべきかをめぐって議論されたことを，是非読み取ってほしい。

第4章(「中小企業における政策の諸問題」)：朱鎔基政権が誕生し，本格的に中小企業政策が提案され，実行段階に移行すべき提言ではなかったかと思われる。その政策はどのような施策で中小企業を育成し指導していくかを，提言したものであった。しかし，具体的にみれば，政府が保有する既得権，つまり企業に対する許認可権がどんな基準でなされているかが不明なこともあって，企業を設立するのに大変複雑な手続きを解消しないままなされていることなどを論じておいたが，それらは多くの実践経験を重ねることによって解決されていくのではないかと思われる。その根拠はこの政策提言が一つの方向を示していることを評価したい。

第5章(「中小企業の産業政策による競争力の育成」)：中国は念願のWTO(世界貿易機関)加盟を果たしたが(2001年12月)，それは世界経済に組み込まれることであった。中国経済が世界を相手に競争することになるのである。つまり，本格的な市場経済がスタートしたのである。そうした経済環境の下で，中国の企業はどのように各国の企業を相手に競争していくのか，国内の諸機関で，しかもいろいろな分野からの問題提起もあって，議論は活発であった。特に，中

はじめに

　中国経済は現在世界の中で最も活気のある状態にある。ヒトもカネもモノも，それから情報まで雑多なものが集中してきている。あらゆることがピンからキリまである。それは経済分野でいえば，世界の超一流企業から名もない企業まで混在している。それが中国の国内で凄まじいまでの活動と活力となって，表面的にいえば，格差拡大の現象を生んでいるが，経済発展に邁進している。

　何故，中国経済はここまで急成長を遂げたのか。当然，そのスタートは1978年末・鄧小平による「改革開放」政策の導入であり，そして1993年の「社会主義市場経済」の決定であり，そうした継承の下での朱鎔基政権の「三大改革」（国有企業，金融，行政）ではなかったかと思われる。

　本書は中国経済が成長する過程で，その成長を支えてきたであろう中小企業の諸問題を対象にしたものである。何故，中国経済の中で，中小企業問題以外にもいろいろ問題が山積しているにもかかわらず，中小企業に関する問題を取り上げているか，それは本書の各章を紹介することによって，その意図を理解していただきたい。

　本書は8章からなり，中国で生起している中小企業に関する諸問題を大枠として取り上げた（ただ，技術問題は欠落しているが）。以下，各章の意図はどこにあるか，紹介しておこう。

　第1章（「中小企業における諸問題」）：中国でスタートとなる中小企業政策は，おそらく1995年に提起された「抓大放小」（「大企業に力を入れ，小企業を自由化する」）であったと思われる。「抓大放小」政策がどのような意図で提起され実施されたか。そして，「抓大放小」政策は何をめぐって議論されたか。その争点は，社会主義の根幹をなす，「公有制」を中心に，とりわけ「公」を徐々に壊すものではないか，ということをめぐっての論争であった（ただ，この時期，憲法ですでに「私有経済」が明記されたことも大きい）。しかし，政策は徐々に地方経

MINERVA現代経済学叢書㊿

現代中国の中小企業
——市場経済化と変革する経営——

塚本隆敏著

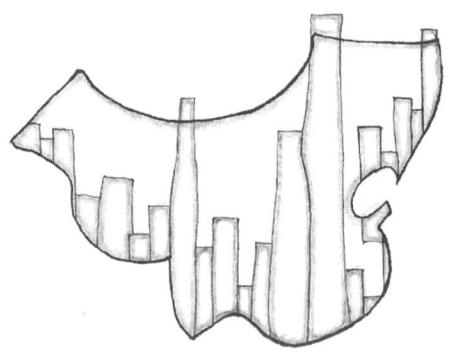

ミネルヴァ書房

国の中小企業は有効な中小企業政策などの保護もないまま存続発展してきているのである。それは何故可能であったか。それは中小企業の経営者（大半は個人・私営企業であった）が，政府の政策を気にしつつ，自らの経営努力で次から次へ難題に挑戦し，徐々に競争力をつけていたのである。だが，WTO加盟後，すべての分野で市場経済を進める下で，中小企業が競争力をもつこととは何であるか，多くの人びとから問われたのである。この点について，マクロ的にみること，また，ミクロ的にみることなど，それがどんな意義をもつのか，論じておいた。ただ，中国の中小企業経営者は，従業員の頻発な移動（つまり，転職を指す）に悩まされていることもあり，いかにして日本の企業で定着している「帰属意識」を醸成させるか，現在いろいろ研究している状況にある。

第❻章（「中小企業における融資問題」）：多くの中小企業がもっとも困難な問題は何であるかと問うてみれば，大半の中小企業の経営者は，「資金問題」であると答えるであろう。これはどんな国・企業も一致した答えである。ここ数年，中国の工場見学をしていると，大半の中小企業の経営者は，今日の融資問題に対して大半が不透明であると，かなり強い疑念をもっている（だから，ヤミ金融が跋扈する余地もある）。従って，中国では中小企業に対する資金問題，つまり金融機関がどのように融資するか，その方法・仕方をめぐって論じておいた。特に，「中小企業促進法」（2002年6月・公布，2003年1月・施行）のうちから，中小企業への資金援助を中心に論じ，「促進法」に沿った諸機関も発足していることを紹介しておいた。この「促進法」は数年の議論を経て成立したが，今後，中国における中小企業を一段と促進（当然，創業も含めて）する役割を果たすのではないかと思われる。とりわけ，融資問題はかなり整備されたシステムを形成するだろうと思われるが，基本はそのシステムをどのように活かすかということではないかと論じておいた。

第❼章（「地域経済の都市化について──上海近郊の郷鎮企業の変貌から──」）：中国で現在最も経済的な活力があるのが，万人が認めるように上海地域であろう。特に，上海市内の計画的な都市建設が，つまりそれは生産都市から消費都市に大きく変貌してきており，しかも，近郊農村の工業化を（郷鎮企業の発展・拡大に伴って），上海市内から移転した企業との連携で，上海近郊の地域経済を急速

に進めているのが，上海近郊の地域経済の都市化ではないかと思われる。ただ，上海近郊の工業化・都市化は国内だけの資源でなされたのではなく，それはカネ（合弁での外資導入など）であり，モノ（技術導入など）であり，ヒト（管理のノウハウなど）であり，それはかなり海外依存であった。しかし，それらを吸収する力（基盤）は上海近郊にあったのである。そうした海外資本が投資先として，何故上海近郊を選定したのか。それは官民（行政と企業）一体のシステムが大いに成功した地域として論じた（官はインフラを，民は合弁相手として）。それが今日の「世界の生産基地」と呼ばれ，今後も有望な投資先として示しておいた。

　第8章（「中国における労働者の帰属意識」）：中国が市場経済を導入してから，従来の労働慣行が大きく転換している。それは経営者側が，労働者に対して独自の採用権及び解雇権の権利をもったことであった。逆に，労働者側は企業を自由に選択する権利をもつことによって自由に転職するようになった。こうした労働関係の変化の下で，労働者は企業に対してどのような働き方をしているか，特に，企業に対する「帰属意識」をもっているかどうか，南は上海から北は瀋陽まで，業種も規模もばらばらであるが，アンケート調査を実施した。調査結果だけからみれば，市場経済が未だ労働者に身についてはいなかったが，日本の1960年代のような猛烈な働きバチ層とあまり代わり映えのしない働き方の層という二極化した現象もみられた。しかし，全体的にいえば，かなりの人びとは一生懸命に働けば，それなりの賃金も上がり，徐々に耐久消費財も手に入れられるという時期とも重なっており，地域間の差も徐々に出てきているが，全体的に働く意欲も強く出てきている状況を示していた。ただ，現場労働者層と管理者層との差は，企業に対して帰属意識をもっていたかどうかをみると，一般的に管理者層の人びとが強い帰属意識をもっていたといえるであろう。

　以上，各章で何が取り上げられ，何を中心に紹介し論じているか，簡単であるが示しておいた。

　中小企業の問題は，時代とともにいろいろ変化してきているが，ここで取り上げた問題でも，いろいろな観点から論ずることもできるし，また，さまざまな問題を取り上げることもできる。そうした意味でいえば，今回，中小企業に

関する諸問題は，その一部を論じただけかもしれない。それは今後も継続して研究する分野が残っているということであろう。ただ，今回，中小企業を取り扱ってみて，中小企業は実に「多様性」をもっており，そこで働く人びとも「多様な価値観」をもっていることも分かり，そうした中小企業が社会の中心的な存在になれば，中国社会も大きく変わるのではないか。従って，中小企業が，中国経済の柱となっていくことができるかどうか。それは社会経済の安定に大きく影響するものと思われる。中国は従来いかにして「公」を大きくするのか，そして，現在はいかにして「民（私）」を多く作るのか，活力のある競争の下で，安定した社会を作ることができるかどうか，一つの実験を試みているのである。

　最後に，本書の刊行は中京大学中小企業研究所（略称・「中小研」と呼んでいる）からの資金援助でなされたものである。今日の出版事情からみて，こうした出版制度がなかったなら，学術書の類いはなかなか出版できないと思えば，今回の出版ができたことを，「中小研」に感謝しなければならない。

　ところで，私はこの「中小研」の立ちあげから参加している者として，これまで実に跡切れることなく毎年『所報』が継続して発行できたことを感慨をもっている一人である。特に，「中小研」の初心というのか，その精神はできる限り地元の企業を徹底的に歩いて調査報告を書くことにあった。それが社会への貢献であると自負していたのである。しかし，時代は大きく変わり，こうした事情も変化しており，今年度を最後に，研究所の名称も変更されるが，その精神を活かしつつ，研究所の発展を願う者である。最後に，「中小研」の出版物としてはこれが最後の名前になることも感慨深く感謝するものである。そして，今回出版を引き受けて下さり，校正など貴重なアドバイスまで頂いたミネルヴァ書房社長・杉田啓二氏及び編集部の梶谷修氏に対し心から感謝したい。

2003年1月

塚本隆敏

現代中国の中小企業
―市場経済化と変革する経営―

目　次

はじめに

第1章　中小企業における諸問題 …………………………… 1
　はじめに ………………………………………………………… 1
　第1節　中小企業の育成が何故提起されてきたか …………… 2
　第2節　現段階における国有の中小企業の現状とその問題点 … 8
　おわりに ………………………………………………………… 20

第2章　中小企業における現状 ……………………………… 23
　　　　　——上海を事例として——
　はじめに ………………………………………………………… 23
　第1節　上海の中小企業における分布について …………… 23
　第2節　中小企業における経営状況について ……………… 28
　第3節　中小企業における市場環境について ……………… 32
　第4節　中小企業における財務状況及び融資ルートについて … 35
　第5節　中小企業における管理状況について ……………… 36
　おわりに ………………………………………………………… 41

第3章　中小企業の政策課題 ………………………………… 47
　　　　　——『白書』をめぐって——
　はじめに ………………………………………………………… 47
　第1節　『中小企業白書』の編別構成について ……………… 48
　第2節　『白書』における意義と目的について ……………… 56
　第3節　現段階の中国における中小企業の組織と新たな戦略 … 60
　おわりに ………………………………………………………… 69

第4章　中小企業における政策の諸問題 …………………… 73
　はじめに ………………………………………………………… 73

第1節　中小企業の育成問題で何が阻害要因になっているか…………74
　　　第2節　中小企業に対する当面の政策課題………………………………80
　　　おわりに……………………………………………………………………86

第5章　中小企業の産業政策による競争力の育成……………………………89
　　　はじめに……………………………………………………………………89
　　　第1節　中小企業に対する産業政策の軽視の下で,中小企業の盛隆を
　　　　　　　みる………………………………………………………………90
　　　第2節　中小企業に対する競争力をどう育成していくのか……………106
　　　おわりに……………………………………………………………………118

第6章　中小企業における融資問題……………………………………………121
　　　はじめに……………………………………………………………………121
　　　第1節　現段階における融資に関する諸問題……………………………122
　　　第2節　「中小企業促進法」とはどんな役割を果たすのか………………134
　　　第3節　社会的サービスセンターで融資問題を解決する………………141
　　　おわりに……………………………………………………………………147
　　　〈資料〉中華人民共和国中小企業促進法…………………………………149

第7章　地域経済の都市化について……………………………………………157
　　　　　──上海近郊の郷鎮企業の変貌から──
　　　はじめに……………………………………………………………………157
　　　第1節　上海近郊の農業における発展状況………………………………158
　　　第2節　上海近郊農村における工業化の推移……………………………166
　　　第3節　上海近郊の都市化について………………………………………173
　　　おわりに……………………………………………………………………179

第8章　中国における労働者の帰属意識………………………………………183
　　　はじめに……………………………………………………………………183

第1節	労働者における基本概況………………………………	185
第2節	労働者の仕事と満足度…………………………………	190
第3節	労働者における労働観・人生観………………………	199
第4節	労働者の労働組合に対する態度………………………	214
おわりに………………………………………………………………		216

あとがき……219
索　　引……221

第1章
中小企業における諸問題

はじめに

　中国の党・政府はこの20年間近く企業改革を実施してきた。国有企業の改革は企業の自主権拡大を起点に一定の成果を得てきたが，現在も行政（国家機関）と企業の分離問題や所有権・財産権の権利が明確になされず，そして経営メカニズムが市場経済の要求に適応しないなど，未だに基本的に解決していない諸問題を抱えている。[1]

　こうした企業改革の重点は，これまで基本的に国有企業でも特に大中型企業（いわゆる大規模企業を指す）を中心になされてきた。しかし，大中型企業には複雑な問題を抱えていた。それは国有企業の形成とも大いに関係しており，国有企業が経済的な機能だけでなく，政治的な機能（特に，党支部が従業員の身分を管理するなど）や社会的な機能（特に，退職者の処遇など）を担っていたこともあり，それらを切り離す改革は一種の革命に等しいともいわれていた。とりわけ，大中型国有企業の改革は社会的にも政治的にも大きなリスクを伴うものであった。

　そうした状況の下で，大中型国有企業の改革は国有の小型企業（いわゆる中小企業を指す，以下中小企業とする）の改革も結びつけていたが，各地域では徐々に独自に国有の中小企業改革を実施していた。しかし，国有企業の経営状況はなかなか改善しないまま，徐々に経営を悪化させ，欠損が拡大し，欠損額も上昇し，とりわけ国有の中小企業が厳しい経営状況におかれた。

　こうした厳しい経営環境の下で，党と政府は1995年になって，「抓大放小」（「大企業に力を入れ，小企業を自由化する」）政策を提案し，新たな段階に入った

といわれている。

　本章は，第1に，中国経済が新たな段階に入ったという，とりわけ，国有における中小企業の育成がどのようになされてきたか。何故，社会主義市場経済の下で，中小企業がクローズアップしてきたか。この間の改革論議を簡単に紹介する（本章では郷鎮企業を対象としない）。そして，第2に，現段階における国有の中小企業の現状とその問題点を中心に検討する。

第1節　中小企業の育成が何故提起されてきたか

　国有企業改革が企業の自主権拡大から請負制やリース制の導入を始めたが，当然国有の中小企業も同時に改革を実施した。特に，党の第14回大会（1992年10月）で，経済体制改革の目標が社会主義市場経済のシステムを構築することであり，その中でも国有の中小企業における改革と発展が明確に提起された。国有の中小企業は市場を目指して企業を運営することにあった。しかし，中央や地方の省レベルに属する大中型国有企業以外の国有における中小企業は規模も小さく，つまり生産設備などの生産手段が比較的小さく，従業員の人数も少なく，一般的に多くて数百人から数十人，十数人であり，企業の生産高や利潤も比較的低い状況であった。とりわけ，生産設備が旧式で，技術も簡単であり，生産工程も単純であった。その上，国有の中小企業は全国に分散しており，国有企業数が220万社ある中で，中小企業の数は約80％を占め，あらゆる部門にあり，つまり工業，商業，交通運輸，建設，そして，サービス等々の業種にあったので，改革も遅々として進まなかった。

　こうした国有の中小企業が中国の国民経済で一定の役割を果しているのだが，市場経済が徐々にいろいろな部門に浸透する中で，逆に国有の中小企業の経営状態が悪化することになってきた。それは私営企業との競争に太刀打ちできないという状況になってきたのも大きな原因であった。以下，国有の中小企業の経営実態を，3つの点からみることにしよう。(2)

　第1点：企業の欠損が徐々に拡大し，かつ欠損額が毎年増加してきている。
　国有の中小企業における利益は，全体でみると，3分の1にも達していない

状態である。例えば，中小企業全体の利潤総額は1993年で124.76億元であったが，1994年にはマイナス2.42億元と急激に低下し，欠損を出した2.4万社の国有企業の中でも，中小企業は1.97万社あり，それは約82％を占めていた。1995年では国有の中小企業における欠損企業数は2.45万社に増加し，欠損企業総数の83％を占め，欠損額はマイナス67.56億元となった。そして，1996年には欠損企業数が一段と増加し，その欠損額はマイナス80.92億元に達していた。

　第2点：企業の欠損が増加していくことに伴って，企業の資産が失われていく状況にある。

　1994年をみると，12.4万社の国有企業に対する資産，財産，債務を正確に処理して，現物・償却を算定した結果について，企業資産の欠損は所有者の権益・利益のうち39.5％を占め，特に，債務超過している実体のない企業が21.5％を占めている。そうした権益・利益に対する欠損が純資産に占める比率をみると，大型企業では15.2％，中型企業で59.4％であるが，小型企業は82.3％と最も高くなっている。

　第3点：企業における負債率が高くなってきており，返済能力が落ちてきている。

　国有の中小企業のうち，かなりの企業はすでに債務超過になっており，平均負債率が70％以上に達している。そのうち，多くの中小企業は生産を停止している状態にあり，各地の末端行政機関，つまり各都市の財政に対する負担がますます深刻な状況にあり，それが多くの従業員の生活に影響し，ますます生活を悪化させてきており，中小企業の国有企業における国有財産が失われつつあり，多くの社会問題を引き起こしている。従って，国有の中小企業における改革は一刻の猶予も許されない状況にある。

　以上の三点は国有企業の経営状況がどのようになっているか，という説明にしばしば例えられてきたのであるが，とりわけ国有の中小企業における経営状態は年々悪化し，それが地方の財政を圧迫してきており，市民生活へのサービスにも深刻な影響を与えているところに，今回の「抓大放小」政策が打ち出された一つの大きな理由になっているようだ。ただ，沿海地域以外の中国における中・西部地域にある国有の中小企業の経営状態は，上述の第三点目に指摘さ

れていることを裏付けているようだ。例えば，東北地域の黒竜江省の省都・ハルビン以外の多くの中小都市にある国有の中小企業では，従業員への賃金が数ヶ月・数年遅配か賃金の支払すらなされていないともいわれている。

　こうした国有の中小企業が赤字体質から脱却する方策として，「抓大放小」政策が提起されたのである。ある論者によれば，以下のように，それには二つの異なる見解があるという。(4)

　第一の見解：企業規模からみて，「大企業に力を入れる」ということは，国家が集中的に力を入れる少数の企業，つまり，1,000社程度の大型企業や企業集団を育成する。そして，「中小企業を自由化」するとは，多数の中小企業を国や地方の所属から切り離して，自由に活動できるようにすることである。

　第二の見解：「抓大放小」政策は企業規模の基準だけでなく，国有経済の構造調整も同時に長期的な目標と結びつけて実施する必要がある。例えば，多くの都市の公共事業をみると，規模は大きくないが，引続いて国家の資本に編入され，今後も依然として政府が力を入れる必要がある。ただ，一般的に競争性がある大企業であれば，規模の基準にあっているからといって，今後も国家の資金が注入されるとは限らない。

　こうした二つの見解は大きな意見の相違があるわけではないとみていいのではないか。ただ，「放小」政策には三つの考え方があり，一つは中小企業の改革は地方政府の責任によって実施し，中央はただ基本的な政策方針を示すが，具体的な方向性や諸規定を示さない。もう一つは，地方は中央の政策方針に沿って進めていくが，自らの地域の実態を考慮し，改革はその地域，都市，行政部門の各種環境や条件に照らしていろいろやってみる必要がある。さらにもう一つは，改革の内容と方式には聖域を設けない。

　こうした国有の中小企業における改革は，かなり自由に当該地方政府が改革を実施できるようになっているというのが，多くの人びとの認識であった。何故，そうした考え方が強く出ているかといえば，改革開放以前の考え方に強くあった。例えば，「一大二公」（「第一に大規模，第二に公的所有」）政策に対して，逆の考え方があり，つまり「放小」政策を進めたいという強い考え方が基礎にあった。だから，多くの地域ではかなり自由にいろいろなタイプの中小企業を

創出することを考えていた。

　このような「放小」政策の認識がある一方で，確かに中小企業をさらに自由化にむけて進めようとしながらも，「大企業に力を入れる」ことと「小企業の自由化」を有機的に結びつけて認識する人びともかなりいた。以下，そうした人びとの「放小」政策をみることにする。⁽⁵⁾

　「抓大放小」政策を，前者と後者に分けず，両者を結びつけながら，三つの点から論じている。

　第1点：「放小」の実質と内容について

　「放小」の改革は，第1に，企業が自ら決定するが，企業と各地域の政府が改革に積極的に係わり省政府もある程度の意見を提示する。第2に，改革のやり方は自由で，請負あり，リースあり，売却あり，また，連合あり，合併あり，会社形態としての株式会社あり，従業員持株会社ありなど，上部組織にある各地の政府は干渉をしない。ただ，省政府は私欲に走り，不正行為をチェックしたり，中小企業に関する改革における政策立案などの規定には係わる。第3に，先に自由化するが，後で援助もする。自由化後の中小企業に対して，省政府は指導や援助を行ない，とりわけ中小企業に必要なサービスを提供したり，経営の管理水準を引き上げるための援助をしたりする。そして，第4に，企業の指導グループには管理権限を引き渡すようにする。

　第2点：どのようにして中小企業を活性化させるかについて

　「放小」政策の基本的な考え方として，以下の3つの問題を解決する必要がある。

　第1に，政府機能の転換が必要である。

　企業をとりまく外部環境があまり変わっていない。例えば，未だに行政機関はタテ割行政であり，ヨコの行政機関との連絡があまりない。政府の役割が社会主義市場経済と適応せず，また，従来の経済システムで管理がなされており，銀行，税務，労働，商工などの部門でも，各部門が自らのシステムを作りあげ，管理に矛盾があり，こうした管理システムが「放小」政策の考え方とは合致しない。

　第2に，破産や競売を進める必要がある。

破産の場合，一つは優勝劣敗の競争システムを作る必要がある。もう一つは構造を改善する必要がある。競売の場合，売却が企業を生かすなら，それは一種の資産の流動であり，流失や欠損ではない。例えば，死んでいた資産がうまく資金を使って資産を生きかえらせるなら，それは国有資産の増殖になる。従って，破産や競売が活発になれば，中小企業がさらに活発となり，発展していくであろう。

第3に，「放小」を正しく導く必要がある。

国有の中小企業で財産権制度や所有制構造の調整が実施されており，多くの地域では財産権を中心に，国有資産の有償譲渡や財産権の変動で多元化してきている。そのうち，競売された企業の従業員が自ら株を持ち，従業員持株会社となった企業が多く発生している。ただ，こうした企業は従来政府の付属物であった企業から離脱しているが，基本的に公有制企業であるという位置づけをしている。

第3点：「抓大」と「放小」を同時に改革し，大企業をもって小企業を引き立て，小企業をもって大企業を促すことについて

大企業の改革がうまくやれれば，小企業も解決できる。逆に，小企業がうまくやれなければ，大企業に大いに影響を与える。従って，「大企業に力を入れる」ことと同時に，「小企業の自由化」を実施することが必要である。だから，「抓大」と「放小」が有機的に結びつけられて改革を進めるべきである。

以上のような考え方は，多くの人びとに支持されており，特に，従来の計画経済管理システムが改革されれば，「放小」政策はうまくいくのではないかと思われている。この考え方の前提となっているのが，中央政府にしろ，地方政府にしろ，各政府は国有の中小企業における改革に積極的に係わっており，とりわけ所有権は国家に属しているという意識もあって，中央政府は改革の主体が自らにあるという自負が大変強いように思われる。だから，「抓大」と「放小」を結びつけた議論を展開する人びとには，上からの指導・援助が大変強く出ており，「放小」政策を下から自由に展開する人びとは，その点かなり国有の中小企業の育成方法でも異なった認識をもっているのではないだろうか。従って，両者（「抓大」と「放小」を結びつける）を展開する人びとは，一般的に政

府機関などに近い人たちであり、「放小」政策を展開して下から自由に行うことを支持する人びとは、政府機関とは少し離れた人びとではないかと思われる。

　理論展開をみる限り、「抓大」と「放小」を結びつける人びとは、中国の全体や中央の政策を忠実に実施すれば、政策は成功するという、一般的な認識をもっている。「放小」に力点を置く人びとは沿海地域でも、特に、経済が発達している地域をみており、政府から干渉を受けず、自らの力で自由に企業活動ができるように、外部環境を整備してくれるだけでよいと考える人びとである。例えば、上海や南京における中小企業の経営者は、自らの力で事業展開を押し進めていきたい、とかなりの人びとは思っている。ただ、このような人びとの考えが前面に展開した見解は現在のところあまりないのも事実である。

　このように国有の中小企業を育成するという「放小」政策はそれなりにここ数年で定着してきているように思われる。しかし、最近「放小」政策の修正を提起する人びとがいる。その一人として賈治邦（陝西省・党副書記）は「放小」から「放」（自由）と「養」（保護）を結び付ける必要がある、と提起している。

　「養」の政策提案は中小企業に対する育成であり、保護であり、維持であり、それは中小企業の活力と潜在力を強化することにある。そして、多くの国々は中小企業の保護政策を実施しており、中国もそこから学ぶ必要があると主張する。従って、一般的に中小企業に対する「養」の政策実施は、とりわけ国有の中小企業を育成していくための実践過程であり、社会経済発展の重大な戦略問題につながるであろう。

　こうした前提の下で、賈治邦は中小企業政策を、「放小」政策から一歩進めて中小企業政策システムを構築すべきであるとして、次の四つの政策転換を提起している。

　第1に、管理の責務でいえば、生産指揮型から指導サービス型に転換すべきであろう。第2に、管理のレベルでいえば、ミクロ規制型からマクロ規制型に転換すべきであろう。第3に、行政の管理でいえば、部門従属型から行政監理型に転換すべきであろう。そして、第4に、管理の機構でいえば、分割担当規制型から総合的なバランス型に転換すべきであろう。

　「放小」政策の導入で、国有の中小企業が育成され発展してきているが、政

策に対する軌道修正も提起される時期にきているともいえるようだ。そして，中小企業政策の導入が本格的にスタートする状況かも知れないと思われる。特に，中小企業に対する政策が上述の四点ほどに集約され提起されているが，この政策提起は現在の中国経済全体にもいえることであって，あえて中小企業政策への問題提起として提案しなくてもよいのではないかと思われる。しかし，中小企業政策として提起されているところをみると，中央の経済政策を転換させることの難しさを考えると，中小企業政策システム作りの提起の方がより政策変更ができるのではないか，という地方政府の指導者である賈治邦の考え方が強く出ているようだ。

こうした政策転換も提起される下で，ここ数年の国有の中小企業がどのような現状にあり，そこでどのような諸問題に直面しているか，次節で検討してみよう。

第2節　現段階における国有の中小企業の現状とその問題点

（1）　国有の中小企業における現状

現在，中小企業に対する考え方には，当初よりもかなり高い評価を受けている。中小企業の発展が中国経済を軌道に乗せられるかどうか，それが直接に影響するとみていたり，中国経済が持続的に発展していく鍵であると位置づけたりしている。従って，今日では国家の経済政策の中でも，中小企業を発展させることは以前にもまして重視しなければならない，と多くの人たちが指摘している。ただ，中小企業を発展させる問題は，単に国有企業で下崗（失業者ではないが，失業状態にある人びとを指す）された従業員の流動化問題を解決するということだけではなくて，より重要なことは経済の活力を継続し，効率を高め，創造的な活動を進め，競争力の向上などがなされなければならないと位置づけられてきている。そして，中国経済が現在従来の「売り手市場」から「買い手市場」に大きく変化する状況の下で，あらゆる部門の構造調整や産業の拡大，そしてハイテク産業など経済のフレームワークをかなり調整しつつ，その中にあって中小企業の役割を十分発揮することが求められている。そのためには政

府や社会組織が一定の援助などを実施する必要があるといわれている。何故なら，中小企業には自己資金が少なく，信用度も低く，融資を受ける能力もあまりない。その上，技術開発や情報収集能力，そして，自らの経済問題を解決する能力も欠けているのが現状である。

　こうした現段階の中小企業における状況には，これまでの改革との関連もあった。それは党の第15回大会（1997年9月）において国有の中小企業に対する改革が具体的に提起され決定された内容に疑念を抱く人びとがいた。例えば，改革の内容をみると，中小企業に対して，請負あり，リースあり，合併ありなどの方式を提起し，また，企業の競売形式を導入し，従業員に持株会社を設立するなど，いろいろな方法を採用してきているが，そうした改革方法に抵抗する一部の人びとがいる。その理由をみると，以下のようであった。[10]

　第1に，改革でも競売に対して，この方法が社会主義の精神に向かっているのかどうか。第2に，中小企業に対して，具体的な指導方法がなされているのかどうか。第3に，政策に対する整合性があったのかどうか。そして，第4に，中小企業に対して，重視する政策があったのかどうか。

　こうした一部の疑念をもつ人びとに，いろいろ中小企業の利点が宣伝され，それなりの効果もあって，現状をみると，「中小企業の総数が1,000万社に達し，商工業における登記企業総数が99％以上を占め，60％の工業生産高と40％の利潤・税金を中小企業が出している」，と指摘している。[11]

　国有における中小企業が今日一定の成果を収めてきたが，その前提には国有の中小企業における改革の努力があった。例えば，そうした改革の努力として，一つは企業制度の改革があげられており，もう一つは外部環境の一連の改革が指摘されている。以下，この二つの点についてみることにしよう。

　第1点の企業制度における改革[12]：一つは企業における財産権制度の改革がある。もう一つは企業における管理制度の改革がある。

　前者の財産権制度の改革は，当面の国有における中小企業改革にとって最も重要なポイントである。

　この財産権制度の改革において，一つは国有の中小企業を，どのような方法で実施するのか。もう一つは国有の中小企業改革を，いかに制度的に規範化す

るのか，ということである。
　まず，第1のどんな方法で実施するのか。
　ア）大企業と連合しその一分社となるのか，あるいは大企業に吸収合併されて，企業を存続していくのか，という方法がある。
　イ）企業の財産権を，その企業の従業員に売却し，従業員持株会社として企業を存続していく方法がある。
　ウ）企業を請負制あるいはリース制を採用し，それを個人にするのか，あるいは集団経営にするのか，どちらかにして企業を存続していく方法がある。
　エ）競売方法で企業を売却するが，それは企業の全財産権を個人にするのか，あるいは集団にするのか，あるいは法人にするのか，いかなる形態でも企業を売却して，企業を存続させる方法がある。
　オ）長期間にわたって欠損額を出しており，黒字に転ずる望みもない企業については，法に照らして破産を執行していく方法がある。
　そして，第2のいかに制度的に規範化を進めるのか。
　この規範化とは，財産権の取引に関する決まりで以下の通りである。
　ア）企業の財産権における譲渡は自らが主体的に決める。ただ，国有の中小企業における財産権は国家に属しているので，実際の取引をする経営者はしばしば国有資産の代表者ではないから，その交渉はしばしば中断しているケースが多い。だから，企業の運営に停滞が生じ経営活動にも影響を与えている。
　イ）資産評価をする場合，その評価を正しく規範化する必要がある。実は譲渡価格に問題がしばしばある。つまり，譲渡される資産評価に対して，一定のルールがなかったり，極端に低い価格を設定したり，資産評価の作業にいろいろな人びとが介在したりするなど，それらはすべて国家資産の流失とも連動している。
　ウ）財産権が譲渡されて，売却益の処分方法が決められていない。各企業でかなり異なっており，譲渡されたお金が帳簿に記載されていなかったり，自己売買であったり，かなり財産権の売却益が乱れている。
　以上，第1点の財産権制度の改革をみてみたが，一つ指摘するとすれば，実

施方法の中で，競売方法が財産権の移動もあって，全国各地でいろいろなトラブルを起こしている。理由は地方で多く見られることであるが，指導部の力不足や明確な規程・規則がないことをいいことにしばしばいわれていることであるが，実質的に権力が一人の人物に集中し，私腹をこやす土壌ともなっている。

何故，そうしたことが起っているのであろうか[13]。

それは一般的に競売が公開原則を建て前にしているが，実際は財産権取引過程の公開・公正と公平を保証していないというのが実態であり，今後，外部機関からのチェック機能を強化する必要があろう。

次に，後者の管理制度の改革は以下の四つについてみることができる[14]。

第1に，科学的で，質の高い効率的な管理機構を構築する。つまり，市場競争に対応したシステムが作られるようにする。第2に，労働の雇用制度を構築する。自らの判断で，企業の管理者や労働者を招聘したり採用・解雇できるようにする。第3に，収入配分制度や内部保険・福利厚生制度を構築する。とりわけ，従業員の収入は労働の技能や労働の貢献を根拠にして決定できるようにする。そして，第4に，財務会計，評価，監査などの制度を構築する。特に，内部監査制度や資産評価制度を強化するようにする。

以上の中で，特に，雇用制度が未だに確立しておらず，上海市の例でみると[15]，国有企業の中小企業では未だに従業員の募集方法を，上級機関からの配分となっており，それが50.0％も受け入れている状態である。企業が自ら企業の計画に沿って自ら決定しないようでは，科学的で，質の高い効率的な管理制度，つまり労務管理制度はほど遠い状況ではないであろうか。

ところで，第2点の外部環境における一連の改革[16]：それは国有の中小企業における内部改革が，現代企業制度（一般的にいえば，近代的な企業制度，つまり，財産権が明確になり，権限と責任が明確に区別され，政府と企業が分離していて，科学的な管理が実施されている企業を指す），マクロ・コントロールシステム，市場システム，社会保障システムなどで，互いに促進しあうようにする。こうした改革を前提に，企業における外部環境の一連の改革とは，財政・税制や金融，投融資，外国貿易などの改革を実施し，労働力市場を確立し，労働力の合理的な流動を促進する。そして，商品流通体制や社会保障制度（年金，失業，医療な

ど）の改革を速め，企業の社会的負担を軽減し，マクロ・コントロールシステムを完全なものにする。さらに，市場を法的に整備し，公平な競争で市場の秩序を維持することなどを実施する。

　以上，外部環境の整備にはまだまだいろいろな旧制度の残滓が多くあることを示しているのではないか。特に，労働力制度が未整備である。ただ，外部環境の改革は，金融にしろ，税制にしろ，そして，社会保障にしろ，すべては国有の中小企業だけでは解決できない問題である。現在，中国経済が抱えている上述のような問題は，これまでの改革で直面した困難さもあって，国有の中小企業でもってすぐに解決できるような性質でもなく，非常に困難な問題として残っている。

　「放小」政策が提起され，それに沿って国有の中小企業における改革を，いろいろな方法で実施してきた。ところが，中国経済が現在まで改革を実施しその下で直面してきた諸問題をみると，国有の中小企業の改革も大中型国有企業の改革と同じような諸問題に直面させられている。

　こうした国有の中小企業における改革が，現在どのような諸問題と取り組んでいるか，次にみてみよう。

（2）　国有の中小企業改革に伴う諸問題

　中国では技術力をもっているのは大型企業や大きな集団企業にあるといわれ，市場の活力を作っているのは多くの中小企業であるともいわれている。そして，ここ数年中小企業が国民経済を発展させていると，多くの人びとは認識してきている。しかし，中小企業はどのように健全に発展すべきなのか，あるいは政府と中小企業はどうあるべきなのか。特に，多くの地方は中小企業に注目しており，中小企業の発展が地方経済を活性化させる問題であることも，十分認識されつつある。しかし，国有の中小企業改革が実施される下で，なお次のような諸問題が依然として解決されていない状況がある。

　改革が遂行される中で，解決が困難な問題として，それは大きく分けて次の7点ほどが指摘されている。

　第1点：国有の中小企業における経営メカニズムの諸問題。[17]

1．中小企業には未だに「四つの自主権」が実現されていない。
　ア．企業の経営自主権が弱い。例えば，投資の政策決定権，労働雇用権や賃金配分決定権などが未だに未確立である。
　イ．企業自らの独立採算制が弱い。例えば，価格，投資，原材料供給などの政策が統一的になされていないために，企業経営が不安定である。
　ウ．企業自らの発展が弱く，潜在力もあまりない。例えば，自らの蓄積資金が乏しい。
　エ．企業自らの規律が乏しい。例えば，企業経営者は自ら責任を取るという姿勢に乏しい。
2．中小企業における内部の関係が歪んでいる。
　ア．現在でも多くの中小企業の社長は，依然として行政機関からの任命になっている。つまり，企業自らの管理自主権が大変弱い。
　イ．未だに従業員が「親方日の丸式のやり方」で，あらゆる面での浪費問題がある。つまり，国家の資産流失や経済収益の低下をあまり自らの問題とは考えていない。
　ウ．社長が企業の「中心」で，党書記が企業の「中核」で，労働組合が企業の主人公として位置づけられているが，三者はバラバラである。つまり，内部の統一がとれていない。

以上，第1点の問題は企業に自主権があまりにもないということが最大の問題である。同時に，トップが企業に責任を持っていないという問題がある。

第2点：企業管理があまりなされておらず，収益が低下してきている。[18]
1．管理体制が十分になされていない。理由は国有の中小企業改革を実施していく上で，中央・地方の政府が政策方針を示していないことからきている。
2．国有の中小企業改革が現在の経済体制と矛盾してきている。それは未だに中央の企業は中央で，地方の企業は地方で，バラバラの指導がなされている。
3．中小企業に対する政策の水準がかなり低い。例えば，技術情報にしろ，市場予測にしろ，それらは科学的になされていない。短期的な政策が多く，

ブレが大きい。
4．日常的な経営管理水準がかなり低い。多くの中小企業経営者は市場経済の観念があまりなく，また，中小企業の製品には市場の競争力がない。
5．国有の中小企業における管理者の質がかなり低い。
　(1)管理指導部の質がかなり低い。
　　　ア．現在の国有の中小企業には，専門家や管理者がかなり少なく，管理体制が整備されていない。
　　　イ．指導部の年齢がかなり高く，文化水準も低い。特に，市場経済に関する知識がかなり乏しい。つまり，市場経済が理解できない。
　　　ウ．小企業では家族的な管理や同族的な管理がかなり強い。こうした経営は不正を生むことにもなる。
　(2)従業員の質がかなり低い。
　　　ア．従業員の構成のうち，小卒や文盲の人びとが約30％を占めている。
　　　イ．工場では基本的な操作手順や方法がほとんど守られていない。
　(3)従業員の訓練は訓練費用が乏しいので，ほとんどやっていない。

以上，第2点の問題は，国有の中小企業における経営指導部もそこに働く従業員もかなり市場経済に関する知識をもちあわせていないという問題がある。同時に，中央・地方の政策が不明確であったことも大きい。
　第3点：経常収益が徐々に悪化してきている。[19]
1．中小企業の利益水準が低く，徐々に欠損も多くなってきている。例えば，1994年の国有における中小企業の欠損をみると，約85％の企業が欠損を出している。そして，現在も欠損額は徐々に増加している。
2．中小企業における製品の質がかなり悪く，市場の競争力も弱く，そして，市場のシェアも低い状態にある。つまり，企業自らが開発した製品がないことも大きな原因になっている。
3．多くの国有における中小企業は労働集約型産業が多い。逆に，資本・技術集約型産業が少ないため，資本蓄積の能力もかなり弱い。
4．中小企業における物資の消耗が不断に上昇している。つまり，物資の消耗率が高いだけ，企業の収益率は低下してきている。

以上，第3点の問題は経済効率が低いことによって，収益が徐々に低下してきており，欠損も大きくなってきている。今回の「放小」政策が未だに十分な成果をあげているという状況にはなっていない。

　第4点：国有の中小企業における資金はかなり不足しており，資産の流失も多い。[20]

1．資金の利用率が低く，資金の総量も不足している。

　ア．売掛金がなかなか回収できない。政策的に低い価格を強いられている欠損企業が多い。つまり，地方では政策的な欠損企業が多い。

　イ．流動資金が回らなくなっている。例えば，「新製品」の開発資金にあてられているため，流動資金の20～30％が回らなくなっている状況にある。

　ウ．製品の販売不振が徐々に拡大している。

　エ．大半の中小企業では収益があまりなく，返済能力が低く，ますます銀行は貸さなくなってきている。

　オ．中小企業には資金不足のために単純再生産すらできなくなってきている。そして，従業員の賃金は地方政府に頼ることもしばしばある。

2．資産の流失が多くなってきている。

　ア．国有の中小企業経営者には国有資産の管理責任者という観念が薄く，意識も乏しい。さらに，コスト観念も乏しいため，それが資産の流失に連なっている。

　イ．遊休設備が多く，しかも不必要な設備が多くなっている。

　ウ．国有資産が違法に占拠されているが，誰もそれを咎めない。

　エ．流動資産がかなり流失している。

　オ．低い価格で固定資産が処分されている。

　カ．国有資産の管理規程・規則があっても守られず，資産の流失がかなり多くなっている。

　キ．国有の中小企業では請負制が早い段階で導入されたが，経営者の意識が乏しいため，隠された資産の流失がかなりある。

3．企業間で相互の支払遅滞がかなり多い（つまり，「三角債」と呼ばれる，債

務のたらい回しを指す)。このことが企業に対して「債務危機」現象を生んでおり,企業の発展に大きな影響を与えている。

以上,第4点の問題は中小企業には資金の不足が多いといわれているが,最も深刻なことは実は「債務危機」と呼ばれている,企業間の支払遅滞が原因である。これが資金不足と呼ばれるものである。私はこの2～3年意識的に企業の経営者に聞いたところでも,このことが最大の経営危機を招いているという説明を受けた。つまり,商取引が守られないところに,市場経済は成立しないといえるであろう。

第5点:中小企業にとっていろいろな重荷がありすぎる。(21)

1．国有の中小企業にとって債務負担がかなり多い。多くの国有の中小企業における資産負債率は平均80％以上あり,負債率が150％に達していることもめずらしくない。

2．従業員の過剰が企業にとってかなりの負担になっている。現在,一般的に,国有の中小企業では20～30％の従業員が過剰といわれ,少し多い場合になると,50％も過剰になっている。

3．企業による社会的な負担に問題が多く山積している(中国では社会保障ということよりも,企業保障が主となっている)。例えば,医療,住宅,幼稚園,学校教育などの福利厚生施設から社会的な治安などの事業まで,すべて企業が負担している。そして,最近では少し歴史のある企業で,在職者が1人で2～3人の退職者を支えているともいわれ,また,在職者の1人が大病すれば,小企業では倒産してしまうともいわれている。

以上,第5点の問題は国有の中小企業だけが,上述のような重荷を担っているのではなく,中国の大中型企業も同じ状況にある。その解決策について,私は現行のような「企業保障」ではなく,中国政府も進めている「社会保障」に移行すべきだが,その移行措置方法として,私は現在も存在する上述のような負担問題を解決するには税方式に切り替える方がよいのではないかと考えている。(22) そうしなければ,今年中にWTO(世界貿易機関)に加盟しても,諸外国の企業との競争に敗北することは目にみえている。

第6点:経済構造がかなり不合理である。(23)

1．産業構造がアンバランスである。1980年代以降，国有の中小企業は各地でバランスよく，比較的工業の生産システムがよかったが，1990年代以降，地方の利益を優先したため，軽工業と重工業の比率がアンバランスになってしまっている。そして，第二次産業に偏重し，第三次産業がかなり遅れてしまった。

2．製品構造がバランスを欠いている。その製品構成は「四多四少」，すなわち，「四多」とは一般的な日常製品が多く，低級品が多く，低付加価値の製品が多く，そして，国内向け製品が多い。そして，「四少」とはブランド品が少なく，高級品が少なく，高付加価値の製品が少なく，そして，外国向け製品が少ない。

以上，第6点の問題は各地の産業構造がバランスを失うことによって，地域間格差が生まれ，それが一段と産業構造を歪め，製品構造にも反映しているようだ。特に，第三次産業を発展させる必要がある。

第7点：技術，設備が旧式で，生産能力にロスが多い。[24]

地方の中小企業における技術レベルは1960〜70年代のもので，部分的には1950年代のものもある。そして，1980年代初期の水準に達する設備はわずか10％位で，1990年代になるとわずかしかない。また，国有の中小企業における生産能力の利用率が低く，遊休設備が発生し，それがまた多くのロスを発生させている。

以上，第7点の問題は，特に，内陸部地域における国有の中小企業では一般的に上述のような生産設備の状況ではないかと思われる。例えば，湖北省や遼寧省北部などの地方都市における工場見学をしてみると，生産設備は若干改造されてはいるが，その操業度はかなり悪く3〜4割前後になっている場合がよくみられた。つまり，遊休設備が多いだけ，工場内には仕事もなくブラブラしている光景をしばしばみた。それは計り知れないほどのロスが生まれているのではないかと思われる。

「放小」政策が導入され，国有の中小企業が自由に企業活動を展開し，一定の成果をあげている反面，実は上述のように，多岐にわたって問題が発生していることも事実である。ただ，「放小」政策が提起された理由からして，何故

現在でも企業に自主権が確立できていないかということである，一般的に，企業の自主権はかなり企業に付与されたといわれているが，必ずしも定着していないということが国有の中小企業にもあるが，それ以上に地方政府との関係でいえば，従来の関係が未だに残っているようだ。では何故，そうしたことが解決されないのかといえば，未だに以下のような認識があるということからきているのではないか。

　各地域で「放小」政策が実施される改革過程の下で，大きく二つの認識が表面化した。⁽²⁵⁾

　一つの方法は国有資産の財産権に変更を与えない改革として，例えば，企業の連合，リース，委託，委任管理制などがあり，これらの方法は一般的に人びとの認識の上で論争を生むことはなかった。もう一つの方法は国有資産の財産権に変更を与えるという改革で，例えば，企業の買収，合併，株式会社，従業員持株会社，私的企業に国有企業を売却することなどがあり，それらの方法はしばしば「資」（資本主義）と「社」（社会主義）の論争を生むことになった。

　こうした二つの考え方が，「放小」政策を実施する下で，依然として各地方で，現在も根強く企業に自主権を移譲することにこだわる人びとが残っていることを示している。しかし，党・政府は「放小」政策で各種の財産権の譲渡，つまり上述の買収，合併，株式制，売却などのやり方を，私有制を認める前提で，今後も「放小」政策を一層促進することが，現在の国有における中小企業を生かすことになるであろう，と考えている。ただ，現段階において国有の中小企業が焦眉とする問題に，私が1999年9月上旬，上海や南京で数名の中小企業経営者から聞かされた問題として大きく分けて二つあった。[26]

　一つは人材の問題である。それはある程度従業員が仕事に自信をつけると，同業他者に転職してしまうことである（ある企業では1年間に半数以上が転職していくことから，この事が最も悩む問題だと明言していた）。これは企業にとって従業員を訓練すればするほど，企業にとって損失となってしまい，ある企業では現在は従業員の訓練をあまりやらないということであった。おそらくこうした現象は現在の中小企業経営者にとって対策をとる手立てがないという現状であり，また，そのことが中小企業を飛躍的に拡大できない大きな理由にもなっている。

もう一つは行政機関との問題である。地方の政府当局者は中小企業経営者が自由に活動することを望んでいるが，他方で行政指導から離れてコントロールができなくなることをかなり心配していることから，現在では行政側が企業経営者の人びとを上から組織するための「私営企業協会」を設立している。実は企業経営者にとって加入すべきかどうか，大変悩むところである，とのことであった。「協会」に加入することが現在・将来の利益になるかどうかで判断すべきところが，数人の経営者は利益があるかどうかでなく，「協会」に加入していないと，何か不安を感ずるということで，加入しているということであった。ただ，「協会」の責任者に現状の任務・仕事を聞いてみると，大きく分けて二つあげていた。一つは教育で，つまり企業経営者が法律を遵守するように，二ヶ月に11回講習会を開いている。そして，党や政府の方針を知らせることも重要な任務・仕事であるとのことであった（特に，昨年６月のユーゴ問題では全員に出席してもらって，党・政府の方針を説明したとのことであった）。もう一つはサービスで，政府の政策などを知らせる。これは税務・金融に関する講習を無料で実施している。こうした行政指導に対して，私は現在の「放小」政策からみて，できるだけ下から企業自らが「私営企業協会」を作れるように指導することが大切ではないかといってみたが，現状ではできないということであった。しかし，将来はそうしたいということであった。

以上，二つの問題以外に，一般的にいわれている，資金問題，契約のトラブル問題（実は市場取引におけるトラブルがかなりひどい状況にあり，特に偽物の横行や詐欺行為，そして「契約違反」などがある），そして，行政機関の行為，つまり職権を利用して，ただで食べたり，ただで品物を持っていったり，難クセをつけたり，あれこれ要求したり，それは不正の限りを働くなどの問題が多くある，と多くの企業経営者から聞かされた。

こうしたいくつかの問題は政府が法律の整備で解決できるが，基本的には人びとの市場経済に対する公正で，公平な，つまり民主的なルールが確立されれば，解消される問題ではないかと思われる。

ところで，今回の「放小」政策が提起された理由の一つに，国有企業改革での「下崗」(27)（職場から離れた人びと，つまり失業登録をしていない失業者を指す）問題

を解決する一つの手段と考えられていた。しかし，企業経営者に聞けば，「下崗」された人びとを，中小企業としてはあまり雇用する意志はないということであった。何故なら，下崗された人びとの技術や知識，そして意識では私営企業では活用できないということであった（2000年の都市における登録失業者は800万人（4％）と予想されているが，実際は下崗の人びと・700万人を加えると，1,500万人となるが，下崗の再就職が決まらなければ，実質的に失業者はかなり増加するともいわれている。これは上述の経営者の見解からもいえるのではないか）。

以上，「放小」政策はこれまでいろいろな手法で国有の中小企業改革を実施してきたが，その改革過程で発生している問題を今後一つ一つ解決しなければ，今後の中国経済の持続的な発展はないのではないかというのが，多くの人びとの認識になってきている。国有の中小企業が中国経済の発展のカギを担っているのではないかと思われる。

おわりに

「放小」政策は中国経済を活性化させるということよりも，むしろ当初は国有企業の改革で大中型企業を存続・発展させることに狙いがあった。従って，「放小」政策によって国有の中小企業を育成するということではなく，できるだけ地方にある国有の中小企業における赤字企業を切り離したいということに狙いがあったようだ。ところが，従来から党・政府の政策を遂行する場合，それなりの準備期間をおいて政策を実施するのが基本であったが，今回の「放小」政策には国有の中小企業をどのように育成し発展させるかというところが必ずしも明確ではなく，それが中小企業に関する法整備の遅れとなっているのではないか。そのことがいろいろな中小企業の内部で従来からあった諸制度の改善もされないまま諸問題を発生させてきたように思われる。そうした諸問題を解消する一つの法的な手掛かりとして「中小企業促進法」[28]の制定が考えられている。

今後，中小企業対策がいろいろ打ち出されてくるのであろうが，それには中

小企業の抱えている問題を調査・研究して，とりわけ，地方にある国有の中小企業をどのように支援するのか，例えば，経営指導をするにしろ，金融・税務などの指導をするにしろ（小企業に対して記帳指導もする必要があろう），特に，経営安定（倒産防止）に関する指導相談など（実は地域によっては倒産するならどうぞという雰囲気があるが，それは地域の活性化につながらないのではないか）を強化すべきであろう。それはあくまで行政指導を前面にだす必要はなく，いろいろな第3者的な機関を設置していく必要があるのではないか。

「放小」政策は現在曲がり角にきているが，私有経済が憲法に明記され，中小企業を重視する政策を打ちだしている下で，国有の中小企業改革が地域経済を活性化する方向に行くのかどうかに注目しておきたい。

（1） 塚本隆敏「中国の国有企業改革における回顧と展望」『中京商学論叢』Vol. 46 No.1（1999年10月），15ページ参照。
（2） 『中小企業制度与市場経済』国家経貿委（培訓司，中小企業司，中小企業対外合作協調中心）組識編写 邓荣霖 主編，中国人民大学出版社，1999年1月，133～134頁。
（3） 季玉剛著『激活中小企業――中小企業面臨的問題与対策――』民主与建設出版社，1999年3月，105頁。
（4） 陈乃醒著『中小企業経営与発展』経済管理出版社，1999年3月，97頁。
（5） 季文龙 陈宏 魏国辰編著『国有小企業改革操作指導』中国税務出版社，1997年9月，50～53頁。
（6） 主編 傅建华 副主編 韩文亮 黄文灼『上海中小企業発展戦略研究』上海財経大学出版社，1998年7月，116～122頁。
（7） 塚本隆敏「〈上海市における中小企業の調査報告〉の概要」『中京大学中小企業研究』No. 21（1999年12月），130ページ頁参照。
（8） 贾治邦「由"放小"到"放""养"結合 加快建立中小企業発展的政策体系」『中国党政干部論壇』，1999年10月号，23～24頁。
（9） 贾治邦，前掲論文，26頁。
（10） 季玉剛著，前掲書，101頁。
（11） 林民韦「中小企業的市場定位分析」『新華文摘』，1999年10月号，56頁。
（12） 季玉剛著，前掲書，109～110頁。
（13） 邓荣霖 主編，前掲書，154頁。
（14） 季玉剛著，前掲書，110～111頁。
（15） 塚本隆敏『中京大学中小企業研究』No. 21（1999年12月），129ページ。
（16） 季玉剛著，前掲書，111～112頁。季文龙 陈宏 魏国辰 編著，前掲書，71～72頁。
（17） 季文龙 陈宏 魏国辰 編著，前掲書，17～19頁。季玉編著，前掲書，105頁。
（18） 季文龙 陈宏 魏国辰 編著，前掲書，19～21頁。
（19） 季文龙 陈宏 魏国辰 編著，前掲書，21～22頁。季玉編著，前掲書，102～103頁。

（20） 季文龙 陈宏 魏国辰 編著，前掲書，23～24頁。季玉剛著，前掲書，105頁。
（21） 季文龙 陈宏 魏国辰 編著，前掲書，24～25頁。季玉剛著，前掲書，105頁。
（22） 塚本隆敏『中京商学論叢』Vol. 46 No. 1, 12, 20～21ページ参照。
（23） 季文龙 陈宏 魏国辰 編著，前掲書，25～26頁。
（24） 季文龙 陈宏 魏国辰 編著，前掲書，26～27頁。季玉剛著，前掲書，105～106頁。
（25） 陈乃醒著，前掲書，113～114頁。ところで，「放小」政策での「売却」問題について，丁金「中国における中小企業の問題点と対策」論文（『中小商工研究』No. 60 全商連付属・中小商工業研究所発行，1999年7月）の中で，瀋陽市で実施された例を紹介され，「公有資産の処分」と「有産階級」の出現に注目したいとの指摘がなされているが（109ページ参照），季玉剛著（前掲書，154～156頁・参照）によれば，1998年2～4月期間に売却がなされたのはわずか10％前後しかなかったこと，しかも95％以上が個人ではないことを紹介・分析し，まだまだ「売却」政策にはいろいろ問題があることを指摘している。なお，丁金論文はデータなどの出所がすべてなされず，かなり古いタイプの論文作成方法ではないか。最近では多くの中国研究者がやっているように，データの出所は必ず入れるべきであろう。この論文がいろいろ参考になるのだが，この点がなされていないのが，大変残念である。
（26） 季庆华「坚持"抓大放小"方针 放开搞活国有中小企业」『中国党政干部论坛』，1999年11月号，39頁。
（27） 中共中央办公厅，中央党校赴英德经济考察团「英德通过发展中小企业解决就业问题的考察研究」，（上，下）『中国党政干部论坛』，1999年10月号，35～37頁，及び，1999年11月号，42～44頁。イギリスとドイツの視察からいえることは，ここ数年から20年くらいまで考えれば，中小企業が中国の就業に関する大きな役割を担うことができるであろう，という結論を導いている。
（28） 江合耍「中小企业改革发展的法律对策」『中国工业经济』，1999年10月号，53～55頁。

第2章
中小企業における現状
―― 上海を事例として ――

はじめに

　「大企業に力を入れ，小企業を自由化する」政策が実施される下で，中小企業の経営は政策の実施で困難に直面している。小企業を自由化するとは主として国有の中小企業に対してである。ただ，所有制が異なる中小企業の経営ではあるが，共通する特徴もあり，中小企業の経営の特徴及び当面の存在する問題を明確にすることは，小企業を自由化する政策の重要なポイントである。中小企業は上海市内のすべての生産領域に分散しているが，経営形態はかなり大きな差をもっており，それ故に今日まで，ある主管部門が上海における中小企業の経営管理などの実態のすべてを明らかにすることはできなかった。従って，今日，上海都市合作銀行が上海市内のあらゆる関係分野の専門家を組織して，かなり広範な分野の上海における中小企業に対してアンケート調査を実施することになった。今回の調査は対象企業が2,700所で，設問は60個あり，その回答数は250あり，コンピュータで統計処理などを行い，約8万の統計データで分析している（なお，調査結果は『上海中小企业发展战略研究』主編 傅建华 副主編 韩文亮 黄文灼，上海財経大学出版社，1998年7月刊，211〜230頁参照，表・図も同様）。以下，調査結果から上海の中小企業の実体をみることにする。

第1節　上海の中小企業における分布について

　上海における中小企業の概況について，調査結果から次のことが明らかにされている。所有制でみれば，集団的所有制の企業が主になっている。また，産

業構造でみると，卸・小売業が主になっている。こうした調査対象企業の分布は上海市全体の分布と一致している。その他に，調査対象企業の区域は上海市のすべての区域を網羅している。調査対象企業が上海市全体の現状と合致するように，今回の調査において次のような点に留意している。

　第1点：調査対象企業の所有制構造が上海市全体の中小企業における所有制構造と基本的に同じようにする。これは上海市政府の「大企業に力を入れ，小企業を自由化する」という政策の実施のために，国有の中小企業における状況を調査するためである。第2点：調査対象企業の産業構造は商工業を主としており，そのうち工業企業は33の業種によって分類している。第3点：市レベルの中小企業に対して市政府が末端の区政まで連動した政策を実施するために，今回の調査は各区の中小企業における基本的状況を把握し，今後の市・区政府が中小企業の政策を制定するのに活用できるようにするためである。

（1）　所有制構造について

　表2-1から明らかなように，集団的所有制の企業が約半分を占め，国有企業が20％強占め，私営企業と個人企業の比率は約16％に達している。そして，外資の企業と香港・マカオ・台湾の企業などの投資企業は中小企業の中で，比率はかなり低く，その影響力は無視できるほどである。なお，表2-1のデータは上海市全体の分布と似ている。

　表2-2からみて，各所有制の企業は産業の分野でも違った分布になっている。国有の中小企業では主として卸・小売業，飲食業，建設業，交通運輸業，不動産業と社会的サービス業である。集団企業は主として製造業，郵便・電信・通信業と卸・小売業である。そして，外資系（香港・マカオ・台湾を含む）企業は主として製造業，文化・芸術業，飲食業，不動産業，建設業と社会的サービス業である。この外資系企業が未だに低い比率は，中国の対外姿勢と関係している。また，私営企業は主として製造業，郵便・電信・通信業，科学技術サービス業，文化・芸術業などで，そして，個人企業は主として文化・芸術業に集中している。とくに，私営企業と個人企業は第三次産業に突出している。その他に，株式制企業は主として科学技術サービス業，倉庫業，交通運輸業と

第2章　中小企業における現状

表2-1　調査対象企業の所有制構造

	企業数	比率(%)		企業数	比率(%)
調査対象企業数	2,699	100.0	香港・マカオ・台湾系投資・持株企業	88	3.3
国有企業	554	20.5	株式制企業	89	3.3
集団企業	1,311	48.6	個人企業	257	9.5
私営企業	177	6.6	その他	216	7.9
外資系投資・持株企業	7	0.3			

表2-2　各産業における所有制構造の分布

	国有企業	集団企業	私営企業	個人経営企業	外資企業	香港・マカオ・台湾系企業	株式制企業
調査対象企業	20.5	48.6	6.6	0.3	3.3	3.3	9.5
製造業	9.7	51.0	8.4	0.2	8.4	9.9	7.0
郵便・電子・通信業	16.7	54.2	8.3	0	0	4.2	4.2
科学技術サービス業	18.0	39.3	16.4	0	1.6	0	11.5
文化・芸術業	5.0	45.0	15.0	5.0	5.0	5.0	10.0
倉庫業	14.3	47.6	4.8	0	0	0	23.8
卸・小売業	21.8	52.9	7.2	0.3	0.1	0.3	9.7
飲食業	26.2	41.5	3.1	0	6.2	7.7	10.8
建設業	26.5	35.9	4.3	0	6.0	6.8	10.3
交通運搬業	34.0	44.7	4.3	0	0	0	12.8
社会的サービス業	25.8	45.2	0	0	6.5	8.6	7.5
不動産業	31.9	25.2	3.1	0.6	6.1	3.7	12.3
その他	21.2	48.9	4.3	0	5.2	2.5	9.8

表2-3　調査対象企業の産業分布

	企業数	比率(%)		企業数	比率(%)
調査対象企業	2,699	100.0	飲食業	65	2.4
製造業	486	18.0	建設業	117	4.4
郵便・電子・通信業	24	0.9	交通運搬業	47	1.7
科学技術サービス業	61	2.3	社会的サービス業	93	3.4
文化・芸術業	20	0.8	不動産業	163	6.0
倉庫業	21	0.8	その他	325	12.0
卸・小売業	1,277	47.3			

飲食業などである。

(2) 産業構造について

　産業分布からみて，中小企業は主として卸・小売業に集中し，次に製造業に

集中している。発展傾向からみると、中小企業は不動産業、建設業、科学サービス業、社会的サービス業の比率が高くなっていくのではないかと思われる。なお、中小企業の経営の特徴に関して、今後は科学技術サービスと社会的サービス業の分野が大いに発展していくのではないか。

（3） 工業企業の業種分布について

改革の観点からみて、当面一段と注意すべきなのが、工業企業であり、とりわけ国有工業企業であり、特に中小工業企業の状況に注意すべきであろう。工業企業における業種分布でみると、アパレル業の比率が最も高く、12.9％になっている。これは従来の中小工業企業の代表であった紡績業ではない。したがって、上海市の中小工業企業は化学製品の製造業、金属の製品業、一般機械の製造業、専用設備の製造業、電子・通信設備の製造業、および計器器具の製造業などが一定の比率を占めている。このことから、中小工業企業の業種分布は上海市全体の工業企業の業種分布とほぼ一致している。例えば、紡績業、家具製造業、製紙及びパルプ業、石油加工・精練業、化学繊維製造業、プラスチック製品業、製鉄精錬・圧延加工業、専用設備製造業、および計器器具・文化・事務用機械製造業などである。そして、こうした業種分布が上海市全体より高い比率の業種として、食品加工業、食品製造業、アパレル及びその他の繊維製造業、皮革・毛皮・羽根及びその製品業などである。このような状況の比較からみて、上海市における中小工業企業の業種構造は依然として軽工業・紡績業に偏っていることを示している。

（4） 地域分布について

市区の区域分布をみると、人口がかなり多く、人口の流動が比較的激しく、そして、産業分布がかなり錯綜している。表2-5によれば、調査した企業がかなり多い区域は浦东新区、普陀区、闸北区、长宁区、杨浦区、黄浦区と徐汇区である。調査した企業がある区域のうち、環状線の内側にある企業総数は59.4％を占めている。

以上、第1節は調査結果が現在の上海における中小企業の実情とほぼ同じ状

表2-4 中小工業企業における業種分布および上海市全体の工業企業における業種分布との比較(1995年)

	調査対象企業数	比率(%)	上海市工業企業数	比率(%)
	486	100.0	39,908	100.0
1．非金属採掘業	1	0.2	12	n.a.
2．食品加工業	12	2.5	490	1.2
3．食品製造業	17	3.5	695	1.7
4．飲料製造業	4	0.8	160	0.4
5．タバコ加工業	0	0	4	n.a.
6．電力，ガス，水道などの生産と供給	5	1.0	114	0.3
7．紡績業	22	4.5	2,129	5.3
8．服装及びその他繊維製造業	63	12.9	2,080	5.2
9．皮革，毛皮，羽根及びその他製品業	16	3.3	732	1.8
10．木材加工及び竹，藤，しゅろ，ワラ製品業	10	2.0	543	1.4
11．家具製造業	12	2.5	789	2.0
12．製紙及びパルプ業	7	1.4	726	1.8
13．印刷業，複製品取扱	8	1.6	1,104	2.8
14．文化教育体育用品製造業	7	1.4	788	2.0
15．石油加工及びコークス業	1	0.2	101	0.3
16．化学原料と化学製品製造業	12	2.5	1,677	4.2
17．医薬製造業	6	1.2	285	0.7
18．化学繊維製造業	2	0.4	124	0.3
19．ゴム製品業	6	1.2	439	1.1
20．プラスチック製品業	18	3.7	1,902	4.8
21．非金属鉱物製品業	3	0.6	1341	3.4
22．製鉄精錬及び圧延加工業	3	0.6	305	0.8
23．非鉄金属精錬及び圧延施工業	2	0.4	363	0.9
24．金属製品業	16	3.3	4,142	10.4
25．一般機械製造業	25	5.1	2,997	7.5
26．専用設備製造業	16	3.3	1,464	3.7
27．交通運輸設備製造業	4	0.8	1,432	3.6
28．武器弾薬製造業	0	0	1	n.a.
29．電気機械及び器材製造業	20	4.1	2,778	7.0
30．電子及び通信設備製造業	17	3.5	881	2.2
31．計器具及び文化，事務用機械製造業	14	2.9	833	2.1
32．その他製造業	120	24.6	981	2.4

表2-5 調査対象企業の区域分布

	企業数	比率(%)		企業数	比率(%)
調査対象企業	2,676	100.0	普 陀 区	299	11.2
黄 浦 区	191	7.1	长 宁 区	263	9.8
南 市 区	141	5.3	嘉 定 区	56	2.1
浦 东 新 区	380	14.2	虹 口 区	230	8.6
卢 湾 区	98	3.7	杨 浦 区	196	7.3
徐 汇 区	191	7.1	闸 北 区	292	10.9
闵 行 区	83	3.1	宝 山 区	74	2.8
静 安 区	87	3.3	その他の地区	95	3.6

況にあることを論じている。ただ，今後の中小企業はどのような発展方向（社会的サービス業など）に進むか，それなりの示唆もある。

第2節　中小企業における経営状況について

　中小企業の経済状況を簡単にみておくと，上海市の中小企業における設備は国内では新しい設備が導入されており，かつ技術水準はまあまあの先進的な水準に達している。設備の稼動率はかなり高く，商品の滞貨はあまりない。企業は自らの製品に対する評価に自信をもっており，34%の企業は自家製品の寿命を10年以上あるとみている。中小企業の新製品は自主開発を基本としており，共同開発を補助的にみており，大企業が開発した新製品との関係をあまりもっていない。現在，中小企業は市場を考え，次に資金を重視している。23%の中小企業はすでに操業停止かそれに近い状態であり，その主な原因は資金不足である。したがって，今回の調査目的は中小企業の経営状況を知ることであり，以下の項目を主に取りあげている。現在の設備に対する利用状況，製品の在庫状況，製品の寿命及び新製品の開発状況，そして，中小企業と大企業との関係などである。

（1）　企業における設備の利用状況
　企業における設備状況及び利用効率は企業の経営状態を把握するために非常に重要な指標である。上海市の中小企業における設備は一般的にいわれているように旧い設備ばかりではない。今回の調査からみても，国内でも新しい設備の保有率は63.9%あり，その設備の性能は中等レベルに達しているのが71%を占めている。所有制からみると，外資系企業や香港・台湾系企業は海外の新設備を導入している比率が高く，とりわけ香港・台湾系企業の設備における性能はその他の企業と比べてもすべて先進的な技術が導入されている。
　設備の利用状況からいえば，既存設備の稼動率は76.4%を占め，この比率はかなり高く，これは現在上海市の中小企業が不景気になっていないことを示している。また，注目すべきこととして，外資系企業と香港・台湾系企業の設備

表2-6 所有制別における企業設備の状況及び先進性の比較

(単位：％)

	国外からの新設備	国外からの旧設備	国内の新設備	国内の旧設備	設備は先進レベルに達している	設備は中等レベルに達している	設備は遅れたレベルにある
調査対象企業	14.2	4.0	63.9	18.0	19.8	71.0	9.2
国有企業	14.6	5.1	66.5	13.8	17.6	77.2	5.2
集団企業	7.0	3.5	64.6	24.9	13.1	72.1	14.8
私営企業	15.7	2.2	66.3	15.7	25.5	67.3	7.1
個人企業	0	33.3	33.3	33.3	25.0	75.0	0
外資系企業	46.1	5.3	44.7	3.9	32.1	66.7	1.3
香港・台湾系企業	43.2	4.1	45.9	6.8	50.0	48.7	1.3
株式制企業	12.5	4.4	69.9	13.2	25.0	72.9	2.1

表2-7 設備における利用状況

(単位：％)

	設備が十分に利用されている	設備が少し遊休している	設備が大量に遊休している
調査対象企業	76.4	21.8	1.8
国有企業	78.4	19.9	1.7
集団企業	74.9	23.1	2.0
私営企業	82.5	15.5	2.0
個人企業	100.0	0	0
外資系企業	67.1	28.8	4.1
香港・台湾系企業	70.5	29.5	0
株式制企業	80.4	17.5	2.1

稼動率がその他の所有制企業より低いことである。こうした状況は外資導入に対して悪い影響を与えている。

なお，業種構造の違いによる分布からみると，遊休設備が比較的多い業種は主として製造業（28.6％），建設業（25.8％），社会的サービス業（26.1％），そして，文化・芸術業（25％）などである。

（2） 製品の在庫状況

設備の利用状況と同じように，上海市の中小企業における製品の在庫状況もかなり良い状況にあり，滞貨もあまりない状況にある。したがって，現在，製品の在庫の76.5％は正常であり，約20％の企業では在庫が不正常である。ただ，在庫状況はすべての所有制企業で同じような状況である。

製品が滞貨している原因をみると，多くの企業（約60％）の滞貨原因は市場の不景気からきている。ただ，その中でも外資系企業と株式制企業は市場の比

表 2-8 所有制別の企業における製品在庫の状況

(単位：%)

	製品の供給が需要に追いつかない	製品の在庫が正常である	製品の滞貨が少量である	製品の滞貨が非常に多い
調査対象企業	2.3	76.5	19.9	1.2
国有企業	1.3	78.9	18.0	1.7
集団企業	2.0	73.9	23.0	1.1
私営企業	2.9	81.3	14.6	1.2
個人企業	0	75.0	25.0	0
外資系企業	2.5	73.4	21.5	2.5
香港・台湾系企業	3.7	75.6	19.5	1.2
株式制企業	5.3	78.3	14.6	1.8

率がその他の企業より高くない。

なお，業種構造からみると，製品の滞貨が相対的に多い業種は製造業・卸・小売業と不動産業である。そして，製品の滞貨原因は業種によって異なっている。市場の不景気以外でいえば，郵便・電信・通信業の場合，製品それ自身に問題があった。また，飲食業の場合，営業に問題があったといえる。

(3) 製品の寿命及び新製品の開発状況

全体からいえば，中小企業は自らの製品に対する寿命をかなり楽観的にみている。その状況をみると，34.2％の企業は10年以上あると考えており，25.1％の企業は5～10年間と考え，19.2％の企業は3～5年間と考えている。そして，3年以下の企業は約20％であった。このように上海市における中小企業は自らの製品に対して自信をもっているといえるであろう。

業種の観点からみると，業種によってかなり違った考えがある。自らの製品がかなり長いと思う業種をみると，郵便・電子・通信業，倉庫業，卸・小売業，建設業，交通運輸業と不動産業である。逆に，自らの製品がかなり短いと思う業種として，科学技術サービス業，文化・芸術業である。製造業の状況をみてみると，製品の寿命が10年以上と思う企業は26.9％あり，5～10年が31.1％あり，3～5年が17.99％あり，そして，3年以下が24.1％であった。このように製造業についてみると，中小企業の製品寿命はかなりのバラツキがある。

新製品の出品について，表 2-9 からみれば，それは自主開発が基本になっている。そうした企業は45.9％を占めている。次に，共同開発でその比率は

表2-9 所有制別における企業の新製品開発の方法

	購買特別	自主開発	模造(コピー)	共同開発	開発なし	その他の方法
調査対象企業	3.2	45.9	1.6	22.2	8.1	19.1
国有企業	4.0	46.2	1.8	18.4	7.6	22.0
集団企業	2.7	42.5	1.3	22.7	9.5	21.3
私営企業	4.0	50.0	2.4	24.6	6.3	12.7
個人企業	0	75.0	0	25.0	0	0
外資系企業	0	62.3	1.4	15.9	5.8	14.5
香港・台湾系企業	1.5	62.7	0	16.4	4.5	14.9
株式制企業	6.2	42.1	1.4	27.6	6.9	15.9

22.2%である。自主開発の企業は私営企業や外資系企業が比較的多く，そして株式制企業で共同開発がその他の企業より一般的に高い。開発コストをみてみると，中小企業の自主開発した新製品のコストは比較的高く，上海市の中小企業はコストを考慮せずに自主開発した新製品の方法で出荷している。そのことは上海市において技術移転があまり活発でないという面をもっており，その一方で上海市の中小企業は大企業の技術に依存していない面をもっている。

(4) 企業の操業停止及びその原因

23%の企業はすでに操業停止かそれに近い状況にある。その原因をみてみると，47%の企業が資金不足になっており，また，製品の販路がなくて操業停止した企業は10.8%ある。ただし，管理が不十分であった企業はわずか2.5%であった。つまり，中小企業にとって融資問題は中小企業が発展していく上で最も重大な障害の一つであるといえる。

(5) 中小企業と大企業との関係

改革開放以前は中小企業と大企業がかなり密接であり，多くの中小企業は大企業の必要とするあらゆる部品などの生産に従事していた。しかし，従来の計画経済システムがなくなってきており，中小企業は自らの道を歩みはじめている。従って，大企業に依存していない企業が52.5%になっている。大企業との依存関係が高い順にみると，国有の中小企業と集団の中小企業であり，逆に，私営企業，外資系企業と香港・マカオ・台湾系企業は大企業に対してその依存

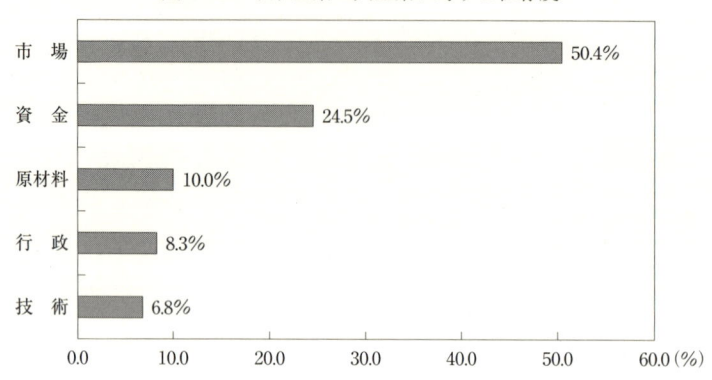

図 2-1　中小企業の大企業に対する依存度

項目	割合
市　場	50.4%
資　金	24.5%
原材料	10.0%
行　政	8.3%
技　術	6.8%

度が小さい。また，業種でみると，大企業に対する依存度がかなり高い業種が，交通運輸業・不動産業，建設業であり，逆に，製造業はあまり依存度がない。

中小企業が大企業に対する依存関係でみると，依存度の比率が高い順にあげれば，市場への依存，資金への依存，原材料への依存，行政への依存，そして技術への依存である。

以上，第2節は上海の中小企業が自らの企業活動に自信をもっており，特に，商品開発にしろ，大企業との関係にしろ，自らの力で企業経営を考えている。ここに上海の経済が現在中国で最も活発な地域といわれていることを示している。

第3節　中小企業における市場環境について

上海市における中小企業の製品は上海市内にかなり多く出回っているが，製造業の製品は上海市場と全国市場に分かれている。ただ，中小企業は海外市場について非常に弱い。中小企業の主要な販売手段は自前の営業活動をやり，市場の情報収集も自前で実施している。このことは中小企業が未だ社会に認められていないことを示している。ここ2年間くらいの市場予測について，約半数の企業は良いとみており，3分の1はあまり良くないとみており，そしてかなり悪いとみている企業は少ない（**表2-10**）。

表2-10 各業種がここ2年間で国内市場の景気予測

(単位:%)

	景気が良い	景気が悪い	わからない	昨年と同じ
調査対象企業	47.0	1.7	19.9	31.5
製造業	51.8	2.7	16.8	28.6
郵便・電子・通信業	66.7	4.8	14.3	14.3
科学技術サービス業	64.4	0	16.9	18.6
文化・芸術業	63.2	0	26.3	10.5
倉庫業	60.0	0	20.0	20.0
卸・小売業	41.5	1.6	22.3	34.6
飲食業	45.0	1.7	18.3	35.0
建設業	51.3	0	19.5	29.2
交通運搬業	48.9	0	20.0	31.1
社会的サービス業	45.5	2.3	18.2	34.1
不動産業	61.5	0.7	23.0	14.9

図2-2 企業全体における製品の販売市場の分析

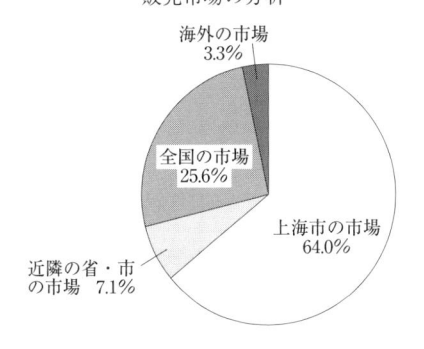

海外の市場 3.3%
全国の市場 25.6%
上海市の市場 64.0%
近隣の省・市の市場 7.1%

図2-3 製造業の製品における販売市場の分布

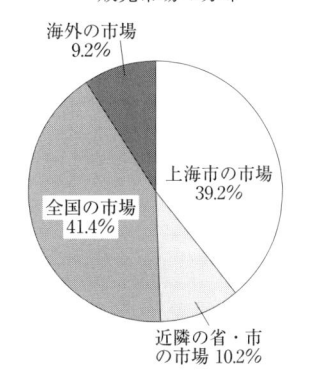

海外の市場 9.2%
上海市の市場 39.2%
全国の市場 41.4%
近隣の省・市の市場 10.2%

(1) 中小企業の製品における市場分布

経営の範囲からみて，上海市の中小企業における製品の販売市場は基本的に上海市内であり，その比率は64.0%を占めている。そして，全国の市場に対しては25.6%あり，隣接する省・市はわずか7.1%である。なお，中小企業の製品が海外に輸出しているのは非常に少ない。

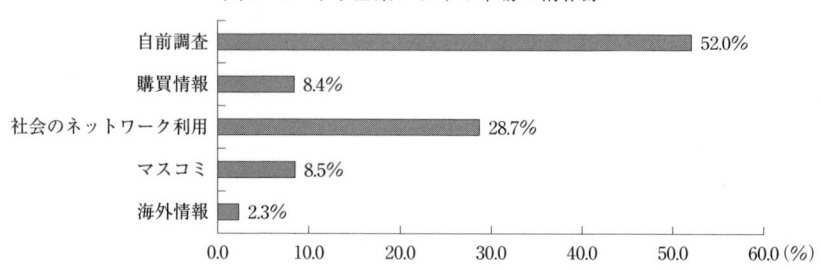

図 2-4 中小企業における市場の情報源

情報源	割合
自前調査	52.0%
購買情報	8.4%
社会のネットワーク利用	28.7%
マスコミ	8.5%
海外情報	2.3%

業績からみると，郵便・電子・通信業，卸・小売業，飲食業，建設業，不動産業などが上海市内の活動範囲である。また，製造業の製品における市場分布をみると，全国の市場に対する比率が上海の市場より高い。図2-3からみて，製造業に従事する中小企業は，全国市場で41.4％を占め，上海市では39.2％である。なお，製品の輸出比率は全国の中小企業における製品輸出よりかなり高い。

(2) 営業販売手段と情報源

営業販売手段は次の五つがある。それは広告販売手段，訪問販売手段，仲介代理販売手段，代理販売手段，そして，自前の販売手段である。こうした5種類のうち，中小企業の基本的な販売手段は自前の営業販売手段であり，そうした企業が40％以上を占めている。ただ，所有制が異なる企業では販売方法も違っており，広告販売が主体の企業として，個人企業や株式制企業の比率が高い。そして，訪問販売の方法が高い比率の企業として，私営企業，外資系企業，そして，香港・マカオ・台湾系企業がある。仲介代理の販売方法を導入している企業は，外資系企業と株式制企業が多い。また，代理販売を導入している企業は集団企業が多い。

情報源について，現在中小企業のルートは自らの情報収集が基本となっており，それ以外は社会のさまざまなネットワークを利用している（図2-4）。自ら収集した情報は限界もあるが，ただそのコストがかなり低いので，多くの中小企業がこのようなやり方を採っている。そして，政府からの情報もあり，そ

れは中小企業を育成するということもあって，多くの情報が提供されている。
　以上，第3節は自らの販路は足元から開拓するという精神で進められ，自らの力で獲得した情報のみを信じて企業活動をしている。

第4節　中小企業における財務状況及び融資ルートについて

　中小企業における資産負債率をみると，約半数の企業における資産負債率は60％以下である。中小企業における融資ルートと資金運用ルートは片寄っており，例えば，70％以上の企業では融資ルートが銀行であり，そして90％以上の企業は自己資金であり，その他の金融機関の利用は非常に少ない。また，中小企業における融資のコストはかなり高く，53％の企業では融資コストが10％以上である。

（1）　企業における資産負債率
　中小企業における資産負債率は決して高くはなく，40％～80％の間に分布している。例えば，28.8％の企業では60％～80％の間であり，26.7％の企業では40％以下であり，そして，40％～60％の企業でも23.8％である。資産負債率が80％以上ある企業は多くない。こうしたことは中小企業が財務管理や経営などでスムーズになされている面もあるが，逆に，資産負債率が高い企業に対して，債権者は資金提供をしない。他方こうした中小企業では企業の転換や操業停止などの措置を採って経営リスクを減らそうと考えている。所有制の分布をみると，資産負債率が最も高い企業は国有企業で，次に集団企業が多い。逆に，資産負債率が最も低い企業は株式制企業と私営企業である。

（2）　融資ルート及びその資金運用
　融資ルートと資金運用をみてみると，上海市における中小企業の資金運用は片寄っており，72.5％の企業における融資ルートは銀行であり，次に内部資金で，その比率はわずか8.7％で，商業手段や有価証券などのその他の融資手段を利用している企業は，ほんのわずかにすぎない。このことは企業が資金不足

図2-5 中小企業における融資の平均利率

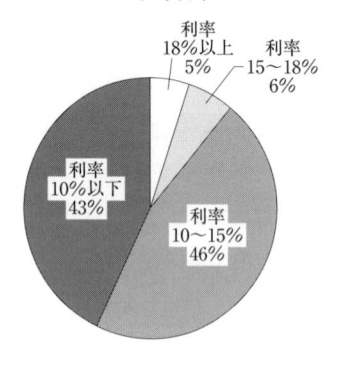

利率18％以上 5％
利率15～18％ 6％
利率10％以下 43％
利率10～15％ 46％

にあると同時に、さまざまな新しい融資手段の運用ができていないことを示している。

また、企業の遊休資金の活用をみると、銀行預金の比率が90.3％にも達している。このように上海市における中小企業の融資ルートと資金運用は片寄っている。そのことは創業資金との関係もある。例えば、45.1％の企業における創業資金は上級機関からの資金であり、27.5％の企業は自己資金である。そして、他人資本からの創業企業は株式制企業や私営企業で多く、国有の中小企業は上級機関の資金が76.1％である。また、発展状況からみて、集団企業は他人資本の手段で創業した比率がかなり高い。

(3) 融資利率の分布

融資ルートと関係しているが、上海市における中小企業の融資コストは一般的に高い。図2-5からみて、上海市における中小企業の融資利率は10％以上が57％も占めており、そのうち11％の企業は融資利率が15％以上にもなっている。そして、所有制別の企業でみると、融資利率が一般的に高い企業は私営企業、外資系企業と香港・マカオ・台湾系企業に多い。

以上、第4節は企業の運転資金が不安であり、特に、融資利率が高いこともあって、健全経営とはいえない状況にある。しかも、上級機関の意向が依然と大きいことも問題である。中小企業にとって、今後の大きな課題はここにあるともいえる。

第5節　中小企業における管理状況について

中小企業における経営権の大半は工場長（社長）にあり、国有・集団の企業における工場長（社長）は依然として上級機関の派遣・任命を基本としており、外資系企業及び株式制企業は取締役会の任命を基本としている。経営者（中国

では一般的に企業家といっている)の所得の大半は企業における経営実績と連動している。そして，国有・集団の中小企業における従業員の募集をみると，経営者と同じように，上級機関からの配分を基本としており，その他の所有制企業は市場からの募集を基本としている。大半の企業は労働者に対する技術訓練を重視し，それと同時に技術レベルと所得が連動するようになっている。中小企業は社会のコンサルティングのネットワークに対する利用が不慣れであり，外部の力を利用する企業では融資方法で解決することを基本にしている。なお，マクロ環境についての企業の態度は，約50％があまり関心をもっていない。

(1) 企業における内部管理及び経営者の姿勢

　中小企業における内部管理及び経営者の姿勢は市場競争を念頭に考えている。管理からみて，上海市における中小企業はいろいろな問題を抱えている。企業における経営権をみると，70.7％の企業では工場長（社長）に集中しているが，ただ14.8％の企業では上級機関の指導部門に実権がある。このことは所有制の異なる企業で大きな違いがある。国有の中小企業をみると，なお20％以上の企業は，経営権が上級機関の指導部門にあり，集団企業も16％に達している。その他の所有制企業をみると，その比率はかなり低い。こうした状況からみて，国有や集団における中小企業は制度的な改革を大いにやらなければならない。経営者の状況をみると，現在でも国有企業や集団企業の中小企業における経営者は，依然として上級機関の派遣・任命を基本としており，取締役会が任命している企業はわずか17％にすぎない。そして，株式制企業と外資系企業，香港・台湾系企業の経営者は，取締役会の任命を基本としている。その他に，注目されてはいるが，実際に，経営者を人材市場から招聘する比率はかなり小さい。これは上海市においてこうした市場が未だ育っておらず，今後一定の期間をかけて育てなければならないであろう。

(2) 企業における労働者・職員の募集及びその制度

　上海市における中小企業の労働者・職員（以下，従業員とする）の募集は，所有制との関連がかなり強い（表2-12）。したがって，国有企業や集団企業にお

表 2-11　所有制別における企業の経営者任命の方法

(単位：％)

	上級機関から の派遣任命	人材市場か らの招聘	従業員代表 大会で選出	取締役会の任命	経営者自らが決定
調査対象企業	43.2	3.8	2.2	28.5	16.1
国　有　企　業	69.3	1.8	1.7	16.1	6.5
集　団　企　業	50.2	4.2	2.6	17.9	17.9
私　営　企　業	1.8	7.1	0.6	32.4	50.0
個　人　企　業	33.3	11.1	11.1	11.1	22.2
外　資　系　企　業	7.0	2.3	1.2	80.2	7.0
香港・台湾系企業	8.1	1.2	1.2	75.6	9.3
株　式　制　企　業	19.3	4.0	3.2	57.0	13.7

表 2-12　所有制別における従業員の募集方法

(単位：％)

	社会からの招聘	上級機関からの配分	投資家からの要請	経営者自らが決定
調査対象企業	35.9	34.1	3.6	9.9
国　有　企　業	30.7	50.0	1.3	6.3
集　団　企　業	29.1	41.1	2.9	10.0
私　営　企　業	52.6	1.7	5.2	22.5
個　人　企　業	22.2	22.2	11.1	33.3
外　資　系　企　業	56.5	15.3	11.8	4.7
香港・台湾系企業	74.7	8.0	5.7	3.4
株　式　制　企　業	44.0	19.8	8.1	10.9

ける従業員は依然として上級機関からの配分を基本としているが，私営企業・外資系企業，香港・台湾系企業，株式制企業では社会から広く募集することを基本としている。ただ，個人企業は経営者個人との関係を基本としている。このことからいえば，上海市における国有や集団の中小企業で労働力の確保は企業自らが未だ自主権をもっていないことを示している。企業の経営者は基本的に労働者に対して技術訓練を重視している。81.5％の企業は企業自ら労働者に対して技術訓練を実施しており，技術訓練の終了者に対する所得関係をみると，その相関関係はかなり高い。このことは基本的に労働者が技術面で品質を保証していることを示しているともいえる。

（3）　中小企業における社会のコンサルティングのネットワーク利用

　中小企業は一般的に管理や技術の分野で人材が不足している。その点，海外では管理や技術の分野でコンサルティングサービスを普及させている。だが，

上海市における中小企業は必要性を感じているが，その必要性が十分に認識されていない。例えば，「企業にとって外部から管理のコンサルティングや財務の顧問を必要とするか」という問に対して，14.6%の企業は非常にその必要性を認識しているが，61.8%の企業は必要性を若干認識している程度である。

融資方法について，金融コンサルティング機関による次の六つの有償方式を問うている。(1)国内外からの融資ルートについて，(2)業種に関する製品，技術，市場の需要について，(3)ヒト・モノ・カネ・生産・流通・販売などの提案について，(4)遊休資金の活用について，(5)外貨の利率や外国為替の予測について，(6)外国為替リスクの回避に対する提案についてなどである。上述の六つの問について，各問の最も高い比率をみてみると，第1問：39.4%，第2問：37.9%，第3問：14.1%，第4問：4.8%，第5問：0.8%，第6問：2.9%であった。このことからみて，上海市における中小企業の姿勢は国内外の融資ルートと製品・技術・市場などに関心が強いといえる。中小企業は自己資金があまりなく，外国貿易に従事する企業が少なく，従って，遊休資金の活用や外国為替のリスク問題などにはあまり関心をもっていないといえる。

（4） マクロ環境の影響及び政府への支持

現在，中国経済のマクロ環境をみると，インフレ率の下落，国家の外貨準備高の上昇，食糧の豊作，財政収入の好転，および経済成長率の9%前後のスピードなど，マクロ経済はよい状況にある。また，ミクロ環境をみると，逆に，企業における滞貨が厳しく，リストラされた労働者が増加し，企業間の債務たらい回し（中国では「三角債」という）が増加しており，国有企業の赤字額が上昇している。こうしたマクロとミクロの状況を反映して，調査した企業における51.2%の企業はどちらの影響を受けているか，明確な判断が出来ないでいる。そして，19.9%の企業は現在の経済環境を有利とみており，17.5%の企業は不利とみており，11.5%の企業はあまり影響を受けていないとみている。従って，上海市における中小企業はマクロ環境に対する影響が有利と思うか不利と思うか，その差はあまりないように思われる。ただ，半数の企業はどうなるのか楽観的にはみておらず，中小企業の判断は全体的に良くないことを，認識してお

かなければならない。

　政府の中小企業に対する政策をみると，大半の企業は政府の関係部門の施策に対して支持を表明しているが，支持の程度に若干の差異がある。例えば，32.3％の企業はそれなりに支持しており，30.5％の企業はかなり支持しており，35％の企業はどちらともいえない態度をもっており，そして不支持が2.2％ある。

　以上，第5節は所有制によって経営権がかなり違っているが，今後この点において大きな変化もあり得ると思われる。そして，多くの経営者は政府の中小企業政策に関心を示していることから，政府もそれに対処する必要があろう。

　こうした諸節から上海市における中小企業の現状とその問題点を知り得たと思われる。

　＊なお，現段階における中国での中小企業の概念規定はなされていない。以下，この点に対する一つの見解とその適用を付け加えておこう。中小企業における標準の区分について，一般的に概念がはっきりしていない。世界の国々においてもバラバラである。しかし，以下の三つに分類できる。(1)企業における雇用者数による区分。(2)企業における経営力（例えば，生産高や販売額）による区分。(3)企業における固定資産価値による区分。もし国際比較ができるとするなら，その標準は雇用による人数であろう。その他の標準は貨幣の実質的な購買力や為替レートの差，そしてインフレ率の影響など，区分できないと思われる。

　ところで，中国はどのように中小企業を区分しているのか。今回の調査では以下の二つの標準を採用している。
　1．工業企業については『上海市の第一回の基礎的な工業部門における一斉調査の活動便覧』を利用している（**表2-13**）。
　2．非工業企業については，表2-14の貿易部の標準を利用している。

表2-13 統計部門によって制定した工業企業規定における標準の区分

業種名一類	標準の区分	大型一類	大型二類	中型一類	中型二類	小型
合成繊維業	年間の生産能力	7万トン以上	4～7万トン	2～4万トン	1～2万トン	1万トン以下
工具製造業	生産開始時における固定資産の投資額	1万元以上	4,000～10,000万元	2,500～4,000万元	1,000～2,500万元	1,000万元以下
電子装置製造業	生産開始時における固定資産の投資額	1万元以上	3,000～10,000万元	2,000～3,000万元	1,000～2,000万元	1,000万元以下
酒造業	年間の生産能力	10万トン以上	8～10万トン	5～8万トン	3～5万トン	3万トン以下

表2-14 貿易部による商業，食糧など非工業企業規模における標準の区分

	標準の区分	大型一類	大型二類	中型一類	中型二類	小型
卸業	販売額（億元）	15以上	6～15	2～6	0.5～2	0.5以下
	純資産（億元）	0.5以上	0.3～0.5	0.15～0.3	0.05～0.15	0.05以下
小売業	販売額（億元）	10以上	3～10	1～3	0.1～1	0.1以下
	純資産（億元）	0.5以上	0.2～0.5	0.1～0.2	0.04～0.1	0.04以下
飲食業	営業額（万元）	5,000以上	2,000～5,000	1,000～2,000	200～1,000	200以下
	純資産（万元）	3,000以上	2,000～3,000	800～2,000	100～800	100以下
ホテル業	営業額（万元）	8,000以上	3,500～8,000	1,000～3,500	500～1,000	500以下
	純資産（万元）	6,000以上	2,500～6,000	800～2,500	300～800	300以下
サービス業	営業額（万元）	4,000以上	2,000～4,000	1,000～2,000	200～1,000	200以下
	純資産（万元）	1,500以上	1,000～1,500	500～1,000	100～500	100以下
倉庫業	倉庫の容量（万トン）	10以上	5～10	2.5～5	1.5～2.5	1.5以下
	純資産（万元）	4,000以上	2,000～4,000	500～2,000	200～500	200以下

おわりに

　従来，上海の経済は大企業中心で運営されていたのが，改革開放政策以降，システム転換の下で，中小企業（中国では小型企業を指す）が復活しつつあることから，その実態がよく分からないということで，今回のような調査を実施したのである。以下，上述の概要について，少し補足説明をし，現在の上海における中小企業が抱えている問題をみておきたい。

上海の経済も建国以来，全国的な状況と同じく，第1段階の国民経済回復期をみると（1949~1952年），短期間に停滞状態にあった上海経済を回復させるために，中小企業のうち，とりわけ私営企業を大いに発展させることに，政府はさまざまな施策（例えば，税の減免，借入金の拡大など）を実施した。第2段階の社会主義改造期をみると（1953~1957年），私営企業は公私合営に，小規模な商工業は集団経済に，そして，地方政府は国有の中小企業を設立した。第3段階の大躍進と「文革」期をみると（1958~1977年），前者は中小企業が奇形的に発展（つまり，「一大二公」・〈第一に大規模，第二に公的所有〉の追求）したこともあって，1960年初期に大規模な調整を実施した。後者は大企業がマヒ状態にされた下で，中小企業のうち，大都市では小規模な町工場が発展した。そして，第4段階の改革開放期をみると（1978年~現在まで），多種多様な中小企業が設立され発展してきている。

　こうした全国的な中小企業の大まかな歴史過程の下で，現段階の上海における中小企業の現状をみると（主編 傅建華 副主編 韩文亮 黄文灼『上海中小企業発展戦略研究』上海財経大学出版社，25~30頁参照），第1に，量的な変化はあまりみられず，所有制構造は多様化してきている。1992年と1996年を量的にみると（**表2-13，2-14**でいう小型企業は中小企業であるが，ここではさらに小さい工業企業を小企業といっている。ただ，最近アジア地域における中小企業の研究が徐々になされている。例えば，鈴木茂・大西広・井内尚樹編著『中小企業とアジア』〈昭和堂・1999年10月刊〉が出版され，あとがきで，中小企業の概念や中小企業に関する統計データなどの把握が困難であると指摘している），9,227企業から1万3,683企業に増え，上海全体の工業企業数の比率でいえば，それぞれ90.96％から91.18％の増加で，量的な変化は少ない（ただ，別の資料『新聞報』1999年8月16日・上海の中小企業〈製造業・非製造業を含む〉は1998年末で，36.7万企業，市全体の企業数の93.2％，売上高で34.8％を占めている。ただ，小企業数は不明）。しかし，所有制構造の変化をみてみると，国有，集団，街道（市の末端行政にあたる区機関に属する町工場），郷鎮（市区に編入された地区の郷鎮企業），株式制，三資（合弁・合作・独資），公私混合，私営，個人などの企業が設立され，その形態も多種多様である。第2に，社会的に労働力を吸収する能力が減少してきているが，就業の絶対数は依

然と高い比率になっている。従業員数でみると，1996年は1992年と比べて，36.95万人減少したが，全体の比率では48.27％を占めている。ただ，中小企業の労働力構成でみると，第二次産業から第三次産業に大きく労働力が移動している。第3に，経済効率が工業企業で鈍化してきているが，とりわけ小企業は非常にその落ち込みが大きい。特に，大企業と小企業における工業部門の労働生産性をみると，1990年度で平均1人当たりの格差が1万898元であったのが，1995年で10万183元の格差拡大となり，約10倍にも拡大している。このことから，小企業の従業員が第二次産業から第三次産業のサービス業に大きく転換していることがわかる。そして，第4に，伝統的な加工工業（軽工業部門の自転車・ミシンなど）が厳しい経済状況におかれているが，都市型産業は活発化している。都市型産業とは，輸送用機械，通信・電子，精密化学，新型建材，アパレル，食品加工などである。とりわけ，小企業の場合，医薬品製造業，食品加工業，プラスチック製造業，印刷業が多い。

こうした上海の小企業の現状と対比して，日本における東京地区の小企業が分析されている（主編傅建华，前掲書，30～33頁参照。ただ，東京の場合でも必ずしも小企業だけが分析対象ではないようだ）。

東京都下の製造業における従業員の平均は10.8人，そのうち4人以下の小企業数は全体の48％を占めている（1993年）。そうした製造業はさまざまな製品を小型化し，それを武器に企業展開をしている。この経営戦略と上海の中小企業の経営戦略との差の原因はどこにあるのか，いくつかの点を分析している。

第1点，都市の多元化した需要に対応して東京では小企業を形成している。上海では未だに市場開拓の能力が発揮されていない（上海の小企業が東京の小企業のように需要の掘り起こしをすれば，小企業でもまだまだ発展できると分析者はみている。この観点は正しいが，どのように展開するかが問題であろう）。

第2点，生産部門における専門化した分業システムに差異がある。東京ではある領域の技術が蓄積され，開発経験が継承されており，大企業にはできない製品（多品種少量生産のために大企業ではコストがかかるため，小企業に発注している）などを製造しているが，上海では大企業の注文品だけをやっており，企業自らが専門化した技術があまりない（現在のように大企業の下請だけに甘んじてい

るようなら，小企業は現在より一段と苦しい経営状況になると分析している。東京の経験を学ぶべきことを強く主張している。このことは1999年11月15～16日，日本経済新聞社と人民日報社の共催で，「第8回日中経済シンポジウム」が行われ，特に，16日は東京都下の中小企業を見学している。そのさいの質問で，「コストや労務管理，工場の運営，人材育成など」，そして，「多品種少量生産で利益が出るか」など多くの質問が出たと報じている〈『日本経済新聞』1999年11月24日〉。中国も中小企業に目が向いてきたことを示している）。

　第3点，企業家精神（新機軸の提案，つまり次なる経営戦略を考えている）の差異がある。東京では社長自らが市場や技術に目配りし，自らが主体的に動くが，上海では市場に対して敏感ではなく，企業家精神にも欠ける（企業家精神は企業経営者が自らの権限と責任を持ち，失敗すれば自らが責任を負うというシステムを形成できるかどうかであろうと思われる。私が1999年9月上旬，南京市であった多くの中小企業経営者は，日本でいうところの経営感覚をもった中小企業経営者のような人びとには未だ会っていない。しかし，『新聞報』1999年8月19日・によれば，電話でのヒアリングを50人やり，そのうち中小企業の従業員に，「あなたは経営者になりたいかどうか」を問うており，「渇望派」（肯定派）が5割で，「否定派」が4割あったと報じている。このことは上海の今後の中小企業が活性化していく一つのデータを示しているのではないかと思われる。なお，韓国では財閥再編に伴う中小企業の創出を行っているが，私が1999年8月上旬，プサン（釜山・従来から中小企業が多く，アジア通貨危機で打撃も大きかったが，今日回復しつつあった），ティジョン（太田・科学研究機関が多いが，現在では中小企業の育成に力を入れている）などで，多くの中小工場をみたが，企業家精神が旺盛であった。それが経済危機後わずか2年で不況を脱出し，経済回復を遂げたのは，中小企業が大いに貢献していたようだ）。

　第4点，通信ネットワークや事務管理能力に差異がある。東京では都市の通信ネットワークを利用し，つまり多くの外部組織の力を上手に集中させ，企業の競争力を強化している。上海では未だそのようなネットワークを利用することがない（企業の情報公開が未だ整備されていないというのが現状だと思われる。しかし，タテ割り経済システムが徐々に変化しつつあることも事実である。この点につい

て，行政側がどのように情報公開を行い指導していくかがカギになるであろう。ただ，心配しているのはあまりにも上からの指導が強いと成功しないのではないか。あくまでも企業を育成するという姿勢が大切であろうと思われる)。

　第5点，製造業における労働力の流動方向に差異がある。東京の場合，製造業部門の労働力は大企業から中小企業へ流動しているが，上海の場合，政府の指導もあって，製造業の労働力が第三次産業のサービス部門に流動している（技術の蓄積がなくなり，技術の継承がなされず，上海の中小企業が生き残っていけないのではないか，というのが言外に分析者は言っているように思われる。中国の工場を見学してみれば，20～30年間同じ職場でかなりの技術力がある人びとが多く，そうした人びとを中小企業がもっと多く活用することを願う者である)。

　その他，日本は中小企業に関する法律を整備し，政府が中小企業をいろいろな面でサポートしてきているが，中国では中小企業対策がほとんどなく，ごく最近やっと研究し施策を打ち出した状況であると分析している（上海の中小企業が今後どのように発展していくか，それは中国経済の活性化にもつながるものであろう)。

　以上，上海における中小企業をめぐる諸問題をみてきたが，諸外国の経験を学びながら，上海の中小企業が自らの蓄積や経験を活かして，今回の調査結果を上海市政府がどのように施策に取り入れて，中小企業を指導し育成していくか，今後の上海における中小企業の動向をみていく必要があろう。

第3章

中小企業の政策課題
―― 『白書』をめぐって ――

はじめに

　中国は経済システムの転換，特に，国有企業の改革を実施してきたが，一般的に，その改革は漸進的な方法でなされてきたといわれている。やさしい分野から難しい分野へ，例えば，農業部門から工業部門に，それは既得権益をあまり保持していない農民の利益を優先した改革から始めた（生産請負責任制など）。そして，工業部門では「放権譲利」（権限を末端の企業に与え，利益の一部を企業に与えた。つまり，企業の自主権拡大付与ともいわれている）や「利改税」（利潤の上納方式から納税方式に改める），そして，「企業経営請負制」を実施してきた。

　こうした改革は社会の不安を醸成することなく，1992年の第14回党大会で「社会主義市場経済」を提起し，大変複雑な国有企業改革を本格的に着手したのである。体制改革は伝統的な計画経済システムを徐々に壊すことであり，それは市場経済システムに転換することであった。そうした転換の一つとして，1995年（第14期5中全会）で提起された「抓大放小」（「大企業に力を入れ，小企業を自由化する」）戦略があげられる（ただ，1999年には「放小」の範囲を，国有企業の小型企業部分から中型企業〈年間の売上高が5,000万元以上ある企業を指す〉部分まで拡大し，この部分まで含めて中小企業と定義している）。

　何故，「抓大放小」政策が提起されたのか。その一つの理由は，国有企業のうち，地方レベルでの小企業で多くの赤字企業を出していたことをあげていた(1)。同時に，別の理由として，経済構造が大きく変化していることをあげていた。例えば，基本的な消費物資での過剰生産により「売り手市場」から「買い手市場」に徐々に転換しつつあることを，指摘する人びともいた(2)。

「抓大放小」戦略が提起され，今日まで「放小」政策でいうところの国有企業の小型企業を含めた中小企業の実態を，どのように把握し，今後中国でそうした中小企業をどのように位置づけていくのか。われわれがそうした実態の一端を知り得るものとして，中国ではじめて出版されたのが，『中国中小企業発展与預測（1999）』（国家経済貿易委員会中小企業司　中国社会科学院中小企業研究中心編　陳及醒主編，民主与建設出版社，2000年6月出版。以下，『中小企業白書』とする）であり，その紹介を簡単に行い，今日における中小企業の実情をみることにする。

　本章は，第1に，中国で第一回の『中小企業白書』の編別構成の内容を簡単に紹介し，第2に，その意義と目的をみる。第3に，『中小企業白書』の中でも，特に，中小企業の組織の現状及びその下での戦略について検討を加えてみる。

第1節　『中小企業白書』の編別構成について

　中国の『中小企業白書』（以下，『白書』とする）は，日本の『中小企業白書』とかなり異なっており，その大きな差異は，第1に，付注・付表や付属統計資料がないことであり，そして，第2に，当該年度で実施されたさまざまな「施策」が紹介されていないことである。ただ，こうした政策の施策や統計データは今後中国が『白書』を作成するさいに，是非掲載されることを願うものである。

　ところで，『白書』は五編から構成されており，第一編は総論で，中小企業の理論と歴史的な総括であり，そして，諸外国の立法と政策を論じている。第二編以下は各論となり，その第二編では中小企業が当面直面している問題についてテーマ別に論じている。例えば，中小企業の貸付担保や中小企業のネットワーク建設などを含めて10個のテーマについて分析している。第三編は部門・業種編として石炭や流通など10個を取りあげて紹介している。第四編は省・市レベルの地域編を取りあげ，20個の省・市を紹介している。そして，第五編では各地域で比較的成功している個別企業編として55個の企業を取りあげて紹介

している。

　こうした『白書』の編別構成からわれわれは，今日の中国における中小企業がどんな現状にあり，何が問題になっているかを知る手掛りにはなるのではないかと思われる。以下，『白書』における各編の概要を簡単に紹介しておこう。⁽³⁾

　第一編の総論編は三つの論文からなり，第１論文（「中小企业发展的理论与实践」）をみると，世界史的にみれば，中小企業の発展においてプラス・マイナスの両面があった。例えば，イギリスの産業革命などの工業化進展を通して（アダム・スミス著『国富論』やカール・マルクス著『資本論』などの分析から），手工業が大規模機械工業に代わる中で，企業内部の分業は一段と進み労働生産性の向上を促進した。そのことは人びとにとって大企業と効率が同じもののように捉えられた。こうして多くの大企業では，「大企業病」というマイナス現象も出てきていたが，分業はますます企業の枠内に留まらず，社会全体に浸透していった。このことと併行して，中小企業は競争を通して優勝劣敗を繰り返し，特に，経営者の不断の努力とイノベーションが生き残る保証でもあった（例えば，イタリアや台湾など，特に，アメリカでは中小企業の開業〔10～16％〕・廃業〔9～14％〕率が激しいと論じている）。しかし，20世紀の70年代に入って，国際経済が大きく変わり，特に，この時期の２度にわたるオイル・ショックによって，多くの国家は中小企業に注目するようになった。つまり，「小さいものでも良いのではないか」という考え方も出てきた。多くの人びとは中小企業に対して新たな認識をもつようになった。今日，中小企業の重要性は認識されてきている。世界において，中小企業を発展させることはすでに共通な認識に達しており，各国政府は中小企業の発展を支持しており，中小企業の発展についてみれば，世界的な潮流になっている。それは先進国でも，新興工業国でも，発展途上国でも，すべて中小企業の発展には経済を振興させる戦略的な措置を採っている。21世紀はまさに世界中で中小企業の世紀になるであろう（この点でいえば，日本の中小企業研究者の中でも，同じような考え方を，福島久一氏が次のように表明している。「20世紀の〈規模の経済〉から21世紀は〈ネットワークの経済〉へと転換する段階では，むしろ中小企業が有利性をもち，中小企業が中心舞台に登場する主役となる」）。⁽⁴⁾

　第２論文（「中小企业的发展与趋势」）では，中国の中小企業に対する発展が歴

史的に回顧されている。それは2つの区分に分けられ，第1段階は1949年から1977年まで，前半はそれなりに発展してきたが，後半はかなりの停滞であったと分析している。そして，第2段階は1978年末の改革・開放政策の導入から今日まで分析している。特に，ここ20年間の発展をみると，郷鎮企業では1985年頃から1996年までかなり発展してきたが，1997年以降徐々に停滞してきている。また，私営（私的）企業や個体（個人も含めて）企業では1980年後半から1994年頃までかなりの勢いで発展してきたが，1995年以降から徐々に停滞しつつあることを分析している。こうした状況の下で，つまり中小企業の停滞が進むこともあって，以下のような措置を検討していることを論じている。第1に，中小企業を維持するための管理機構を確立し，それに関する法律を制定し，中小企業が発展するための施策を講ずる。第2に，政府が中小企業に対して支持や援助を明確にする。第3に，中小企業と大・中型企業の区分は明確にしていろいろ施策を講ずる。この第2論文は，中小企業の発展・過程をみているが，今後，政府が中小企業をどのように育成していくかを論じている。

　第3論文（「中小企业立法与政策」）では，国内と国外の中小企業に関する立法と政策の現状から説き起こしており，まず始めに，世界の主要な国々の法律や政策が比較分析されている。例えば，日本はシステム的な立法になっており，アメリカは単独的な立法であり，ヨーロッパは各国が分散的な立法になっていると分析している。そして，立法の目的は中小企業の保護にあり，競争力を強めることであり，経営の安定であった。それとは反対に，中国の中小企業は行政機関による職権の乱用による攤派（費用割当。つまり，いろいろの名目をつけて企業から費用を徴収することを指す）などもあって，中小企業の権益を保護しなければならないと論じている。そして，中国の中小企業には，「五多五少」があり，つまり，(1)管理部門が多くあり，政策の保護が少ない。(2)さまざまな問題が多く発生し，解決する方法が少ない。(3)融資問題がかなり多いが，融資ルートがかなり少ない。(4)低い水準の乱売合戦が多く，高品質の商品が少ない。そして，(5)重複的な建設が多く，見通しを持った建設が少ない。これらの多くの問題が未だ存在している。なお，政策分野についても同じように，諸外国，とりわけ先進国の政策を分析している。世界の主要な国々から，特に，経済が

発達している先進国の中小企業の立法措置や政策に関する優遇措置を論じており，それは先進国が非常に中小企業を重視していることを示すことであった。そして，先進国には世界的に有名な巨大企業だけが発達しているのではなく，中小企業も多く発達していることを指摘している。21世紀を向えるにあたって，中小企業が健全に発展するためにも，中国は当然健全な立法や政策システムを確立しなければならないと論じている。

　以上，第一編の総論部分をみてみたが，これまでの分析とは少し異なり，かなり諸外国，とりわけ日本，アメリカ，ヨーロッパの先進国の実践経験の分析が多く紹介・検討されており，そこから自らの中小企業にどのように活かしていくかが論じられている。この点からいえば，この『白書』の出版意図は成功しているのではないかと思われる。

　第二編は現在中国の中小企業が直面している10個のテーマについて論じている。第1のテーマ（「我国中小企业经济组织现状及其在新形势下的战略调整」）では，21世紀は中小企業の世紀であることを論じ，中国の中小企業がうまくいかないならば，大企業も困難に陥るであろう。このことは人間の発育にたとえれば，小学校の基礎教育ができていないならば，中学や高校，そして大学での教育も身につかないであろう。この第1のテーマに関しては，第2節で詳細に紹介していく予定である。

　第2のテーマ（「私営企业的发展与治理结构」）では，中国の私営企業の発展傾向が論じられ，私営企業の管理構造を分析している。そして，私営企業にとって，統一的に，平等な競争がなされるように市場環境を整え，企業の外部環境メカニズムを整備しなければならないと論じている。それには法律を整え，私営企業の所有権を保護したり，企業経営者を育成するようにしたり，そして，現在の会社組織の管理機構を規範化したりすべきだと分析している。

　第3のテーマ（「国有中小企业改革」）では，「抓大放小」政策を論じ，国有企業の中小企業における発展状況を総括している。そうした中小企業の改革はかなりスピードもあり，多種多様でもあった。しかし，改革がなされる下で，さまざまな問題も出てきた。特に，短期的な行為の傾向が突出し，改革がますます難しくなり，多くの政策が停滞するようになった。従って，もう一度，党の

第15回大会の精神を貫徹しなければならないと論じている。

　第4のテーマ（「培养中小企业社会化服务体系」）の中で，社会的なサービスシステムを建設すること，行政と企業が分離すること，そして，政府の機能を転換することなど，これらのことがなされなければならない，と論じている。同時に，中小企業への社会的なサービスシステム，つまり，中小企業への融資問題や管理へのコンサルティング業，そして，ベンチャー企業への育成などを論じている。

　第5のテーマ（「中小企业贷款担保」）では，優遇と安全に関する原則を論じている。特に，諸外国で中小企業に対する貸付担保方法が五つあり，それは(1)政府が直接保証するもの，(2)政府が出資し，中小企業信用保証機構が行うもの。つまり，政府が間接的に保証するもの，(3)民間が設立して中小企業に貸付担保するもの，(4)業界団体や協会が設立した担保機構のもの，そして，(5)私的になされた担保機構，その大半は株式会社形態で，営利を目的としたものなどを論じている。しかし，こうした担保機構が設立されていると同時に，必ずリスク問題が存在していることを論じている。そして，中国はこの担保問題の対策として，一つは多種多様な担保機構を設立すること，もう一つは立法措置を検討することを提起している。

　以下，各テーマを紹介しておけば，第6のテーマ（「中小企业风险经营」，ここでは，経営リスクの問題），第7のテーマ（「中小企业产业定位」，ここでは，中小企業の位置づけなど），第8のテーマ（「中小企业网络化建设」，ここでは，ネットワークを建設する問題），第9のテーマ（「WTO与中小企业国际化经营」，ここでは，WTOの加盟と中小企業の関係を論ずる），第10のテーマ（「民营企业制度创新和管理创新」，ここでは，民間企業のイノベーションと管理のイノベーションを論ずる）などが取りあげられている。(5)

　以上，第二編で取り扱われている各テーマをみるかぎり，現在中国の中小企業が改革を進める中で，困難に遭遇している問題ばかりではないかと思われる。その中でも，特に，担保問題は中小企業を育成していく上で早急に解決しなければならないものであろう。この問題でも，先進諸国の担保処理方法がどのようになされているかを論じている。なお，この第二編で取りあげてほしかって

テーマとして,「中小企業と税制」とか,「中小企業と社会保障」とか,「中小企業と労使関係」とか, まだまだいくつかのテーマがあったのではないかと思われるが, 今回の『白書』からみて, 枚数の制限があって論じられなかったのであろう。逆に, 今後, 当該年度で最も重要なテーマに絞って論じてもよいのではないか。

第三編は二つの部門, それは, 交通・運輸と商業を取りあげ, そして, 8つの業種を紹介している。⁽⁶⁾

前半は八つの業種を取りあげ, 後半は2つの部門を紹介している。まず前半の八つの業種を簡単にみれば, 第1の鉄鋼業について, 中小の鉄鋼業が改革以前も以後も大きく変化しており, 特に, 中小の鉄鋼企業では大企業が手掛けない生産物を高品質で生産し, 小さな市場だが大きな利益をあげていると分析しており, 大いに検討する価値のある業種であると論じている。

第2の石炭業について, 中小の石炭業がエネルギー供給で非常に大きな役割をしているとしているが, 問題も多くあると分析している。例えば, ガス爆発などの災害は中小の石炭業で多く発生しており, 死亡者の70％以上は中小石炭工業企業で起こり, さらに環境汚染もひどく, 政府は法律などを整備して, 安全などが確認されない生産企業を停止することなどを論じている。

第3の金鉱業について, 金鉱工業は大半が中小企業である。確かに, 中国は1998年における金の産出量は172.8トンで, 世界第4位であったが, 問題も多くあった。例えば, 埋蔵量が減少してきており, また品質が落ちてきている。特に, 企業の規模は小さく分散しており, そのために経営が困難になっており, 1999年でみれば, この業種の平均負債率は70％に達している。こうした企業体質を転換すべき方策が提起されている。

第4に, 軽工業が取りあげられ, 国民経済のうち, 軽工業が重要な位置にあることを論じている。例えば, 就業の場所を提供したり, 社会の安定に貢献したり, 人びとの消費需要を満足させたり, 輸出にも貢献したり, 地方経済の発展を支えたりするなど, 重要な役割を果たしていると論じている。

第5に, 印刷業は中小企業が大半で, 現在全国には18万社あり, そこに働く従業員は約300万人いる。そして, 書籍などの印刷企業が7.4％占め, 包装など

の印刷企業が19.3％占め，その他印刷企業が73.3％占めるなど，印刷企業の構造分析をしている。

　第6に，ガス工業は中国では以前鉄鋼業に属しており，一つの独立した業種とはみなされていなかった。特に，生産の分布は非常に分散していた。従って，今回の分析では地域や企業間の連合が必要であることを論じている。

　第7に，機械工業のうち，中小企業の機械工業は約89％占め，設備をかなり多く保有しているが，設備の稼働率などはかなり低い状態にある。特に，問題点として，専門的な技術者が少なく，資産の負債率も高く，赤字企業が約50％もある。そして，機械工業の中で，中小企業はさまざまな業務を受けもち，分布構造が大変複雑になっていると論じている。

　第8に，電子部品工業は応用範囲も広く，以前はコンデンサーや抵抗器などに利用されていたが，最近ではテレビやコンピューターなど幅広く利用され，電子工業の基礎産業ともいわれている。特に，この業種は一つの新興工業であり，改革開放以降急速に発展してきている。そして，現在では世界の電子部品における主要な生産基地の一つにもなっており，生産量はすでに世界の生産大国の一角に組み込まれている。とりわけ，1997年7月のアジアにおける金融危機の影響を大きく受けたが，1998年は15.1％の成長率もあり，輸出は60％に達していた。そして，2000年に入り，正常な発展軌道に乗って，現在では20～30％の成長率になっていると論じている。

　以上，八つの業種を簡単にみたが，最後の電子部品工業以外の大半の業種における改革が実施される中で多くの問題を抱えていることが，今回の『白書』で論じられている。ただ，全体的に当該関係部局の人びとが執筆しているということもあって，必ずしも当該業種での深刻な問題を分析しているとはいえない部分もかなりあったように思われる。今後は『白書』を担当する部局が全面的に執筆した方がよいのではないかと思われる。

　後半の二つの部門をみると，第1に，交通・運輸部門を取りあげているが，そのうちの鉄道システムの現状を紹介している。鉄道システムの中小企業はそれぞれの企業や事業所などに属していて大変複雑な状況になっていることを指摘している。また，中国の特殊性もあって，例えば，電力システム，石炭・石

油・天然ガスシステム,軍事工業システム,船舶システムなど,すべてが独立のシステムを備えている。未だに,こうした中小企業は大企業などに属しており,改革が必要であり,研究を重ねて実施すべきだと論じている。

　第2に,商業部門を取りあげているが,この部門の多くの商業は大半が中小企業に属し,改革もかなり以前から進められてきたと論じている。特に,中小企業の流通企業における改革は5段階に分けて実施され,つまり,それは第1段階・1978～1980年に企業自主権拡大を行い,第2段階・1981～1982年に利潤の請負を中心に経済責任制を施行し,第3段階・1983～1986年に「利改税」を実施したが,特に,リース制などを実行し,第4段階・1987～1991年にリース制もやったが,売却も行うなど,改革も多様化しており,そして,第5段階・1992年から現在まで,すべての流通企業で改革が市場化に向けて実施されたことなどを紹介している。そして,今後の予測として,国有企業における商業部門の改革が着実に実施されていくであろうことを論じている。

　以上,二つの部門であるが,従来の経済システムがかなり残っている部門として,交通・運輸部門の中小企業を取りあげている。この改革は複雑な要因もあるが,将来性を考慮するならば,研究に値する部門ではないかと思われる。そして,商業部門のうち,流通企業の改革がこの20年間で多くの実践経験をしてきたが,もう一度その総括・点検をすべきではないかと思われる。また,電子商取引を取りあげているが,そのためのさまざまな法整備なども検討すべきではないであろうか。

　第四編（地域編）と第五編（個別企業編）についていえば,前者で取りあげた20ヶ所の地域は,中小企業における地域間格差がかなりあり,また,経済発展の水準にも格差がある。とりわけ,経済の発展バランスでいえば,東部,中部,西部の間にはかなり大きな格差が形成されている。こうした状況を前提としてみれば,今回の『白書』で論述されている各地域の分析は,ある程度そのことが反映されているとみている。だから,各地域は自らの地域に適ししたさまざまな措置を行い,その効果も各地域が異なっていることも当然だとみている。是非,読者は各省・市の異なった施策・方法などとその経験事例を学習して活かしてほしいし,中国の中小企業における改革と発展の方向も認識してほしい

と指摘している。[7]

　後者の個別企業は55の企業が紹介され（各省・市からの推薦された企業である），そのうち，51企業が工業分野から，残り四つは情報産業，不動産業，交通・運輸，商業を取りあげている。紹介された55企業は一般的な中小企業の水準と比べてかなりの優良企業であり，経営状態もかなり良好な企業であることを前提にして，読者が各個別企業の事例を活用してほしいと論じている。そして，中国における中小企業の発展は非常に急速であったが，直面する問題も無視できないものがある。例えば，「四低」という問題がある。それは，第1に，技術水準が低いこと，第2に，管理水準が低いこと，第3に，社会的な組織の度合いが低いこと（例えば，各地の業界団体などの組織が未整備である），そして，第4に，経済利益が低いことなどを，中小企業の共通な問題として指摘している。だが，WTO加盟もあり，こうした「四低」の克服に努めていくために，55企業の成功してきた実践経験を学んでほしい，と『白書』の執筆者たちは希望している。[8]

　以上，第四編と第五編を極く簡単に紹介したが，これらについては別稿で詳細に紹介すべき内容を含んでいるものと思われる。

　こうした『白書』の概要を前提に，以下，『白書』の意義と目的をみることにしよう。

第2節　『白書』における意義と目的について

　今回の『白書』における意義と目的はどこにあるのであろうか。それはおそらく当該所管にあたる国家経済貿易委員会の副主任・蒋黙貴が発刊の辞で指摘しているように思われる。以下，『白書』での意義と目的を簡単に指摘し，今日の中小企業における現状分析と五点にわたって今後の施策をみよう。[9]

　『白書』の意義と目的は，半年間の作業活動の成果のように思われるが，それは国家経済貿易委員会・中小企業司（局）と中国社会科学院・中小企業研究所という別組織が，つまり，行政部門の組織機能と理論界の研究機能が充分に活かされて，相互の信頼と協調の下で，共同して努力した結晶に意義がある。

そして，今後も『白書』は継続発行されていくし，現段階の中小企業に関する幅広い情報伝達をし，多くの経験・交流の事例を紹介し，中小企業間の協同を強めていくことに目的がある。特に，経営管理を高め，中小企業を振興し，来世紀に向けて中小企業が経済発展の出発点になることを望んでいる。

　こうした『白書』の意義と目的は理解できる。つまり，『白書』が出版されたことに最も大きな意義があったのではないであろうか。そして，その目的は現在の中国における全国の中小企業について現状把握とそれを伝達し，各地域や各個別の事例を提供できたことに大きな目的をもっていたのではないかと思われる。

　こうした意義と目的の下で，中小企業における現状をみてみると，第1に，商工業ですでに登録済の数は約800万社あり，それは全企業数の99％を占め，工業総生産高と利潤・税収で，それぞれ60％と40％を占めている。流通分野のうち，特に，小売業は90％以上，就業分野では約75％を占めている。また，ここ数年をみると，毎年1,500億ドル前後の輸出額のうち，中小企業が約60％を占めている。さらに，1990年代以降の経済成長の下で，工業分野の付加価値分の76.6％は中小企業が創出し，特に，食品・製紙・印刷業などでは70％以上，服装・皮製品・日用雑貨・プラスチックなどでは80％以上，そして，家具類などは90％以上あった。

　第2に，就業分野をみると，1978年から1996年まで，農村から移動した人びとは2.3億人で，その大半は中小企業に就業している。そのうち，工業部門に1.5億人で，このうち中小企業には1.1億人（約73％）就業している。ただ，都会では国有企業の改革で下崗（職場を離れているが，失業登録をしていない失業者を指す）された人びとが1997年で，418万人おり，そのうち，最も吸収したのが私営企業や個人サービス業などで127万人受け入れた。

　第3に，中小企業の企業改革はコストが大変低く，システム転換がやりやすい利点をもっていた。だから，請負とか，リースとか，破産とかなど，改革措置が国有企業の中小企業や都市の集団企業で実施された。とりわけ，農村の郷鎮企業はその転換がスムーズにいき，成功したといわれている。

　第4に，改革が進む中で，公有制が徐々に非公有制に移行してきている。例

えば，1995年の工業センサスにおける中小企業の変化をみると，個人・私営企業が77.7％を占め，集団で20.1％，国有はわずか1.4％しかなく，「三資」(「三資企業」とは，合弁・単独投資・合作企業を指す）は0.6％であった。生産高でみれば，集団で51％，個人・私営で23.3％，国有と「三資」企業は13.1％をそれぞれ占めていた。

　こうした中小企業の発展状況の下，問題も多く指摘されている。以下，6点ほどその原因をみてみよう。

　第1点：地域分布がアンバランスである。量的にみれば，東部と西部の地域は全国の42％と15％で，工業総生産高では東部・66％，中部・26％，西部・8％である。明らかに，西部が全般的に低い状況にある。

　第2点：不良資産の比率が大きく，負債率も高い。1998年でみれば，大企業の平均負債率は62.9％だが，中小企業が多い地域では80％以上ある。その原因をみると，資金不足や銀行の借入金が多い（逆に，自己資金がないことを示している）。後者についていえば，大企業より多くの利息を中小企業が支払っている（このことは国家の政策が大企業に片寄っていることを示している）。特に，中小企業の融資問題でみれば，融資ルートがあまりない（株式上場などが出来ず，つまり直接融資方法がない）。その分，間接融資が多くなり，債務負担も大きくなり，コストも高くなっている。

　第3点：産業構造も商品構造も不合理であり，重複建設が多い。例えば，石炭，石油精製品，機械，建材などの業種は中小企業が多い。従って，競争が激しく，薄利多売の状態になっている。そして，技術が低いため，品質が悪く，大量の低級品が売れ残って多くの滞貨を作っている。

　第4点：経営資質，技術装備の劣悪化，管理水準の低さ，そして，品質の悪さが中小企業にある。例えば，小企業の一人当たりの技術装備率は大企業の25％相当で，製品合格率（1998年）は大企業で93.3％，小企業で70.3％である。特に，人材面で大企業の大卒以上は10.46人，小企業はわずか2.96人である。

　第5点：中小企業に対する政策が決定的に欠けている。大企業には比較的優遇政策があるが，中小企業にはあまりないといったほうが現実的であろう。特に，非公有制企業には全然ないといってもよいのではないか。

第6点：外部環境は改善すべきであろう。行政と企業が分離されていないため，特に，地方では中小企業の資産すら明確でない。社会的なサービス，つまり，中小企業に対しての融資，技術，訓練，人材，信用などすべての面で有効な援助がなされていない。これらは中小企業の発展に悪い影響を与えている。

こうした原因は複雑で，ある面では体制から由来している場合もあり，それと共に法律や政策からきている場合もある。他の面では中小企業自らにある場合もある。

以上，今日の中小企業における現状分析は，すでに多くの論者が明らかにしているところであり，なんら付け加える論点はあまりないように思われる。ただ，中小企業における研究開発の問題や従業員の福祉事業（社会保障の一貫として）なども検討すべき課題ではないであろうか。

ところで，今後，中小企業が施策すべき事項は何であろうか。それは以下の問題を解決しなければならないと論じている。[10]

第1に，負債問題がある。それは中小企業が基本的に自主経営を堅持しなければならない。このことが確立されれば，負債問題を解決できるといわれている。何故なら，今日の負債問題は多くが歴史的に形成されたものであるからである。従って，地方政府がその肩代わりをする方法も一つである。また，各分野の協力によって，中小企業が政策的に負債を負ったものは，政策調整などで債務問題を解消すべきであろうといわれている。

第2に，構造調整問題がある。これまで多くの企業は，「大而全」，「小而全」，つまり，大中型の国有企業はもちろん小型の国有企業でも教育や医療など社会が本来果たすべき機能や施設をすべて備えている経営のやり方が施行されてきた。こうした構造は転換すべきであり，中小企業の生産は自ら特化した生産物に専念すべきである。

第3に，技術問題がある。今後，中小企業はイノベーションを解決できるかどうかにある。つまり，中小企業は新たな技術を導入したり，資源やエネルギーを節約したり，環境汚染を減らしたり，新たな製品を生産したりすることができるかどうかであろう。

第4に，就業問題がある。中国にとって，就業問題は長期的な問題であるが，

当面失業者や下崗の人びとの受け皿が中小企業の発展にかかっている。そして，その一つがベンチャー企業の育成にあると指摘している。

　第5に，市場問題がある。中小企業が健全に発展していくために，中小企業に関する法的システムを確立する必要がある。現在，「中小企業促進法」(11)が検討されているが，その中で，中小企業の設立手続を簡略化すること，また，理不尽な費用負担を無くすことなどを指摘している。政府は新たな中小企業に対する関係について，ミクロ管理をマクロ管理に変えたり，また，直接管理を指導・援助に変えたりして，市場経済に対応できる中小企業を育成すべきであると強調している。

　第6に，外部環境の政策問題がある。一つは中小企業の金融政策システムを確立する。例えば，中小企業信用担保制度を検討する。もう一つは中小企業に対する財政政策を改善する。例えば，税制に関する優遇措置を検討すべきである。さらにもう一つは中小企業のための社会的サービスを確立する。とりわけ，管理に関する診断やコンサルティング，法律の相談，人材の育成訓練，技術開発，資金に対する融資，そして市場開拓など，これらは中小企業に必要な援助である。

　以上，中小企業が現在直面している諸問題について，それなりに解決すべきさまざまな解決方法を示している。また，今後の施策が指摘されているが，それらの施策が確実に実行されるための法的措置が必要であろう。同時に，21世紀に向けた中国の中小企業が世界の企業と競争し勝ち残っていくためには，世界のさまざまな成功事例を多く学ぶ必要があるのではないであろうか。以下，『白書』で論じられている経済組織の現状などをみてみよう。

第3節　現段階の中国における中小企業の組織と新たな戦略

　中小企業はどの国でも国民経済の中で重要な位置を占めている。だが，その実態は多様であり，一律に語ることはできない。それでも中小企業の姿を新たに捉え直す必要があり，環境変化の中で中小企業はどのように対応すべきかみておく必要があろう。

第3章　中小企業の政策課題

　こうした認識の下で，今回の『白書』がどのように中小企業の実態を捉えており，今後，中国において中小企業を戦略的にどのように活性化していくか，検討をしておきたい。

　中小企業の実態について，第1に，経済組織の現状について，ア）国有の企業規模，イ）集団の企業規模を取りあげ，第2に，市場に対応した中小企業の変化について，第3に，組織の内在的な問題を取りあげてみたい。そして，第4は21世紀を目指す中小企業の戦略についての展望をみてみたい。

　現段階の中小企業における組織構造をみることにする。[12]

　第1に，組織構造の現状を，大きく二つに分けてみる。一つは国有企業であり，もう一つは集団企業である。

　ア）国有の企業規模

　中国の国有企業には中央政府（各部局）と地方政府の管理に属するものと，地方企業を省・地方（市）・県に分けてそれぞれの管理に属するものとがある。つまり，三段階の管理がなされている。

　工業総生産高をみてみると，中央に直属する企業は34％，省に直属する企業は19％，地方（市）に直属する企業は26％，そして，県に直属する企業は21％で，それぞれ占めている。そして，各レベルの平均的な企業規模は以下のとおりである。

　1）中央に直属する企業は7,275社，平均1社当たり生産高は1億2,552万元，平均1社当たり従業員数は2,289人である。

　2）省に直属する企業は1万4,548社，平均1社当たり生産高は3,494万元，平均1社当たり従業員数は871人である。

　3）地方（市）に直属する企業は2万8,085社，平均1社当たり生産高は2,501万元，平均1社当たり従業員数は599人である。

　4）県に直属する企業は6万7,686社，平均1社当たり生産高は826万元，平均1社当たり従業員数は224人である。

　こうした企業規模を別の視点からみると，中央に直属する企業の平均的な規模は大型企業に相当し，省・市レベルの平均的な規模は中型企業に相当し，そして県レベルの平均的な規模は小型企業に相当している。

以上，国有の企業規模における現状をみたが，工業総生産高をみる限り，市以下の地方企業の総生産高がかなり高い割合を占めている（約50％弱）。今日，こうした企業の経営状態は一般的に悪化の傾向にあるといわれており，いろいろな問題を発生させている。このことが「放小」政策を導入する原因になったのであるが，切り離された中小企業がその地方で活性化していけるかどうか，今後の分析をみなければならない。ただ，いくつかの地方・地域経済では必ずしも成功しておらず，省レベルの地方都市に集中する傾向がある。

　イ）集団の企業規模

　集団企業は一般的に国有企業とほぼ同じような管理形態にあったといわれている。従って，集団企業の大部分は各レベルの行政機関及び附属機関などに属していた。つまり，省，地方（市），県，郷鎮（従来の人民公社における公社に相当），村（人民公社時代の生産大隊に相当），村民グループ（人民公社時代の生産隊に相当），さらに都市の街道（区役所の出張所に相当）と居民委員会（町内会に相当）などの組織に各集団企業が属しているということになる。そして，各集団組織の企業規模をみてみると，省・市・県・郷レベルの集団工業企業の平均規模は，年生産高が大半400～500万元であった。そして，郷鎮，村と村民グループにおける平均規模の年生産高はそれぞれ430万元，172万元，57.3万元であった。これは生産規模と行政組織のレベルとがほぼ一致していた。また，集団企業の80％は郷鎮以下の経済組織で占められていた。

　以上，集団企業の大半は以前の人民公社時に形成された組織を現在も基本的に存続しているようだ。従って，農村の経済組織は集団企業によって支えられていることを示している。

　第2に，市場に対応した中小企業の変化について，一つは国内における「買い手市場」の形成からどのように対応したか。もう一つは国際金融危機の発生からどのように対応したかをみてみよう。[13]

　ア）国内における「買い手市場」の形成

　中国経済は1997年から1998年にかけて大きく変化したといわれている。中国は「買い手市場」の形成という場合，基本的に中国の人びとの生活が「小康（まずまずの生活状態）社会」に入ったということである。それは人びとの所得

水準の上昇であり，余暇時間の増加であり，価値観の変化や商品寿命の短サイクル化であり，人びとの需要と消費の構造にも従来と違ったりしていることである。特に，その大きな変化の特徴は，これまで人びとが求めていた「量」的なものであったものが，人びとの求めるものが多品種で高級品で「質」的なものを求める傾向になってきている。それは生存に絶対必要なものから，自らが享受したい欲求に変わってきたのである。つまり，人びとは多様な商品やサービスなどを自由に選択できるものを求めだしたのである。消費構造が多様化し，高級化し，専門化し，そして個性化に向かってきているのである。このことは大量生産を得意とする大企業から，技術・知識集約型で急激な変化に対応できる中小企業に移ってきたのではないか。専門化した優れた中小企業が「買い手市場」の環境の中で生き残っていくのではないか。他方で，技術の進歩に伴って，ますます生産分野では小型化が進み，精神労働も増加し，このことが中小企業や家内企業を増加させていくのではないであろうか，ということである。

　以上，中国の経済構造はこれまで「大」型が何よりもすばらしいということから，人びとの価値観の変化による消費構造の変化が急速に進む中で，生産構造を変えるまでになってきたと論じている。それが「買い手市場」の形成となり，消費構造の変化をキャッチできるのが中小企業であると分析している。ここに中国経済は21世紀が中小企業にとって時代の到来と主張する根拠ではないであろうか。ただ，中国の政府当局が中小企業をいかに育成していくかが，今後の大きな課題ではないかと思われる。

　イ）国際金融危機の発生

　1997年7月，タイ・バーツの通貨危機はアジア全体の金融危機となり，それは1930年代の世界恐慌以来といわれ，世界に大きな影響を与えた。ただ，今回のアジアの金融危機でいくつかの経済現象があった。その一つに，特に，経済損失でいえば，台湾は比較的損失が少なく，逆に，韓国は大きな損失を受けた。直感的な印象だが，中小企業を主導とする国家は外部からの影響に強く，大企業を主導する国家より優れていた。台湾は大企業があまりなく，中小企業が大半である。それとは逆に韓国（日本も含めて）は大企業を主導とする国家である。1996年の年間売上高でみると，世界最大500社のうち，日本は126社あり，

韓国は11社あり，そして台湾はわずか1社しかなかった。従って，アジア金融危機の中で，台湾では「小さいことで福を得た」といわれている。こうした状況は中国にいろいろなことを考えさせることになったし，多くの教訓を率直に学ぶことにもなった。そして，われわれは再度中小企業の特殊な役割をみるべきであり，中小企業を主導する国家が世界の激動について比較的適応力もあることを知った。

　以上，世界経済が大きく激動するさい，企業組織のあり方について組織的な抵抗力があるかどうか，非常に重要なこととして分析している。これまで中国は韓国を一つの発展モデルとしてみていたが，今回のアジア金融危機でいろいろ教えられたと強調している。そして，中小企業が市場の激しい動きに対応できることを論じ，自らの政策に活かしたいと思っている。

　第3に，中国の経済組織に内在する問題

　中国は数千年の専制主義の伝統をもち，官僚構造は中国社会に対して非常に大きな影響をもっている。従って，20年の改革開放政策がなされているからといって，その本質はあまり変わっていない，という前提で，以下の三点についてみてみたい。(14)

　ア）「大きな政府」（行政権力の肥大化）の特徴は依然として解消されていない。

　この20年の改革を通して，中国経済は大きく変化した。工業部門をみると，国有企業は工業生産高全体の比率が，改革当初は約80％あったのが，現在30％以下で，そのうち，軽工業は25％である。国有企業は国民経済の役割を一定程度占めているが，すでに非国有経済に取って代わっている。しかし，別の面からみて，中国の「大きな政府」は決して変わっていない。確かに，国有経済の比率は下がっているが，国有経済の絶対的な量は上昇しているのである。そして，国有企業の従業員数は改革当初と比べて3分の1前後増えているのである。政府は間接的な方式を通して国有企業を管理しているのである。つまり，間接による管理の役割が増えている。特に政府の経済機能が一段と拡大している。そのために政府機関の役人は量的に増大している。1998年末，政府機関の役人の数は1,014万人で，改革当初の2倍に増加していた（ちなみに，日中両国の鉄鋼生産量は約1億トンあり，それを担当する部署は日本で通産省重工業局の8人しかい

ないが，中国は中央政府の元の冶金部に数百人，そして，地方の各省市県などに数千人おり，日本の100倍以上いる）。こうした状態はなかなか変わらないと断じている。

以上，中国の政府組織は改革20年経過しても変わらないと論じている。確かに，朱鎔基首相は三大改革の一つに「行政機構」を取りあげていたが，看板が変わっただけで，未だにいろいろの名目で残っていることを指摘している。政府機能の肥大化は経済構造の弊害を生むことはどこの国も同じであることを思えば，再度行政と企業が分離する原則を貫徹する必要があろう。

イ）民間組織の未整備

中国は「大きな政府」が長かったため，民間の活動が弱く，個人は政府に対して依頼心が強く，個人の独立性や自立性も弱かった。計画経済時代は揺りかごから墓場まですべて中央・地方及びそれに属した「単位」（政府部門，勤務先，職場を指す）に頼っていた。従って，社会でいうところの中間組織がこれまで存在しなかったが，今日市場化に向けてそうした組織は必要になってきた。例えば，税理士・公認会計士，弁護士事務所，仲裁機構，検査機構，情報コンサルタント，不動産鑑定士，各業界団体や各地の商工会議所などが必要である。ただ，このような組織はあるにはあるが，かなり未整備の状態である。こうした中間組織は政府が法律などで援助する必要がある。

以上，計画経済システムから市場経済システムへの転換で，中国経済を円滑に進めていくために必要な組織が最も欠落していることを指摘している。私もこの点についていえば，現在，中国の経済組織が最も弱い部分であると思っている。中小企業にとっては，特に重要なものではないかと思われる。

ウ）中国の非国有企業（私営企業や個人企業などを指す）の諸問題

国有企業が国民経済の中で，その位置と役割を下げているが，逆に，中小企業を主体とする非国有企業の発展を促している。だが，多くの問題が発生している。以下，そうした若干の問題をみてみよう。

第1に，労働者の質が一般的に低いため，労働生産性が低く，製品も粗悪品で，企業の管理も悪く，原材料の消耗も多く，コストも高くなっている。第2に，資金不足で，設備や技術が一般的に低く，生産での消耗で浪費及び安全性もなく，環境汚染などマイナス要因が非常に大きい。第3に，市場の規範化が

弱く，利潤追求に向って，競争が不等な手段でなされている。例えば，劣悪コピー，脱税，賄賂，リベートなど，長い間の「売り手市場」と政府管理の盲点をついた悪質な行為が横行している。第4に，従来の経済組織は縦割り・横割りの行政がなされており，3,000区・県に7.5万社の集団企業があり，4.7万郷鎮に25万社の郷鎮企業があり，74万村に69万社の村営企業がある。つまり，多くの中小企業が経済効果もバラバラで，資源を破壊したり，生態環境を壊したりするなどマイナスの役割をしている。そして，末端政府や末端組織にある多くの中小企業は，自らの市場を維持するために，市場を封鎖したりしている。つまり，自らの市場を他人の商品が入らないようにいろいろ妨害している。それは「優勝劣敗」を作らないようにしているのである。

以上，国有企業の役割が減って，逆に，非国有企業が勢いを得て成長するはずであったのが，逆に，いろいろな問題が存在していると分析している。こうした諸問題は中小企業自らが克服すべき課題である。このことが解決されなければ，また逆戻りして元のシステムを復活させてしまうのではないかと思われる。特に，第3点で指摘されているような行為は，WTO（世界貿易機関）に加盟すれば許されるものではないであろう。そのためにも法的な整備などを確立する必要があるのではないかと思われる。

第4に，21世紀を目指した中小企業の戦略について，以下，五つほどの論点をみておこう。[15]

21世紀を目指す優れた中小企業は現代における生産の基礎となる。仮に，中国の中小企業が台湾の水準に達すれば，1人当たりGDP（国内総生産）は1万ドルになり，その総生産量は世界で第1位になる。そして，仮に，イタリアの水準に達した場合，GDP1人当たりが2万ドルになる。さらに，アメリカの水準に達した場合，GDP1人当たりが3万ドルになる。こうしたことはいくつかの段階を踏まえる必要がある。それが21世紀を目指す中小企業の戦略であると位置付けている。

ア）思想問題

所有権の観点からいえば，「放小」思想は戦略上の国有企業を調整する重要なものである。それは中小企業の改革が所有権を主として，つまり，売却や競

売などで有償譲渡の方法でやるようにする。そのさい，公有資産をいかなる名目でも無償で個人に分配してはならない。そして，未だに条件が整っていない場合，リースや請負などの方法で実施していくが，条件が整えば改革を実施する（当然，売却などを指している）。また，市場経済に対応ができないような中小企業は，場合によっては「安楽死」も当然ありうる。そして，政府と企業の関係からいえば，行政と企業の分離は必ず実施しながら，地方・地域主義や重複建設を解決し，市場経済に移行すべきである。ただ，その移行のさい，中小企業が政府から切り離され，「主管部門がない」ようになっていなければならない。そして，行政との関係でいえば，必ず県以上の中小企業は行政部門から切り離し，その次に県以下も同じように実施する。また，業種でいえば，自らが重点的に過当競争を解決すべきである。さらに，所有制でいえば，国有の中小企業問題を解決しながら，同時に，集団やその他の中小企業の問題も解決しなければならない。

　以上，思想問題では現在までいろいろ指摘されている分野をすべてにわたって論じているが，最も重要な思想問題は所有権改革であると分析している。この点は，私もそのとおりだと思うが，特に，売却や競売には公平で厳選した有償方法でなされるべきである。何故なら，それはかなり不等な売却などが横行していることを考えれば，是非第三者機関の評価やチェックも必要ではないかと思われる。結局のところ，国有企業などで中小企業への転換は民営化，つまり，私有化の方向に行くのであるが，考え方として多くの人びとが納得するやり方で実施できるかどうかではないであろうか。

　イ）認識問題

　中国は，最近まで中小企業を重視してこなかった。特に，中小企業が人びとの身近な物資をこまごまと提供していたにも拘らず，その社会的な位置と役割は正当な評価を与えられていなかった。認識の上で，多くの人びとは大企業の役割を重視し，中小企業の発展を無視していた。だから，多くの人びとは大企業こそが先進的な生産力を代表するものとみており，中小企業は立ち遅れた生産力を代表するものとみていた。従って，資源配分なども，常に大企業が優先され，中小企業は不利な状況に置かれていた。こうした点を含めて，多くの人

びとが認識を改めるべきだと論じている。

　以上，大企業はすべて優れており，中小企業が逆に劣っているということについて，多くの人びとはそのように認識させられていた。何故なら，中国はこれまで「一大二公」〈第一に大規模，第二に公的所有〉という認識が人びとに浸透していたことが大きな原因であった。こうした認識を改めることが，21世紀の中小企業の発展につながると分析していることに，私も積極的に評価したいと思っている。

　ウ）管理問題

　今回の「放小」政策は自由放任でもなければ，管理を放棄したことでもない。この点が誤解されているようだ。逆に，国有企業から切り離された中小企業は管理を強化すべきである。そして，多くの中小企業でいえば，広範な人々の生活に関する医療，飲食業などの業種で，農業生産と密接な農薬や化学肥料，種子などの商品で，環境や資源開発などの領域で，すべて厳しい手続や検査制度を実施すべきである。つまり，管理は中小企業の発展に沿って実施すべきである。

　以上，管理問題はすべての中小企業分野で厳しい検査制度などを実施すべきだと論じている。その主張は正しいが，管理すべき人びとの資質に関する問題や制度におけるシステム問題が論じられていないことに少し疑念をもつものである。人材問題と管理問題は密接不可分なものであると思われるからである。この点，もう一度「放小」政策はどんな政策で，その目指すものが何であるか，考える必要があろう。

　エ）政策問題

　中国は先進諸国の中小企業政策を学び，利用できる政策を導入すべきであるとしている。第1に，中小企業が存続していけるようなマクロ環境の政策提起をする。第2に，中小企業を支援・援助できるような政策システムを確立する。例えば，中小企業のための金融政策であり，財政政策や税制政策などである。第3に，中小企業のためのサービスなど，つまり，人材の養成訓練，コンサルティングや情報の提供など，これらについて先進国から学ぶべきである。そして，第4に，中小企業を奨励する政策を構築すべきである。特に，下崗問題の

解決には必ず中小企業の発展と関連している。それは下崗された人びとの就業問題を解決することにもなる。このことは国有企業改革を推進することと大いに関係しており、非常に重要な意義をもっている。

以上、中小企業の政策は先進諸国がかなり多くの実践経験をもっているので、そこから多く学ぶべきだと論じている。この政策問題は中小企業の発展にとって、どのように活かされるかどうかにかかっているように思われる。例えば、中小企業の活性化は融資問題であり、優遇政策にあるのではないか。

オ）体制問題

中小企業の政策が活かされるかどうかは、体制問題と大いに関連している。その体制問題とは何か。第1に、中小企業の政策を活かすために、短期的にみれば、中小企業への支援政策であり、業界への指導であり、組織の対外交流であり、サービスシステムの確立などで機能を発揮することである。また、中長期的にみれば、所有権を明確にしたり、行政と企業を分離したり、それを前提に関係部局で中小企業の管理機構を整備し、中央に中小企業管理局を確立する必要がある。第2に、現在、中国には統一的な中小企業に関する区分規定がないので、各国の基準も参考にして、中小企業の発展のためにも企業の規模基準を定めるべきである。そして、第3に、中小企業は広範な分野を担っていることもあって、ここ3～5年で中小企業の改革をいろいろすべきである。

以上、体制問題は短期的にも中長期的にも、政策を遂行できるようにする必要があると論じている。特に、中小企業の規模に関する規定は早急に解決しないと、いろいろ中小企業にまつわる問題を解決できないと分析している。この点について、現在でも多くの人びとが論じているが、結論は出されていないのが現状である。[16]

おわりに

中国は1992年10月に「社会主義市場経済」を提起し、1995年から「放小」政策を導入して市場経済の形成を狙った。それは非国有企業の促進であり一定の成果をあげた。しかし、そこには多くの問題があった。『白書』にもその点多

表3-1　企業規模別でみた工業企業数及び工業総生産額（1998年）

	企業数(万個)/比重(%)	工業総生産額(億元)/比重(%)
全　国　計	797.48　/100.00	119,048　/100.00
大　型　企　業	0.7558/　0.09	27,977.62/ 23.50
中　型　企　業	1.585　/　0.20	9,574.72/　8.04
小　型　企　業	795.1192/ 99.71	81,495.66/ 68.46

（出所）　陈乃醒主编『中国中小企业发展与预测』民主与建设出版社，20頁より。

表3-2　小型企業の所有制構造（1998年末）

	総　計	国有企業	都市集団企業	都市私営企業*	その他の企業
企業数（万個）	795.12	3.39	179.82	603.38	8.57
割　　合（％）	100.00	0.43	22.61	75.88	1.08

（注）　個人企業を含む。
（出所）　表3-1と同じ。

くの指摘がなされており，一種の総括書ともいえる。

　こうした「放小」政策はプラスの面もあったが，マイナスの面もあった。それは次のステップにつなげる必要があろう。だから，21世紀に向けて中小企業の発展を目指して，今回の『白書』が作成されたのではないかと思われる。

　中国はこれまでできるだけ大規模で，公有制でという考え方であったものを，全く逆の考え方に切り換えた経済路線を進むことになったのだが，それには次のような考え方をもつ必要があるのではないか。その考え方とは，「小さい政府」（権力を肥大化させない）を目指すだけでなく，本当の意味で政府が企業に干渉しないことである。ただ，政府は法的な整備を行っていろいろな援助・指導を公平・公正に政策を実施することが必要であろう。21世紀が中小企業における時代の到来と位置付け，『白書』で五つの問題（マクロの体制問題とミクロの政策問題など）を提起しているが，それが実行されるかどうかであろうと思われる。特に，今後，組織でも，労務でも，技能・技術でも，資金・財務でも，そして，後継者などの問題でも，中国における中小企業（あるいは零細企業も含めて）に特有の問題が出てくるであろう。そのさい，政府がどのような政策で対処するのかどうか，今後の大きな試金石になるのではないか。

　企業規模別と小型企業の状況について，表3-1，3-2を掲げておく。

（1） 塚本隆敏「中国における中小企業の諸問題」『中京商学論叢』Vol. 46 No. 2（2000年2月），2～3ページ参照。
（2） 张立群「対当前经济形势的几点认识」『中国工业经济』2000年8月号，13～14頁。
（3） 『中国中小企业发展与预测（1999）』国家经济贸易委员会中小企业司 中国社会科学院中小企业研究中心编 陈乃醒 主編，民主与建设出版社，2000年6月出版，3～78頁参照。
（4） 福島久一「世界化のなかの中小企業政策」『現代日本の中小商工業──国際比較と政策編』全商連付属・中小商工業研究所［編］，新日本出版社，2000年4月，10ページ。
（5） 陈乃醒 主編，前掲書，83～236頁参照。
（6） 陈乃醒 主編，前掲書，240～305頁参照。
（7） 陈乃醒 主編，前掲書，308～455頁参照。
（8） 陈乃醒 主編，前掲書，458～586頁参照。
（9） 蒋黔贵「振兴中小企业 激发新的经济增长点」陈乃醒 主編，前掲書，1～5頁。
（10） 蒋黔贵 前掲論文，6～10頁。
（11） 萧好「〈中小企业促进法〉—重心在于〈促进〉—访中国社科研究员，〈中国中小企业促进法〉起草小组顾问 陈乃醒」『中国中小企业』1999年8月，15頁。ここで陳氏が答えている内容を簡単に述べておけば，以下のとおりである。①開業登録は簡単にし，条件を緩和する。②融資ルートを拡大する。③資金援助をする。④税収を優遇する。⑤社会化サービスを整備する。⑥コンサルティングと訓練に援助する。⑦技術型中小企業の育成をする。⑧中小企業の技術を高め，産業の転換をする。⑨連合を促進し，専門化協業を展開する。⑩中小企業の商品を輸出し，中外合作を展開する。こうした前提の上に，①市場経済に適応できるようにする。②労働力の就業の場を提供する。③知識型人材の市場を形成して，開発型企業を育成する。④政府の職責と義務を明確にする。⑤WTO加盟に向けて，「中小企業促進法」を早急に制定する。
（12） 俞建国「我国中小企业经济组织现状及其在新形势下的战略调整」，陈乃醒 主編，前掲書，83～86頁。
（13） 俞建国，前掲論文，87～90頁。
（14） 俞建国，前掲論文，93～97頁。
（15） 俞建国，前掲論文，98～102頁。
（16） 林汗川 魏中奇「中小企业的界定与评价」『中国工业经济』2000年7月号，12～17頁。特に，1999年の基準は依然として実態を反映していないと批判している。特に，従業員数が基準に入っていないことなど。また，袁礼斌「关于中小企业发展的几个基本理论问题」『经济学动态』2000年第1期，14～19頁。特に，1999年の企業分類は依然として販売額に基づいて分類しているとして批判している。

第4章
中小企業における政策の諸問題

はじめに

　中国経済は1990年代以降になり非国有の企業数が量的に拡大してきており，現在でもその傾向を強めている（非国有企業の大半が中小企業とみれば，登記された中小企業の比率は99％を占めている）。このことは1995年（第14期5中全会）の「抓大放小」（大企業は政府が直接コントロールし，中小企業は自由に企業活動をさせる）政策の導入で一段と鮮明になり，さらに朱鎔基政権の誕生（1998年3月）で国有企業改革（とりわけ，国有の中小企業における経営の転換が進められ，自主的な経営の確立を求めている）を押し進めたこともあって，中国では中小企業に関する諸問題がクローズアップしてきた。

　こうした中国の経済環境の下で，中国経済は徐々にではあるが，計画経済管理システムから市場経済管理システムに転換しつつあり，あらゆる経済分野でシステム転換が進んでいるものと思われる。システム転換は市場経済の形成であり，競争条件を整備することであり，そのさいその担い手が中小企業であると位置付けられたのである。しかも，こうした中小企業の創出は上からの指導や誘導でなされているのが，大きな特徴ではないかと思われる。

　何故，中国では中小企業の創出・育成が急速に問題になってきたのであろうか。それはおそらく国有企業の赤字問題を解決せねばならなかったが，システム転換の下で，多くの企業が効率化を追及せざるを得ないこともあって，大半の企業で従業員の雇用問題と重なり，その受け皿が中小企業の創出であり，育成につながったものと思われる。ただ，多くの人びとには解雇問題にかなりの抵抗感もあり，なかなか経済構造の改革を進められなかった状況もあった。し

かし，朱政権がそれに着手したこともあって，中小企業を国民経済の中で重要な役割を担うものとして位置づけ，21世紀の中国経済は「中小企業の世紀」と呼ぶ人びとも出てきており，今日中小企業の諸問題や政策課題など大きく取り上げられている。

　本章では，第1に，ここ数年における中国での中小企業をめぐる諸問題が何であり，何故中小企業の諸問題が解決されないままきているのか。国有企業改革の下で，中小企業の育成は何が阻害要因になっているのか，検討を加えたい。第2に，中小企業の創出・育成問題は，結局のところ，政府の経済政策の下で，中小企業に対する政策課題が提示され，それに沿った法的な整備や財政的な措置を執行できるかどうかにあるであろう。そのさい，当面の政策課題は何であり，それが解決策として提示されているのかどうか，検討を加えてみたい。

第1節　中小企業の育成問題で何が阻害要因になっているか

　中国の中小企業問題が多くの人びとに関心をもたれるようになり，また，さまざまな要求もなされるようになってきた。それは中小企業が国民経済の中でそれだけ重要な位置を占めるようになってきたからであろう。例えば，流通分野の場合，全国の中小小売業が90％以上を占め，就業分野の場合，中小企業は約75％を引き受け，そして，工業分野の場合，新たな増加分のうち，中小企業は76.6％を担っている。従って，中小企業が重要な地位を占めることに伴って，市場競争も激しくなり，さまざまな問題も発生してきている。

　こうして中小企業が拡大する下で，多くの直面している問題が論じられている点を網羅的にみれば，以下のように指摘できる。

　第1に，融資問題がある。この問題は中小企業問題の中でも最も重要な役割を占めている。特に，所有制別・規模別に対して融資条件が違っている。つまり，貸出条件は大企業より中小企業が大変厳しい状況にある。

　第2に，郷鎮企業（中国では農村地域に立地し，大半が中小企業として位置付けられている）の負担が大変重い。負担の平均は郷鎮企業の販売収入に対して2.5～3.5％を占め，多くなると5％になる。実はそれ以上の徴収が多くなされてい

る。それは規定外の費用徴収である。そして，郷鎮企業と国有の中小企業が同等の生産規模についてみると，地方教育費付加は郷鎮企業が国有の中小企業の20～25倍になっている（その代表が校舎の建築費などである）。

　第3に，経営管理と技術者の不足問題がある。前者は一般的に経営管理知識があまりなく，特に，財務や人事などに問題が多く発生している。そして，後者は教育水準の低さと就業前の技能・技術訓練の不足など，中小企業は大企業よりかなり生産技術が低い状態にある。

　第4に，情報や技術の不足問題がある。前者は情報を収集し処理する能力が低い。そして，後者はハイテク分野以外，一般的な技術を吸収する方法も弱い。

　第5に，国家が基本的に中小企業を発展させるための政策をもちあわせていなかった。とりわけ，規模別や業種別の政策がなかった。従って，中小企業に対する政策もなかった。しかも，法的な整備がなされておらず，逆に，大企業を中心とする政策執行が全般的に進められ，結果的に，中小企業に関する優遇措置があったとしても，その政策を活かすような指導をしてこなかった。例えば，中小企業の輸出商品に対する還付税があったにもかかわらず，中小企業の人びとは大半が知らなかった。

　第6に，これまで中国でもしばしば指摘されていた，「大而全」・「小而全」（大型の国有企業でも小型の国有企業でも，教育や医療，福祉など社会・国家が本来果たすべき役割や施策をすべて企業で運営されていた）という中小企業の組織と産業構造に問題があった。特に，不景気のさい，大企業は中小企業に対して商品買付価格を低くおさえたり，その上，商品代金を支払わず，いろいろと中小企業に転嫁し，中小企業の経営を圧迫していた。

　第7に，中小企業は経営基盤が弱く，また，社会的なサービスを受けられなかった。前者は中小企業に関するデータ，つまり，全体的な基準もなかったが，各地域の中小企業の状況について，例えば，どんな産地があり，どんな地域分布になっていたのか，さらに，財務状況など全国的な統計データがほとんどなかった。そして，後者は政府部門にいろいろな社会的なサービス部門を設けていたが，それは大企業に対するサービスであり，中小企業には開放されていなかった。それは中小企業の発展に大きく影響する問題でもあった。

第8に，国有の中小企業がさまざまな負担を強いられていた。その一つが退職者などに対する医療費から年金まで企業によって担われていた。そして，今日，全国的に国有の中小企業，とりわけ，地方にある中小企業が倒産状況にあるが，現実に倒産はしていない。何故なら，国有の中小企業は未だに行政機関と企業が分離されておらず，当然自主的な経営権もなかった。何故こうした状況が継続されているのか。それは国有の中小企業が地方経済を支え，そして，多くの人びとの就業場所を提供しており，その地方の社会的安定に貢献しているからである。従って，地方政府もそうした中小企業を保護対象にしており，企業としての健全性というよりも，地方政府がそうした中小企業を必要としているのである。だから，中小企業が市場に対して積極的な働きかけができない状況になっていた面もある。

　第9に，中小企業に対する改革姿勢をみると，各地方政府レベルの指導者層があまり関心を示さず，政策の執行・宣伝に力を入れず，指導や援助もあまり熱心でない状況にあった。つまり，指導者や管理部門の責任者が注意を払わなかったということである。そして，未だに中小企業の改革で困難な問題は所有権が不明確である。それが株式会社制度に進めなかった大きな理由にもなっている。

　第10に，中小企業の改革の下で，地方の中小企業における改革が実施されているが，かなりの企業資産がいろいろな名目で分散し，流失している状況がある。そして，企業改革が実施された後の企業組織，つまり，コーポレート・ガバナンス（企業の統治・支配を指す）がなされていない状況になっている。それは取締役が何をするのか分からなかったり，監事会に監事がいなかったりしていた。いわゆる企業改革における企業が会社組織という名目だけの状況になっている。

　第11に，中小企業が自らさまざまな企業努力をするというのではなく，安易な方法，つまり，コピー商品（偽者の大量販売）や詐欺行為などの不正な商売を働いている。そして，環境を無視した生産活動がなされ，社会に大きなマイナスの影響を与えるなど問題も多く発生している。

　以上，中小企業の上述の諸問題に対して，企業自らが発展していくために課

せられた試練として思うか，それともそうではないと思うか。そして，中長期的にみて，何が阻害要因になっているのか，また，短期的にみて，最も大きな阻害要因は何か。それは，中国における党・政府当局者の中小企業に関する戦略・戦術の政策方針と大いに関係しているのではないか。ただ，ここで前者の試練に耐える方に力を注ぐならば，中国の中小企業は今後も発展していくのではないかと思われる。そのさい，第1点の融資問題は中小企業の発展にとって最も難問であり，それは中国だけに特有なものでなく，例えば，日本でも中小企業の経営にとって時代を超えて最大の問題であり，論点ではないか，と次のように指摘されている。

「第一は，中小企業の長期借入金の調達難である。……。第二は，金融機関の中小企業向け貸出の不安定性である。…。第三は，銀行の中小企業向けの貸出金利が大企業と比較して高いことである。これは，中小企業経営のリスク，貸出コスト高，担保力の乏しさなどによるものである。」[5]

こうした指摘はそのまま今日の中国における中小企業と金融機関の関係にあてはまり，中国も中小企業の育成には大変苦労しているのが実情である。それは次のような融資状態をみると，中小企業のおかれている状況が分かるのではないか。

「中小企業の貸付規模は信用貸付総額の8％前後で，これは中小企業が1年間で増加させた国内総生産の3分の1，工業分野で増加させた3分の2，輸出で得た外貨獲得の38％，そして，国家財政における歳入の4分の1の比率などを考えてみれば，極めて異常である。」[6]

中国の中小企業は国民経済に対してそれなりの貢献を行っているが，政府は必ずしもそれに対応していないのが現状である。例えば，貸付の対応状況をみると，[7] 1998年6月末，中国工商銀行（国有商業銀行の一つである）の貸出関係（35万社の中小企業と取引関係をもつ）は，国有企業の12.29社（35.13％）と取引し，その貸出残高は6,749億元（66.48％）あり，私営企業とは9,016社（2.58％）と取引し，その貸出残高は94億元（0.93％）しかなく，そして，三資企業（合弁・単独投資＝独資，合作などの企業）は9,477社（2.71％）と取引し，その貸出残高は526億元（5.21％）であった。しかも，貸出残高が最も多い国有企業，つまり，

国有の中小企業に対する不良貸出は不良貸出総額の70％を占め（貸出総額では44.64％を占める），逆に，三資企業・私営・個人企業などの不良貸出は不良貸出総額の4.42％（貸出総額では29.07％を占めた）を占めている。

このようなことから，国有の中小企業では貸付残高が多く，しかも不良貸出も多い。つまり，不良債権化がかなり進行していることを示している。逆に，私営企業などでは貸出残高が少なく，不良貸出も少ない。何故，このようなことが起こっているのであろうか。それは中国では「公有」と「私有」の違いから来ており，「公有」の国有企業に対して貸出の未回収は責任を問うことをせず，逆に，「私有」の私営企業などに対する貸出の未回収には責任を厳しく問うているからである。(8)

中国の中小企業における融資問題は，所有制によってかなりの違いがあり，しかも不良貸出の回収方法の取扱いも違っていたのである。しかし，融資のさいの担保条件をみてみると，中国ではすでに1995年10月1日・「担保法」を施行しており，(9) 担保資金の管理方法や実施細則などかなり整備されていたにもかかわらず，前述のような所有制の差から大きな違いを発生させていたのである。この点は非国有企業が今後量的にも質的にも増大すれば，国有商業銀行である中国工商銀行も「担保法」に対応した運営を徐々に執行し，それまでの悪しき弊害を克服していくのではないかと思われる。

こうした融資問題以外に，今日の中小企業が発展していく上で多くの諸問題について指摘しているが，それは従来の経済管理システムや伝統的な価値観などから発生している部分がかなり多く存在している。しかし，現在中国経済が市場経済をより規範化しながら，その上で世界経済を相手に中小企業の政策を考えた場合，次のような構造調整ができないならば，中小企業にとって根本的な阻害要因になるのではないかとみられている。(10)

世界のハイテク産業は猛烈に発展し，産業構造の高度化も急速に進み，特に，グローバル化を大いに進めている。1990年代に入って，世界経済の状況は，根本的な変化を発生させた。ハイテク技術が進み，新たな産業を生み，伝統的な科学技術を向上させ，急速に労働・資本集約型産業から技術・知識集約型産業に変わりつつあり，情報産業が社会経済の富を増大する支柱産業になり，かつ

経済が一段とグローバル化してきている。このことは中国の国内市場が国際市場の一部分となることであり，それは国民経済のあらゆる分野で挑戦を受けることになることである。これらの状況に対して中国経済が対応できないなら，つまり市場経済に対応できないなら，競争力もなくなり，いろいろな影響を受けるのではないか。従って，先進諸国ではハイテク産業を形成しているのが中小企業であり，その中小企業が強いイノベーションをもっている。だが，中国では伝統産業を主体としているのが中小企業であり，その中小企業は技術力でも労働の質でも非常に劣っている。従って，中小企業が国際経済に対応する方法として，低いリスクの伝統的な産業から高いリスクのハイテク的な産業に転換できるかどうか。このことが中小企業を発展していく上で，困難を脱する最も根本的な原因であろう。

　以上，中小企業はハイテク産業に転換できなければ，世界経済を相手に生きていくことができない，と認識されている。ただ，この産業構造の調整は今日の中国経済にとって最も敏感で先鋭的な問題，つまり，失業問題を発生させることになる。例えば，伝統的な産業構造を調整するとすれば，どんな産業を調整するのか。それは石炭産業や紡績業などであり，その業種は生産の縮小や閉鎖などをすることになる。結果として，多くの人びとが社会に放り出されるのである。そして，産業のハイテク化は生産コストを引き下げ，生産効率を向上させるが，このことも多くの人びとを社会に放り出すことになる。また，特に，WTO（世界貿易機構）加盟はコストと質の競争であり，これも多くの人びとを社会に放り出すことになるであろう。仮に，中小企業の発展を求めるならば，中国は構造調整を実施し，産業のハイテク化を進め，WTOに加盟することである。しかし，そうしたことは中国に非常に大量の失業者を生み出し，大規模な都市貧困層を蓄積することになるのではないかと思われる。

　伝統的な産業構造が単に調整されるなら，失業者の増大を生み出すだけである。それでは社会の不安を醸成することになる。従って，中国の多くの人びとはWTOの加盟でハイテク産業を目指すべきであると主張する一方で，また，他方で多くの人びとは中国の人口の多さを考慮するならば，必ずしもハイテク産業だけが生き残る道ではないのではないかという人びとも多い。後者の点を

指摘する人びとは，例えば，150年経過した資本主義社会をみていると，大企業でリストラに遇った失業者は多くが中小企業に就業している。それが今日，イギリス，ドイツ，日本などの中小企業における就業状況をみると，総労働者数に対する中小企業の就業者数はそれぞれ65％，71％，81％を占めている。従って，中小企業の存在が資本主義社会を崩壊させなかった。仮に，中国が2010年に都市で中小企業が6,600万社（1999年末，登記法人数が都市で377万社あり，諸外国で平均一社当たり9人就業しているが，中国では現在1社当たり89人就業しているので，諸外国並みにすると，全部で3,300万社となり，今後10年間で倍に成長するとすれば，上記の数字になるであろう）になれば，各企業で投資者と経営者だけでも，1.2億人が創出される，とみている。

　このように中国における中小企業の進むべき方向は，ハイテク路線に転換していくのか，それとも社会の安定を考えて就業を第一に考える路線に進むのか，または，両方を同時に追求する方向に進むのか，選択肢はいろいろ考えられるであろう。だが，中小企業は多様な道を歩みながら，さまざまな阻害要因を克服していくのではないかと思われる。

　こうした阻害要因を克服する方法の中で，政府が政策の誘導によって解決するものは多くあるのではないか。この点について，次節で最近政府が打ち出した政策をみることにしよう。

第2節　中小企業に対する当面の政策課題

　中国は現在の中小企業における諸問題を明らかにしている。それは前節ですでにみてきたとおりである。そして，政府は中小企業をめぐってここ数年において発生している諸問題にいろいろと対処してきた。その結果，この部門を担当する国家経済貿易委員会がこれまでの諸問題に対する一定の意見集約に基づいて次のような政策提言をしている。それは「中小企業の発展を奨励し促進するための若干の政策に対する見解」（2000年7月6日，以下「政策」とする）として提示した。

　以下，「政策」は中小企業に対して何を提言したのか。「政策」提言をみると，

第4章　中小企業における政策の諸問題

現段階における中小企業の実態がそれなりに示されているように思われる。「政策」は大きく八つの分野について言及し，その実態と今後の方針を提示している。その八つの分野とは，第1に，構造調整を進める。第2に，イノベーションを奨励する。第3に，財政・税制政策に補助政策を拡大する。第4に，融資ルートを積極的に拡大する。第5に，信用担保システムを確立する。第6に，社会的サービスシステムを健全化する。第7に，公平な競争条件の外部環境を整備する。そして，第8に，組織の指導を強化することなどである。

これらの八つの分野はこれまですべて問題にしてきたものであり，新たに議論を深める面もあるが，それよりも具体的に実施すべき政策課題として提言されたのではないかと理解できる。以下，八つの分野で何が具体的に提言しているか，少し詳しくみることにしよう。[13]

第1に，構造調整とは何か。一つは中小企業がどんな業種形態を目指すべきか。それはハイテク型もあれば，就業型や資源総合利用型もあれば，農家の副業加工型や輸出外貨獲得型もあれば，そして，地域サービス型もあるなど，多種多様である。ただ，それらの中小企業は製品の質や技術を高め，製品の種類を増やし，市場の要求を満足させなければならない。それができないなら，法に照らして破産などもありうる。二つ目は中小企業の設立を簡略化する。同時に，債務超過などに対してもスムーズに処理する。つまり，破産手続きも簡単にする。三つ目は大企業グループと中小企業を連携させ，中小企業は専門分野に特化し，さらに，大企業グループと中小企業は分業関係を強化する。そして，四つ目は，中西部地域の中小企業の発展に対して援助する。

以上，構造調整がどんなものなのか，非常に明確に述べられている。特に，構造調整にとって，二つ目に提言されている中小企業の設立は非常に重要なことである。何故この提言がなされたのか。それは，1999年末，主管部門や業種の窓口，そして，政府の許認可権などの手続に，上海市で233の許可，広東省で256の許可，北京では440の許可を必要としており，それらは少なくて1ヶ月，多いと半年や1年を要したからであった。[14]従って，人びとが中小企業を設立したいという希望があったら，スムーズに設立を許可すべきだ，というのが「政策」提言の意図ではないかと思われる。ただ，この「政策」提言には具体的な

手続や執行方法などが指摘されていない（以下の分野で、すべてこのような提言の仕方である。提言とはそうした性質をもっているともいえるが）。しかし、こうした提言はその後の政策や法的整備に活かされていくものと思われる。

第2に、イノベーションを奨励するとは何か。一つはリスク投資ファンドを設立し、イノベーションを向上させ、科学技術の成果を直ちに産業化させ、特に、科学技術型中小企業に支援する。二つ目は中小企業のイノベーションゾーンと産業化のゾーンを育成する。そして、三つ目は技術などに投資家が投資し、中小企業を創業したり、国有企業などの改革で企業利潤から一定の比率で株券を与えたり、特別な貢献者に対して奨励したりするなどをする。

以上、ここではイノベーションを活かす方法が提言されている。しかし、投資家がイノベーションを認めたとしても、現実には中小企業の設立登記に手続が繁雑であることは前述したとおりであるが、それ以外に、登記費用がかなり高いこともあって（数万元から十数万元を要する）、投資家が中小企業に投資しない状況を生んでいる。[15]

第3に、財政・税制政策などに対する補助・優遇政策とは何か。一つは財政援助で、中小企業の信用担保や創業資金、科学技術の産業化（つまり、実用化）、そして、技術改造への低利融資など、中小企業を援助する。そして、二つ目は中小企業でも国家の産業政策に合致すれば、法人税を減免したり、企業でリストラに遭った人びとが中小企業を設立するなら、優遇税制を適用したり、そして、非営利性をもった中小企業向けの信用担保機構など地方政府等で設立したりするなどする。

以上、財政や税制政策でもって、中小企業を如何に発展させるか、いろいろ支援すべき措置が講じられている。特に、信用担保に関して、地方で信用担保制度を創設することが提言されているが、すでに各地でかなり創設され、それなりに運営実績をあげている地方もみられる。[16] ただ、こうした地方での信用担保制度が信用担保（地方財政資金が主であり、利益目的でない特徴をもつ）か、共同担保（政府部門と中国経済技術投資担保有限公司の共同出資の経営で、商業担保と信用担保の双方の特徴をもつ）、互助担保（中小企業が自ら出資し、リスクも自ら負い、利益を目的にしない特徴をもつ）か、商業担保（企業や社会、そして、個人が出資し、

独立法人とし，利益を目的にし，投資を含めたいろいろな業務を行っている特徴がある）か，どのような担保形態をもったものかが，現在のところ未だはっきりしない現状である。[17]

　第4に，融資ルートの拡大とは何か。一つは株式制の銀行，都市の商業銀行，都市・農村の合作金融機関などで，中小企業を主にしたサービスを実施するようにする。そのさい，中小企業向けの貸付処理について，量的な拡大もあるが，中小企業のいろいろな業種分野に対する貸付の比率も高める。二つ目は中小企業の貸付利率に幅をもたせ，各地方レベルで審査手続を減少させる。特に，各銀行は中小企業に対して決算や財務コンサルティング，そして投資管理などの金融サービスを一段と改善する。三つ目は直接金融投資ルートを拡大，つまり，ハイテク企業が株式市場に上場できるようにしたり，債券の発行を容易にできるようにしたりするなどの条件を緩和する。そして，四つ目は中小企業向けのリスク投資会社を設立したり，リスク投資ファンドの管理や市場に対して規範化したりする。しかし，各地方政府レベルの担当部署はそうしたリスク投資業務に関して直接干渉しないようにする。

　以上，融資ルートの拡大は各金融機関がいろいろ工夫して，実施することを提言している。特に，直接融資ルートの拡大は中国ならばできるのではないか，という望みもあり，いろいろ研究する分野ではないかと思われる。また，ごく最近景気が下降した場合，金融機関の「貸し渋り」現象が発生したが，その実情も明らかにされれば，解決方法もいろいろ研究できるものと思われる。このような状況を考慮して，中国人民銀行（日本の中央銀行＝日銀に相当）は金融貸付条件の緩和策として，10項目にわたって，各金融機関に中小企業の融資条件緩和策を指示した。[18]

　第5に，信用担保システムの拡大とは何か。一つは中小企業の中でもハイテク型中小企業を主にサービスするように各地方政府レベルで信用担保システムを確立するように呼びかけている。そのさい，信用評価やリスクコントロール制度を完全にすることも指示している。そして，二つ目は中小企業向けの信用担保機構のために再担保サービスも同時に提示している。そして，中小企業の発展には互助担保と商業担保の発展を押し進める必要がある。さらに，政府出

資の担保機関は，必ず行政機関と金融機関を分けるべきであり，そのさい，行政機関は具体的な担保業務に干渉しないことである。

　以上，信用担保システム作りが各地方政府レベルで，円滑に実施されることを提言している。そのさい，地方政府の担当部署が業務に直接干渉しないことを強く指示している。そして，信用担保や共同担保にはあまりふれずに，特に，互助担保と商業担保を強く推奨していることは，この部分の担保システムを育成させたいのではないかと思われる。ただ，それでも各地方政府レベルで行政機関が信用担保機関に口出しをしないことを，中央政府が指導できるかどうかではないかと思われる。

　第6に，社会的サービスシステムの健全化とは何か。一つは，各地方政府レベルで中小企業に対する管理機能を転換し，つまり，資金の融通，信用の担保，技術への支援，管理へのコンサルティング，信用のサービス，市場の開拓や人材の養成訓練をするなど，すべて中小企業向けのサービスシステムに切り替えることである。そして，そうしたサービスシステムに要する資金や政策を打ち出すことである。二つ目は中小企業向けのサービスを活かすために，仲介機構の設立であり，それに対して各研究所，各大学機関，そして，各業界の商工会組織でバックアップする。三つ目はコンピュータネットワークを利用して，中小企業が情報サービスを受けられるようにする。そして，四つ目は各地方政府が業界指導などもするが，特に，中小企業向けの投資コンサルティングや職業技能の養成訓練を進めるようにする。

　以上，中小企業に対する社会的なサービスが従来中国において大変欠けていた部分であり，ここに来てそうした欠陥を是正するために，こうした提言がなされたのではないかと思われる。そして，この提言以前に，中小企業の政策全般を指導している機関，つまり，国家経済貿易委員会が，「中小企業の社会的なサービスシステムを育成するための若干の問題に対する見解」（国家経済貿易委員会，2000年4月25日）を提示している。[19]それによれば，中小企業に対するサービスシステムは社会化を必要とし，専門化や市場化もしなければならない。特に，社会的なサービスシステムでは，信用の担保，資金調達と融資，創業への指導，技術への援助，情報へのコンサルティング，市場の開拓，人材の養成

訓練,経営への管理,そして,国際的な合作などの分野で,サービスシステムを養成する必要がある。そして,中小企業のサービスセンターは政府部門から独立し,行政管理の機能をもたせず,その他の社会的なサービス組織と互いに補完し,相互に支持しあい,共同で発展させる。また,サービスセンターの従業員は専門的な知識をもち,技能をもつべきである。さらに,国有企業の退職者でも管理者や専門知識をもつ人びとを,中小企業のためにサービス要員として活用してもいいのではないか。

こうした社会的なサービスシステムの提言の中から,何が社会的なサービスシステムにとって健全化なのか,今回の提言にそれが活かされているのではないかと思われる。

第7に,公平な競争条件の外部環境とは何か。一つは中小企業の経営環境を改善する。二つ目は三乱(むやみやたらと料金を取り,むやみやたらと寄付金を割当て,むやみやたらと罰金を科すことをいう)を取りやめれば,中小企業の負担を軽減できる。そして,中小企業に課せられているさまざまな費用を取り止めたり,減免したりすべきである。特に,地方保護を優遇するような措置をすべて取り止めるべきである。そして,三つ目は中小企業でも,特に,ハイテク商品を輸出するさい,優遇措置をすべきであろう。

以上,公平な競争が成立するために,外部環境を整備する必要を強く提言している。特に,三乱を始め,地方の保護主義を解消することは,外部環境を整える最も重要なこととして論じられている。しかし,一般的にいわれていることであるが[20],現段階の中小企業の税負担は必ずしも重いものではない。しかし,それよりも税外の費用がかなり重く,中小企業が納めている諸費用は税収の2.48倍も多くの諸費用を払っている。こうした税外費用が多くの地方政府レベルで横行していることに対して,この提言では厳しく戒めているのである。だが,この税外問題は当分の期間なかなか解消しないところに現在多くの問題を抱えているのではないかと思われる。

第8に,組織の指導強化とは何か。一つは中小企業の発展のために,国家経済貿易委員会を始め,科学技術部,財政部,人民銀行,税務総局などの部門も加わり,特に,国家経済貿易委員会の事務室が全体を統括して指導する。二つ

目は今後調査研究を進め，客観的な中小企業に関する統計指標システムと中小企業の基準を明確にする。そして，三つ目はあらゆる所有形態の中小企業に適用できるように，それぞれの指導部を組織する。

以上，各地方政府機関を始め，中小企業に関連する部門は中小企業の発展のために，その役割を発揮することを強調している。特に，中小企業に関する統計データは整備することが必要であると訴えている。

こうした八つの分野に関する各提言は，今日の中国における中小企業の実態と今後の方針を示している。そして，各提言に沿って，今後政策が提示され，財政的な措置を伴って執行されるならば，中小企業は発展していくのではないか。ただ，中国は未だ中小企業に関する戦略・戦術の方針をもっていないのではないかと懸念される。何故なのか。それは中小企業政策を支える中小企業に関する基本法が制定されていないことや中小企業の定義を確定していないことなどもあるであろう。[21]と同時に，多くの人びとが関心を示している失業者の増大もあって，構造調整を進めるべき中小企業の戦略・戦術の方針が打ち出されない状況に，そのことが示されているのではないか。ただ，今後数年中小企業をめぐる諸問題は，法的な整備と伴に，各業種の金融対策なり，組織化のための対策なり，経営指導の対策なりあるが，それぞれの政策は地域や業種ごとに個別に打ち出す必要があろう。中国における中小企業の現状はそうした段階ではないかと思われる。

おわりに

中国の中小企業は量的な拡大に伴って，いろいろな諸問題を急速に露呈してきている。それへの対応策が次から次へと出されている。その総括的な政策提言が，今回紹介したものである。しかし，この政策提言は現状の一端を示しているだけで，必ずしも解決策をすべて提起したものではないように思われる。何故なら，それらの提言はあまりにも簡単に示されているだけで，具体的な中身が詳細に示されていないからである。おそらく，未だ中小企業に関する基本法が制定されていない現状から来ているのであろう（確かに，中国で中小企業の

第4章 中小企業における政策の諸問題

基本法ともいうべき,「中小企業促進法」は審議中であるが)。ただ,今回,中央政府の政策提言は,各地方政府レベルで実施しているバラバラの中小企業政策をある程度一本化したものとして評価できるのではないかと思われる。

　中国は21世紀を中小企業の世紀として位置付けている。それにふさわしい政策が提起されるべきである。そのためにも,中央政府は中小企業に対して早急に全国的な調査研究を行い,統計データを整備する必要があろう。ただ,昨年6月,『中小企業白書』が出版された(統計データがない欠陥をもっているが)。これを契機に,中国の政策当局者が中小企業政策をどんな政策理念で提起するか,今後に注目したい。

（1） 本刊特約評論員「让中小企业火起来」『経済管理』,2000年4月号,4頁。塚本隆敏「中国における中小企業白書をめぐって」『中京大学中小企業研究』,No. 22（2000年12月）,102ページ。
（2） 本刊特約評論員,前掲書,4ページ。
（3） 『中小企業改革和発展問答』魏国辰 李文龍等編著,経済科学出版社,47〜53頁。
（4） 塚本隆敏『中京商学論叢』,Vol. 46, No. 2, 13〜18頁。
（5） 中村秀一郎『21世紀型中小企業』岩波書店,1992年,155〜156ページ。
（6） 郭朝先「"批発"？"零售"？——中小企業融資問題質疑」『経済管理』2000年4月号,20頁。
（7） 郭朝先,前掲論文,21頁。
（8） 郭朝先,前掲論文,21頁。
（9） 胡迟「中小企業融資：信用担保」『経済管理』2000年10月号,35頁。
（10） 魏国辰 李文龍等編著,前掲書,53頁。
（11） 周天勇「発展中小企业：未来社会稳定量重大的战略」,『中国工业経済』2000年7月号,7頁。
（12） 周天勇,前掲論文,8頁。
（13） 「关于鼓励和促进中小企业発展的若干政策意見」,『国务院公報』2000年第31号,14〜16頁。
（14） 周天勇,前掲論文,9頁。
（15） 唐填「企业注册登记与中小企业発展」,『中国中小企业』2000年5月号,43頁。周天勇,前掲論文,9頁。
（16） 马文胜 龙廉「建立和完善中小企业的担保体系」,『経済管理』,2000年4月号,12頁。
（17） 胡迟,前掲論文,35頁。
（18） 「人行扶助中小企业金融贷款条件放宽」『中国中小企业』,2000年8月号,6頁。
（19） 「关于培育中小企业社会化服务体系若干問題的意見」『国务院公報』,2000年第31号,23〜24月号。
（20） 范柏乃 沈荣芳「发达国家发展中小企业的政策措施」『経済管理』,2000年5月号,61頁。
（21） 梅其君「我是谁—谈中小企业概念的界定」『中国中小企业』,1999年2月号,25〜26頁。中国の中小企業における定義は明確になっていないが,世界の中小企業の定義を以下の三つに集約して論じている。第1に,従業員数の規模で分ける。例えば,イタリアやフランスは従業員が

500人以下の企業を中小企業としている。こうした分類でいえば，デンマーク，アイルランド，オランダ，そして，メキシコ等である。第2に，従業員数を基準にしたり，または，資本金あるいは売上高を基準にしたりする国として，日本がある。それは鉱工業などの業者で，従業員数300人以下，または資本金3億円以下（従来は1億円であった，1999年の法改正より）をおおむね中小企業としている。そして，台湾も日本と同じである。そして，第3に，従業員数と売上高を基準にするが，業種別で異なっている。その代表的な例として，アメリカの場合，製造業では従業員数を基準にしており，1,500人以下の企業を中小企業としている。しかし，業種によってばらばらであり，小企業管理局でいろいろ区分している。特に，小売業や農業では売上高を基準にして区分している。

　以上，中国では中小企業の定義を三つに区分しているが，日本をモデルとみており，また，アメリカ方式も検討に値するとみており，当面，日本とアメリカの折衷型を考えているのではないかと思われる。

第5章
中小企業の産業政策による競争力の育成

はじめに

　今日，欧米諸国や日本などの経済状況は減速ないし停滞しており，かなり不況感もあり，しかもデフレ経済に進んでいる中で，中国経済は2001年にGDP（国内総生産）7.3％の成長率を保って，2002年度もそれと同程度の水準を維持したいと表明している。しかし，中国経済も，昨年12月，WTO（世界貿易機関）加盟に伴って，世界経済の一部を形成することになり，世界の経済動向と無関係である，ということもできなくなってきていることから，今年度の経済環境に，一定の影響を受けるであろうといわれている。その影響は世界経済のデフレ経済の波及であり，日本の円安であり，そして，アメリカ経済の動向であり，それらはかなり中国経済にとって大きな影響を与えるのではないか。
　こうした中国における全体的な経済環境が厳しい中で，1990年代に入ってから徐々に力をつけてきた中小企業はどのような状況にあり，それにどのように対処しようとしているのか，いろいろみておく必要があろう。特に，WTO加盟後，中小企業はどのように存続し発展していくのか，また，どのような競争力をつけていくのか，いろいろな方策をみておきたい。とりわけ，企業の生き残り策として，多くの企業の経営者や責任者が指摘している競争力の向上をどのように企業の核にしていくのか，それらについていろいろな観点からみてみたい。
　中国の中小企業の動向について，今年度はWTO加盟直後ということもあって，一つの重要な転換点になるのではないかとみられている。それは，内外の諸企業との競争が相当激しくなり，これまでのようにある程度のテンポで発

展していけるのかどうか，意見の分かれるところである。しかし，中国の多くの政策担当者や経済の分析家たちは，多少の混乱を予想しつつもかなり楽観的な見通しを展開している。それはここ数年の中国経済を牽引してきたという自負と市場経済にマッチした組織形態と相まって，今後も着実に成長していくであろうということからきているようである。

こうした中国における中小企業の成長過程と成長要因としての競争力を，本論ではみてみたい。

本章は，第1に，ここ数年間にわたって，中国の中小企業は基本的に中央・地方政府から，法的にも政策的にも，産業政策を明確に提示されないまま，企業が存続・発展してきたのである。つまり，中小企業に関する確たる政策なしに，中小企業の隆盛がなされてきたことについて論じたい。そして，第2に，今後も中小企業が発展するとすれば，その原動力は，競争力の向上にあるといわれている。中小企業に対する競争力はどのようになされているのかを明らかにしたい。

以上，本章は現段階における中小企業の現状と今後の成長要因となる競争力の育成をみることにある。

第1節　中小企業に対する産業政策の軽視の下で，中小企業の隆盛をみる

(1) 中小企業における産業政策の模索

現段階における中国の中小企業は，法的にも政策的にも明確な概念規定をもっていない。ただ，中小企業を分類する方法として業種別があり，それは生産能力（生産高）と固定資産の保有高で大・中・小型企業という分類をしている（概念規定論争はここでは行わない。一言付け加えておけば，都市近郊・農村地域における郷鎮企業と国有企業改革に伴う小型企業〈いわゆる，中小企業を指す。以下，すべて中小企業は中国でいう小型企業である〉について，中央・地方政府のどの機関が担当部署となるかが明確になっていないことが，中小企業の概念規定を決められない大きな障害になっているようだ）。

第5章　中小企業の産業政策による競争力の育成

　何故，このようなことが現在でも進行しているのであろうか。それは，改革開放政策が導入（1978年末）される以前の中国経済に起因しているであろう。つまり，中国の経済はできる限り私有制的な部分を排除し，公有制的な部分を拡大することに力を注いできた。とりわけ，党・政府は企業規模の拡大を追い求めていたのである。こうした改革開放以前の中国経済は，農村地域では人民公社の下で集団的経済を強め，都市地域では中央集権的な国有企業や集団企業を一元化し，そうした両地域から中小企業的な小規模企業や零細企業の存続を許さなかったのである。こうした状況の下，改革開放後，農村部では郷鎮企業を育成・発展させたり，都市部ではサービス業としての商業活動を許可したりして，中小企業を誕生させたのである（中小企業は農村部と都市部に分断され，つまり，二元的な経済構造が中小企業にも存在し，それがいろいろ問題を生んでいるのである）。

　このように，誕生し勃興してきた中小企業をみると，特に，都市部の中小企業は産業政策に沿って出てきたものではなかったのである。例えば，上海の場合，文革の後遺症ともいうべき状況の下で，農村地域に下放（若者たちが都市から農村に強制的に移動させられていた）していた若者たちが都市に帰還しても働く場所を提供されることもなかったことから，そうした若者に商売の許可を，地方政府が与えたことによって中小企業を発生させたのである（1970年代末頃から）。従って，中国の多くの都市は上海の状況をみながら中小企業を許可したのである。

　こうして誕生してきた中小企業が，改革開放後の都市部でなかなか成長拡大できなかったのはなぜなのか。その理由について，中国でも最も経済が活発であった上海のケースを，以下みてみよう。[1]

　第1に，それは計画経済システムと産業政策が密接不可分であったからである。上海は従来から金融・貿易センター的な機能を備えていたのが，国内に工業製品を提供するための重要な生産基地に転換させられ，特に，第二次産業の比率を高める政策を取らされたのである。このことは改革開放導入後，市場経済が導入されても，計画経済の影響が強く，なかなか中小企業を発展させられなかったのである（基本的に，都市は生産都市であるという位置付けから脱却できず，

都市計画にも影響し、第三次産業の育成を遅らせてしまった)。

　第2に、近代的な産業部門と伝統的な産業部門が併存しており、とりわけ、伝統的な部門に多くの中小企業を抱えていた。しかも、そこで作り出された製品は付加価値の低いものが大半であった。その原因は資金不足や人材難が大きかった。しかし、政策転換後、多くの中小企業の勃興は多くの人びとが働く就業場所を提供したプラス面もあった(中小企業が最も不足していたのは資金不足であった。公的に何らかの援助などがあれば、スムーズに中小企業を育成できたともいわれている)。

　第3に、大企業と中小企業の技術格差は非常に大きかった。特に、大企業が保有していた先進的な技術は中小企業に波及しなかったといわれている(大企業は一定の技術力を保有しながら、競争原理が働かなかったため、技術水準を押し上げる刺激すらなかった。また、中小企業には人材不足ということもあって、技術を吸収し高めるという要因もなかったというのが実情であった。ところで、資本主義諸国のうち、例えば、アメリカをみてみると、国家科学基金会が最近の20年間の研究成果について、1ドル当たり小企業は中企業の4倍、大企業の24倍という成果を生み出していると発表している。このことからいえば、中国の中小企業も技術政策さえ整えば、同じような傾向が今後発生するのではないかと思われる。)

　第4に、政府は中小企業に対して支援・支持・指導を実行してこなかった。政府は基本的に大企業にだけ関心があった。従って、中小企業に対する政策をみてみると、融資の保証にしろ、人材の養成・訓練にしろ、技術の導入にしろ、それらについてすべて関心をもっていなかっただけでなく、制度的にみても、中小企業に関する専門機関の管理機構すらなく、さらに、中小企業の近代化を促進するための中小企業を援助する産業構造の転換に関する特定の政策すら制定していなかったのである(中小企業に対するハードやソフトなどの面について、政府はあまり関心を示さず、企業が自由に活動することを放置していたというのが実情ではなかったかと思われる。ごく最近まで、上海を含めて多くの都市における中小企業の責任者や企業家＝経営者の人たちは、各地の地方政府の政策担当者がまちまちの指導をするため、行政機関への手続きに時間を割かれ、特に、政策担当者の職権乱用もあって、行政不信があったということもいわれている。ただ、地方政府の当局者にとって、

第5章　中小企業の産業政策による競争力の育成

市場経済とはどんな経済システムなのか，統一的な認識がなかったことが根底にあったのではないかと思われる）。

　第5に，改革の施行にはいろいろな障壁があった。例えば，金融・保険サービス業をみると，政府は中小企業がそうした業界に参入できない規定を明確にしていたり，所有権の制限もあって，中小企業や三資企業（合弁・合作・独資）が業種の転換もできない規定であったりしていた。基本的にいえば，システム転換に伴って，政府が専門的な管理機関や仲介機関など，とりわけ，中小企業に対する産業政策に欠けていたということから，さまざまな機関を設けていなかったのである（政策の障壁はタテ割行政であったこともあるが，簡単にいえば，産業政策が硬直的であったと思われる。中小企業に対する政策が提示できなかったことなどあるが，その障壁の本質はおそらく所有権の不明確さがあり，特に，私的所有権をどうみるか，この点が容認できなかったのではないかと思われる）。

　以上，五点にわたる問題は，ハードの面でも，ソフトの面でも，すべて中小企業が発展していくための何らかの障害になっていたことが分かる。どのような問題が解決されれば，中小企業が発展していくことができるのか，ということについて総合的に解決されることが重要ではないかと思われる。しかし，最も重要なことはシステム転換の下で，政府が基本的な方針（例えば，産業政策に伴う，いろいろな諸施策を実行することなど）を示すことではないのか。確かに，中央政府は中小企業政策を一昨年・2000年7月6日・「中小企業の発展を奨励し促進するための若干の政策に対する見解」を発表している[3]。そうした政策提言に沿って，さまざまな施策が実施されてはいるが，未だに中小企業に対する戦略・戦術が提起されていないのが現状である。

　こうした状況の下で，政策をどのように策定していくのか，その一つの手掛かりが先進諸国の中小企業に関する政策にあるということもあり，現在も学習し研究することに，多くの人びとが言及している。特に，研究対象の国は日本やアメリカ，そして，ドイツやイタリアなどであり，いろいろな分野で，研究されている。例えば，次のような研究もその一つではないかと思われる。

　日米両国の中小企業に関する政策が，五点ほどにわたって比較検討されている[4]。

第1に，中小企業の政策目標はどこにあるか。その前提は日米両国とも立法を通じて政策が執行されていることにある。アメリカの場合，1953年の「小企業法」（中国は Small Business を小企業と訳すが，これは日本の中小企業と同じ訳である）は，中小企業に対して自由な競争を維持するために重要な法となっている。それはアメリカ経済を振興させる政策の中で，中小企業への重視が，その特色の一つである。日本の場合，1963年の「中小企業基本法」に沿って，大企業との格差解消（技術，管理，所得，近代化の水準がすべて低かったから），つまり，二重構造の是正でもって中小企業を重視するというものであった。そして，90年代に入って，経営の国際化や情報化などに対応するために，基本法を修正し，中小企業の自立を打ち出したのである（日米両国の政策目標について，中国からみてアメリカは政府があまり干渉しない政策を取っているとみており，日本は政府がかなり干渉した政策を取っているとみている。従って，日本の政策は中国としては取り入れたいところもあるが，現状では無理があり，どちらかといえば，アメリカのような自由な経済競争を容認していこうというところがある。確かに，日本の「中小企業基本法」には弱者救済的な面が強くあり，現在の中国はシステム転換ということもあり，何か違和感をもっているのかも知れない。この点，資本主義のチャンピオンはアメリカであるから，そこから学ぶ必要があるという姿勢もかなり強い）。

　第2に，融資問題はどんな政策で実施されているか。日米両国の実施方法はかなり大きな差がある。アメリカの場合，政府は中小企業に関して直接貸付をあまりせず，主として担保貸付で行っているが，ある業界団体の融資実態の調査をみると，第1に，45％の人びとは個人の貯金が資金源であったり，第2に，29％の人びとは銀行やその他の金融機関であったり，第3に，13％の人びとは友人からであったり，第4に，4％の人びとは個人投資家であったり，そして，第5に，1％の人びとは政府からであったりした（何故，担保貸付が30％弱かといえば，アメリカの銀行は中小企業に対して，リスク管理を大変厳しくみており，一般的に，大企業の利率より2～5％高くなっているからである(5)）。日本の場合，融資方法は公的機関を使って詳細に実施されている。例えば，一つは政府系金融機関によって，中小企業向けに貸付されている。そうした金融機関は，国民金融公庫（生産分野に対して少額の貸付）や中小企業金融公庫（長期で低利の貸付），これ

以外に，商工組合中央金庫，環境衛生金融公庫，沖縄振興開発金融公庫などがあり，二つ目は政府による中小企業への貸付保証である。つまり，1953年の「信用保証協会」や1958年の「中小企業信用保険公庫」などの設立でなされており，そして，三つ目は政府が中小企業の資本を充実するために株券や社債などを購入している（日米両国の融資方法は基本的に政府が関与しているかどうかである。アメリカは政府に依存せずに何らかの方法で資金調達をしているが，日本は基本的に政府に依存した資金調達をしている。こうした状況からみれば，現在の中国政府は資金不足もあって，アメリカの融資方法を良しとみているのではないかと思われる）。

　第3に，技術革新（イノベーション）の問題はどんな政策で実施されているか。アメリカの場合，遠大な計画があり，一つは政府が技術革新のために中小企業に科学研究開発として，毎年少なくとも，40億ドルの経費を支援している。二つ目は，中小企業向けの技術を普及させたり，中小企業間の技術のノウハウ（know-how）や新たな製造技術の拡大を広めたりしている。そして，三つ目は税制の優遇措置をしている。例えば，新工場建設による設備投資に対して減免税を採用したりしている。さらに，90年代に入って，ハイテク産業やバイオ技術，特殊素材，そして，新たなエネルギーなどの技術を重点的に支援している。とりわけ，中小企業はハイテク部門が多かったからである。日本の場合，90年代以前をみると，中小企業の技術水準は基本的に停滞しており，技術革新はあまりなされていなかった。そして，90年代の中頃になって，中小企業の技術革新はやっと実施[6]（1995年4月・「中小企業の創造的事業活動の促進に関する臨時措置法」〈一般的に，「中小企業創造活動促進法」である）されるようになった（日米両国の技術革新に対する取組はかなり差があり，アメリカ政府は技術援助に対して，遠大な計画をもっているが，日本の政府はこの点企業自身に任せるような傍観者的な態度を取っていたのではないか，と中国の人びとに思われていたようだ。中国がこのように日本の中小企業に対する技術革新を少し低くみるようになったのは，おそらくここ10年位のことではないであろうか。それは「失われた日本経済の10年」の反映と重なっているようにも思える）。

　第4に，中小企業と大企業との関係はどんな政策で実施されているか。アメリカの場合，中小企業と大企業は相互依存の関係であり，共に発展する関係で

あると位置付けている。こうした中小企業と大企業の関係は市場競争の下で形成され，市場システムによって調節され，政府の政策的な役割は競争を保護することであり，市場システムの自動調節の機能を維持することである。だから，政策の重点は大企業に対する反独占を実行することである。日本の場合，特に，製造業における中小企業と大企業は一種の「下請企業」の関係である(7)。それは日本の中小製造業の半数以上は下請企業である。一般的に，中小企業は大企業と長期的な請負取引関係を結んでいる。こうした取引関係を続けているうちに，中小企業は自らの力を弱めつつ，取引に不利な状況が生まれる関係となり，そのために政府は中小企業を支えるための政策を講ずる必要が出てきたのである。そして，中小企業は大企業と競争しなければならないため，中小企業は自らの連合的な事業団を設立したりして，対外的な交渉力を強める必要が出てきたのである。従って，政府は中小企業と大企業の関係をめぐって，中小企業を支援するために，こまごまと干渉せざるを得なかったのである（中国からみて，アメリカの場合，中小企業と大企業が対等の関係にあるようにみえており，日本の場合，そうした関係が上下関係＝従属関係にあるようにみているようだ。それは政府が政策をどのように適用しているかということであろう。アメリカの政府は大企業の行動に対して反トラスト法という政策を適用して，大企業の横暴を抑える政策を取っている。しかし，日本の政府は中小企業をどのように支援するか，というさまざまな法を適用した中小企業政策を採用し指導しているのである。この点について，中国は現段階でいえば，日本的な下請関係を活用した中小企業と大企業の関係を容認しつつ，アメリカのような対等な関係にもかなり魅力をもちつつ，日米両国の利点を活かすように考えているのではないかと思われる。なお，一言付け加えておけば，日本の中小企業が対中進出で苦戦（あるいは失敗）している大きな理由の一つに，日本でのさまざまな政策保護の中にあって自らの判断を養ってこなかったことと，中国の中小企業政策に対する未整備もあまり知らなかったのではないかと思われる）。

　第5に，ベンチャー企業はどのような政策で実施されているか。アメリカの場合，自由な市場経済を徹底させていることもあって，アメリカの人びとは旺盛なベンチャー精神をもち，そうした精神が社会的な雰囲気になっているのである。政府も同じように考えており，ベンチャー精神に関心をもち，ベンチャ

ーシステムを形成することに熱心である。例えば，アメリカは商業情報センターを設立する一方で，他方，各州ではインキュベーター（incubator：起業家精神をもっている人びとに，場所や資金などを提供し，企業の発足を援助する施設・機関）を設け，ベンチャー企業を育てたり，中小企業がリスク投資をできるように援助したり，そして，企業が育つようにいろいろなサービスを提供している。特に，ベンチャー企業には経営指導も進めながら，政府は資金も援助している。日本の場合，政府は90年代に入って始めてベンチャー企業を奨励するようになった。こうしてベンチャー企業の育成が中小企業の重点政策のひとつになった。そして，1996年3月から中小企業事業において「ベンチャー企業の広場」が設けられたりした。このように，日米両国の国内のベンチャー企業に対する政策以外，アメリカは中小企業における輸出奨励策を官民あげて奨励していたが，日本はそうした政策をあまり考えていなかった（ベンチャー企業が育つための社会的な雰囲気は，日米両国であまりにも格差がある，と中国はみているようだ。それが最近話題になっているスイスの国際経営開発研究所の世界競争力ランキングでみると，日本は「新規事業志向」・「開業のしやすさ」の順位が49位の最下位であった。このことは日本のベンチャー企業が出遅れたこともあるが，今後ベンチャー企業に対する社会システムがリスクを負うことができるかどうか，そうした社会環境を作ることができるかどうか，そうならないと，ベンチャー企業は育ってこないのではないか，と一般的に思われている）。

　以上，日米両国の中小企業に関する政策を五点ほど述べてみたが，この点だけでみると，中国はどのようにみているかが分かる。それは現在の中国における中小企業の現状からみて，アメリカの中小企業政策は日本の中小企業政策よりマッチしているのではないかとみているようにも思われる。特に，競争原理が働いたほうが，こまごまとした諸政策よりましではないかと思っているようだ。

　このことは1995年に導入した「抓大放小」（「大企業に力を入れ，中小企業を自由化する」）政策とかなり通ずるものがある。それは従来の中央集権的行政システムから如何に脱却するか，というシステム転換と重なっているのではないかと思われる。だから，自由な雰囲気の下で，中小企業が自由に活動できるよう

に、「放小」政策を導入し、それが今日までそれなりの中小企業を発展させることにつながったとみている。この点だけをみていると、アメリカの中小企業政策は中国にとって現在最も近い存在ではないかと思われる。しかし、中小企業政策は、アメリカのような自由な市場経済を前提にした政策で果たして今日の中国における中小企業を育成し、発展させていくことができるのかどうか、中国は決めかねているところもある。それ故に、多くの人びとは日本の中小企業政策に関心を示しているのである。特に、日本における中小企業に関する諸法規はいろいろ整備されており、そこから多くの示唆をえて学び取ることによって、中国の中小企業政策に活かしたいという思いもある。

ではどのような点で中国が、日本の中小企業に関する諸法規をみているか、その一端を以下に紹介しておこう。(9)

日本の中小企業は、企業総数の98.8%を占め、就業者数で、77.6%を提供し、製造業の55.7%、卸売業の64.2%、そして、小売業の75.7%の販売高を占めている。このような中小企業は日本経済の重要な柱ともなっている。ところで、日本企業の中でも、中小企業はどんな法律を適用されているのであろうか。法的には大きく分けて四点ある。第1点、中小企業の基本的な法律は「中小企業基本法」(1963年に施行し、1999年に修正している)がある。その法の下で、次のように実施された。①政策の目標・措置〈ア．設備の近代化、イ．技術レベルの向上、ウ．経営管理の合理化、エ．業務及び経営などの近代化、オ．過当競争の防止、輸出品の奨励、労使関係の正常化など〉、②中小企業の範囲〈ア．工業などの製造業は資本金3億円以下、従業員・300人以下、イ．小売業は資本金5,000万円以下、従業員・50人以下、ウ．卸売業は資本金1億円以下、従業員・100人以下、エ．サービス業は資本金5,000万円以下、従業員・100人以下〉、③業務活動などにおける紛糾処理〈下請取引の公正、企業間の過当競争など〉、④金融・税制の政策〈資金の確保、投資機構の設置、財務負担の適正化など〉がある。第2点、近代化には法的なシステムでもって促進する。一つは「中小企業近代化促進法」の下で、新製品や新技術及び近代化設備を促進する。そして、各業種の中小企業に対して近代化の計画を進める。もう一つは「中小企業近代化資金援助法」の下で、都道府県が中小企業の設備に対する近

代化に必要な資金を提供し，特に，環境保護及び汚染防止設備には無利子で援助する。第3点，中小企業の融資や信用担保は法的なシステムでもって整備する。一つは「中小企業金融公庫法」の下で，一般の金融機関が融資困難な長期の貸付などに対して貸付する。もう一つは「信用保証協会法」の下で，中小企業が一般の金融機関から借り入れるさいに，信用担保協会が保証の責任を負う（その他に，「中小企業信用保険公庫法」もある）。そして，第4点，中小企業の業務が正常になされるために，法的なシステムによって保護する。例えば，それは「中小企業指導法」〈管理や技術レベルの向上，中央・地方及び振興事業団による指導業務など〉であったり，中小企業の「官公需における受注の確保に関する法律」(10)（官公庁は中小企業に対して受注の機会を与えるように一段と努力することなど）であったりした。そして，「中小企業の事業活動の機会を確保し，大企業の事業活動を調整するための法律」（中小企業の経営が不利益を被るようであれば，大企業の業務活動を調整し，適当に中小企業の営業機会を保証するなど〉であったりした。

以上の4点は，中国側からみた日本の中小企業に関する諸法規について，現在，どの点に関心があるかそれなりに分かる。特に，中国政府が中小企業を育成・発展させていくために，どのようなかかわり方をすればよいのか，この点について日本の中小企業政策の法的役割をみているようだ。ただ，中国は，戦後日本の中小企業に関する諸立法から特に何かを学び取りたいという下で，次の2点が指摘され論じられている(11)。

第1点，中小企業の育成・発展は，中小企業に関する立法を整備して立法システムを形成することにある。中国は未だ中小企業に関する諸立法を担う専門的な部署すらなく，現実に多くの問題を抱えている。一つはマクロ的にみて，融資問題があり，そして，政策についての大企業との差別的な問題がある。もう一つはミクロ的にみて，技術レベルが低く，設備も旧式で，管理者層の質が低く，そして，経営に関するネットワークが乏しいという問題がある。こうした状況の下で，未だ基本的な立法が未整備となっているが，現在提案され論議されている「中小企業促進法」を待つしかないであろう。特に，中国の経済状況は戦後日本の経済状況とかなり異なっているので，まず計画システムを壊したり，企業に主体性をもたせたり，公平な競争の環境を整えたり，その上で，

市場経済を前提に，自主的な経営ができるようにすることである。

第2点，立法と政策の関係について，政府は政策を充分に利用して中小企業の発展を指導する。特に，中国の中小企業は数も多く，業種もバラバラであり，立法だけでもって解決するには難しい。だから，有効な政策が中小企業を発展させることにつながるのである。こうして徐々に中小企業が発展するなかで，発生するいろいろな問題を解決するために，法律で措置するようにする。

こうした2点からいえることは，市場経済を形成する上で，企業が自ら経営に責任をもつことを第一にし，それを前提にして，政府が有効な政策を提起し，そうした発展の下で，立法を整えたいということのようである。それが比較的に整っている日本の中小企業に関する諸立法を今後学び取りたいということではないであろうか。そのさい，日本の「中小企業基本法」が果たしたように，中国も「中小企業促進法」の制定でもって，中小企業の戦略・戦術を提起したいというところではないか。そして，中国は中小企業を育成し発展させるために，戦後日本が導入した中小企業の近代化政策を採用していくのかどうか，今後における産業政策を注視していく必要があろう。

ところで，必ずしも明確な政策があるわけではないが，今日の中国の中小企業は問題をもちながら，それなりに発展している状況について，次にみてみよう。

（2） 中小企業の現状と諸問題

中国の中小企業は今や中国経済にはなくてはならない存在になっている。それは次のようなデータからも裏付けられている。[12]

「……登録済の数は約800万社，……それは企業総数の99％を占め，工業総生産高・60％と利潤・税収・40％を占めている。……小売業は90％以上，就業分野では約75％を占めている。また……，毎年1,500億ドル前後の輸出額のうち，中小企業が約60％を占めて……。」しかし，これらのデータは，本当に中小企業の姿を反映しているかどうか，必ずしも正確ではないともいわれている。何故なら，改革開放20余年のうち，[13] 前半の1980年代の大企業は郷鎮企業や個人・私営企業などの出現によって，その企業数や従業員数の比率を減少させてはい

たが，その総生産高の比率は増加していた。しかし，1990年代に入って，それらの状況は逆になり，大企業は企業数や従業員数を増加させたが，総生産高は徐々に減少していった。その理由は中小企業の一部が量的な拡大もあって，大企業に転換したり，一部の中小企業における労働集約的産業の過剰生産もあって，中小企業は販売不振から生産の停止や倒産などで企業数や従業員数を減少したりした（ただ，現在，中国の中小企業に関する開業率や廃業率がどうなっているか，それは不明である）。

こうした中小企業の状況は変化もあって，正確に実態を把握できない面もある。しかし，中小企業の実態的な傾向は上述のような実情ではないかと思われる。そのことを前提に，最近の中小企業の現状をみると，少し異なった状況が出てきている。それは次のような状況にある。(14) 第1に，中小企業の数が減少している〈1999年：工業全体で6.18％減。そのうち，大型が1.3％減，中型が5.92％減，小型が6.47％減〉。第2に，中小企業の販売成長率が緩慢で，市場シェアが低下している〈1999年：工業全体で5.8％増，そのうち，大型が9.58％増，中型が1.3％増，小型が2.15％増。そして，大中型の市場シェアは1999年末で57.9％であったのが，2000年1～5月では61.2％に増加〉。第3に，中小企業の利潤増加は大企業より遅い〈1999年：工業全体で51.02％増，そのうち，大企業は51.62％増，中小企業は51.02％増であった。特に，2001年1～5月をみると，大中型は147.99％増で，小企業は98.48％増。ただ，企業の欠損額の減少率は大中企業で6.25％だが，小企業では10.07％の減少率であった〉。そして，第4に，中小企業の税収貢献度は減少している〈1999年：工業全体で2.95％増，中小型はマイナスであった。つまり，大，中，小における付加価値税をみると，7.16％，－0.65％，そして，－2.87％であった。この傾向は営業税でも同じであった〉。

このように最近の中小企業における工業部門では，中小企業の発展が緩慢になってきている状況を示している。これはおそらく国有企業の改革に伴って，国有企業における大企業の力が整備され，徐々に競争力を強めてきているともいえるのではないか。しかし，この20余年間における中小企業が工業部門で果した役割をみておく必要もある（表5-1）。

表 5-1 工業部門の成長に対する中小企業の貢献度

(単位：億元，％)

期間・年度	工業総生産高の年平均増加額	大企業		中小企業	
		増加額	比率	増加額	比率
1981-1985	4,562	1,266	27.75	3,296	72.25
1986-1990	5,794	1,551	26.77	4,243	73.23
1991-1995	8,002	2,072	25.89	5,930	74.11
1996	7,701	−636	−8.26	8,337	108.26
1997	14,138	2,311	16.35	11,827	83.65
1998	5,315	940	17.69	4,375	82.31
1999	7,063	3,607	51.07	3,456	48.93
1980-1999	94,441	23,447	24.83	70,994	75.17

(出所) 王振「中小企业与中国的经济发展」『学术季刊』(上海社会科学院)，2001年第4期，53頁。

　表5-1から明らかなように，1981年から1999年まで，中小企業における貢献度は75％に達し，80年代の72％より高い。特に，1996～1998年の3年間は80％以上あった。何故，大企業の工業部門が従来の地位を保持できなかったのか。それは内部要因として市場システムにマッチせず，また，外部要因として臨機応変に輸出主導型戦略を取れなかったからであろう。

　こうした中小企業の成長が工業部門で貢献できた理由は，内外の要因からみて，市場経済に対応できたことであった。しかし，1997年7月のタイ・バーツの金融危機が急速に経済危機となったときに，中小企業の経営体力などでは対応できず(「売り手市場」から「買い手市場」に移行し，物価の下落に対応できなかったことなど)，1999年には前述の4点の指摘や表5-1でも明らかなように，中小企業の貢献度は半分以下に下がってしまった。何故，中小企業が大企業との競争において簡単に敗退してしまったのであろうか。それはいろいろ指摘されているが，それは多くの政策において大企業と中小企業に違いがあったともいわれている。例えば，次のような指摘はごく一般的にいわれているが，それを簡単に紹介しておこう。

　第1に，中小企業のシステムは未だ整えられていなかった。例えば，政府の担当部署がいろいろあり，役割もバラバラであり，管理が分散しているなど，結局，中小企業は何も指導がなされていないということであった。このことが

政策にも活かされていないことを示していた。

　第2に，中小企業と大企業の政策が異なっていた。例えば，㈲政策の適用でみると，大企業はいろいろな優遇があったが，中小企業は基本的に考慮されず，政策の不公平があった。㈶税制の政策をみると，国有企業には優遇策があったが，中小企業にはなかった。特に，個人・私営企業は少額納税者であったこともあり，インボイス（invoice：，仕入税額控除のやり方）もないため税控除もなく，実質的に税負担が増えていた。㈹土地政策をみると，国有企業は土地使用権でいろいろ減免税を享受していたが，非国有企業（いわゆる，中小企業）はそれがなかった。その他，融資問題もあったが，とりわけ，現在の中小企業の経営はリース経営が多いため，銀行からの融資のさい，担保物件がないこともあって，融資がなされなかった。

　第3に，企業内部にも問題がいろいろある。政策の不利益だけではなくて，大企業と中小企業の資産がかなり違っていた。例えば，流動資産にしろ，固定資産にしろ，資産のスピードの増加率が異なっていた。例えば，1999年で，流動資産の平均残高をみると，大企業は6.48％増，小企業は1.82％増であった。そして，資金面のうち，財務コストについて，2000年1〜5月をみると，大中型（大企業を指す）は財務コストが5.21％減り，小型（中小企業を指す）は4.25％減少であった。

　以上，中小企業と大企業に対する政府の政策の差異や企業内部の資産状況をみてみたが，とりわけ，大企業と中小企業の政策についていえば，これは政府が早急に取り組める問題であり，解決でき問題であろう。このことから一部の論者は中国の中小企業を楽観視できないとみている。ただ，その真意は，中小企業に対するシステムや政策などを整備すれば，今後も発展していくとみているところがある。だから，多くの論者は21世紀の中国経済を担っていくのが，中小企業であるとみている。その根拠として，中国経済が今後直面する問題として労働問題がある。それを解決するのが中小企業であるということからきている。都市においても，農村においても，人びとの就業分野がどのように確保されるか，それは大半の人びとが認めているように，中小企業の発展にあるとみている。だから，改革開放後における労働者の移動状況をみても，そのこと

表5-2 各種経済形態で提供される年平均就業者数
(単位：万人)

期間・年度	国有企業	都市集団企業	株式制企業	外資・台湾・香港・マカオ企業	郷鎮企業	私営企業	個人企業	合計
1981-1985	194.2	179.8	0.0	1.0	795.8	0.0	73.8	1,244.6
1986-1990	271.2	45.0	0.0	12.2	457.2	34.0	331.0	1,150.6
1991-1995	183.0	−80.4	63.4	89.4	719.4	157.2	501.8	1,633.8
1996	−17.0	−131.0	46.0	27.0	646.0	215.0	403.0	1,189.0
1997	−200.0	−133.0	105.0	41.0	−458.0	179.0	424.0	−42.0
1998	−1,986.0	−920.0	−58.0	6.0	−513.0	360.0	673.0	−2,438.0
1999	−486.0	−251.0	10.0	25.0	167.0	312.0	127.0	−96.0
1980-1999	29.0	−37.5	22.1	32.2	510.7	106.4	324.2	987.3

(出所) 表5-1と同じ。

が分かる（表5-2）。以下，この点についてみてみよう。

表5-2から明らかなように，中小企業が改革開放後において社会に就業(17)（雇用）の場を提供し，社会の安定のために大きな貢献をしてきた。このことを時系列的に就業の場をみてみると，1981～85年は郷鎮企業であり，1986～95年は郷鎮企業と個人企業であり，そして，1996年以降は主として私営企業と個人企業に移ってきている。とりわけ，1996年以降，国有企業や都市の集団企業は就業の場を提供できず，逆に，社会に大量の労働者を放出していることが分かる。そして，1997年になって，郷鎮企業も急速に受け皿ではなくなってきている。そうした中で，私営企業や個人企業（特に，零細企業〈5人前後〉が急増している）が多くの就業の機会を提供している。こうした就業の変遷を，理論的にみれば，産業構造の発展からみても，中国経済は未だ第二次産業の中でも，労働集約型産業が多い。そして，これからも一段と多くの中小企業が創業される時期と重なるであろう。さらに，第三次産業が今後も発展する余地をもっており（1999年・GDPの構造で33.0%，就業の構造で26.9%となっている），その大半(18)は，中小企業から出発することになるであろう。そのことが多くの人びとに就業の場を提供するのである。

このように中国経済が健全に発展していくためにも，中小企業の存在は大きな影響をもち，政府としても，今後中小企業の育成・発展を考えざるを得ない段階にきているのではないか。こうした考え方が多く出てくる中で，その代表的な見解を，以下，簡単に紹介しておこう。(19)

第1に，中小企業の法的なシステムを構築すべきだとして，早急に「中小企業促進法」を立法化すれば，中小企業の外部環境は改善できる。第2に，金融政策を打ち出すべきだ。何故なら，現在，中小企業の資金問題は深刻である。そのことを解消するには，多様な金融政策を導入し，中小企業の資金供給を改善すべきだ。特に，中小企業へのリスク投資会社やリスク投資ファンドの管理モデルなどを構築する必要がある。第3に，構造調整を進めるべきだ。当面，産業構造の調整として，国家がハイテク型，就業型，資源を総合的に活用する利用型，農産物・副産物による加工型，輸出での外貨獲得型，そして，社区（従来の居民・街道委員会を統一し，行政だけでない，ボランティアも含んで，その地域の人びとにさまざまなサービスを提供する末端組織）でのサービス型などの中小企業を創業させるべきだ。第4に，技術のイノベーションを加速させるべきだ。当面，中小企業のイノベーション・ファンドを設けて，特に，中小型のハイテク企業の技術イノベーションを重点的に育成し，技術の「インキュベーター」企業を拡大し，ハイテク企業の技術イノベーションの能力を高めるなど，結局のところ，技術レベルを向上させ，市場の競争力を強めるべきだ。そして，第5に，社会的なサービスシステムの構築をすべきだ。中小企業の発展には社会的なサービスの提供が必要である。例えば，業界団体や民間（私的な）組織，仲介機関など，それらが人材の養成訓練サービスや人材の市場を整備したり，迅速に情報のサービスのネットワークを設けたりするなど，中小企業の健全な発展を促進すべきだ。

　以上，五点の指摘についていえば，政府は中小企業のためにいろいろな施策を打ち出すことが必要であるが（当然，その施策を着実に進めるために，法に沿った補助金を支給する），中小企業に対して行政側は基本的に徹底したサービス機関になるべきであろう。そうすれば，中小企業がWTO加盟に伴って，これまで以上の就業の場が提供されるといわれている。この点について次のような予想がなされている。[20]

　ある調査によれば，WTO加盟後，毎年GDP（国内総生産）が2.94％上昇するとしている。それは毎年2,400億元増と1,176万人の就業チャンスを増やすとしている。また，ある専門家によれば，WTO加盟後，中国の食品加工業

(16.8万人)，紡績業（282.5万人），アパレル産業（261万人），建設業（92.8万人），そして，サービス業（266.4万人）などで，就業のチャンスを増やすとしている。このことは国外の専門家でも同様な予想を立てており，WTO加盟後，中国は33％増の就業チャンスがあると予想している。ただ，短期的にみると，伝統的な重工業地帯にある地域や中西部の地域にある中小都市，そして，国有企業の改革など，そうした地域や部門では失業問題がかなり厳しい状況になるであろう。

　中国の当局者は短期的にみれば，失業問題を厳しいとみているが，中・長期的にみれば，かなり楽観的な予想を立てているともみえる。それには，中小企業の発展が今後ともかなり進むものとみているからであろう[21]。基本的に，私もそのように中小企業は変動を伴いながら進んでいくものと思っている。そうした中小企業が今後一段と発展していくために，中国ではWTO加盟後の対策として，各企業の競争力をいろいろな観点から論じている。この点について，中小企業の競争力はどのように育成されていくのか，次に節を改めてみておこう。

第2節　中小企業に対する競争力をどう育成していくのか

（1）　企業の競争力とは何か

　中国が企業の競争力を問題にするようになった背景をみると，それは，1990年代中頃に入ってからの市場経済の導入からであろう。その頃から中国では多くの人びとが競争力について論ずるようになった。ただ，競争力の概念は非常に複雑であり，現在でも論者によってまちまちである（当然，日本でも経営者や経済アナリストの人びとも，その立場によっていろいろ論じているが）。競争力もいろいろあり，例えば，国家の競争力もあり，企業の競争力もあり，産業の競争力もある。特に，国家の競争力は根本的に存在するかどうか，論者によって一致していないようだ。しかし，企業の競争力は存在するというのがほぼ一致した見方である。例えば，企業の競争力について，比較的積極的に論じているある論者の見解をみると，企業の競争力は次の五点から定義している[22]。

第1点，企業の競争力は市場が開放され，競争があることを前提にしており，市場が独占されていたり，閉鎖されていたりしていないことである。第2点，企業の競争力は実質的に企業間における生産性の比較である。第3点，企業の競争は消費側にも企業側にも満足を得るものでなければならない（前者は消費者としての満足度であり，後者は経営者としての利益確保であり，それは経営者としての利益獲得度である）。第4点，企業の競争力は企業が長く存続する状態にあることである。つまり，企業は持続性をもつことである（最近の日本の企業における倒産のうち，創業して30年以上たっている企業が3分の1も倒産していることに，日本経済の衰えと企業の競争力の停滞・衰退を感ずる）。そして，第5に，企業の競争力は企業が保有している総合的なものであり，その要因は非常に多く，常にそうした要因は変化している。

以上のような考え方は，これまでいろいろ論じられ，実践的に応用されてきたものに対して，一つの考え方を示し，それなりに各方面から注目されている見解ではないかと思われる。例えば，第4点の生存力の問題など，次のような実践報告の分析からみても，その見解は企業の競争力の指標として，また，定義を知るうえで，一つの手掛かりになるであろう[23]。

上海市内の中小企業を対象に，企業の競争力を政府（実は1995年・財政部が企業の経営収益を用いて企業の競争力を評価するシステムを公布した。評価対象の項目は10個あり，それは，販売利潤率，総資産収益率〈ROA・return on assets〉，資本収益率，資本価値成長率，資産負債率，流動比率，受取勘定回転率，在庫回転率，社会貢献率，そして，社会蓄積率である）が示した評価基準を用いて，次の三点の分野から分析している。第一点は企業の生存能力である。企業の競争力は企業が存続する前提であり，日常の経営活動の下で，支払能力は市場環境の中でも基本的な条件である。そして，企業の資産の負債レベルと返済能力は直接的に企業の生存に対する能力に影響する。従って，資産の負債率や受取勘定の回転率，そして，流動資産の回転率などの指標は，企業の生存におけるバロメーターになる。第二点は企業の成長能力である。企業の利益が企業成長の決定的な要因である。利潤の一部が転化した資本の多寡は企業の拡大となり，中小企業の競争力の原動力となる。そして，企業の利潤増加率などは企業の成長や市場競争での潜在

力を反映している。その他，技術装備のレベルなども，企業が成長していく力の指標である。そして，第三点は企業の発展能力である。市場の拡大や資本の増大は企業が発展していく直接の指標である。こうした三つの分野を，上海の中小企業からみて，第1点の生存力は資金的にも，負債レベルの高さや返済能力の不足などからも，現実は大変厳しい状況にある。第2点の成長力は，利益率が低下しており，ここ数年市場化の過程の中で徐々に弱くなっている。そして，第3点の発展力は，発展するために力不足となり，特に，販売の拡大率が低下してきている。とりわけ，海外市場の開拓という点では非常に弱くなってきている。このように上海の中小企業の競争力は，全体的に弱くなっていると分析している。

　こうした実践報告に沿って，企業の競争力の定義が少しずつ明確になってきているものと思われる。そして，企業の競争力に関する分析手法を通じて，上海における中小企業に対する諸政策がいろいろ検討され，実際に適用された施策もいろいろ出てきている。このように上海市全体を対象にした企業の競争力の分析もあるが，個別企業の競争力についても，いくつかの指標で分析したケーススタディーも盛んになってきている。例えば，IT産業のトップ企業である聯想（連想）会社を取り上げられてみたい（ただ，連想は現在中小企業ではないが，1984年・研究者が中心になって作った小さな企業で，いかに競争力があったかという例として，ここに紹介した。1999年・この聯想は中国の電子産業100社のうち，販売高が第1位である）[24]。

　表5-3から，連想の競争力の強さが示されている。

　聯想は，中国のパソコン市場で競争力が非常に強い。ただ，世界市場でみれば，現在ではかなり低いと思われる。そして，中国のパソコン市場は数年後に日本を追い越して，世界第2位のパソコン市場になり，そのおりには聯想が国際市場での競争力を強めているであろう。

　こうした個別企業の競争力を研究するのが今後も多く出てくるであろうが（政府が提示した指標とは別途な分析方法であるが），まだまだ，一般的にみれば，中国では企業の競争力を高めるにはどうしたらよいか，という議論の方が多い状況である。その代表的な意見が次のようなものではないかと思われる[25]。

第5章　中小企業の産業政策による競争力の育成

表5-3　聯想における競争力の指標（中国市場に対して）

シェア	パソコン14.9%（1998年），21.5%（1999年）
利潤率	5％（1999年度）
財務力	強い
資本市場	良好
技術力	応用的な研究が強い，開発費1.5%
ブランド力	強い
取引先関係・販売力	強い，3,000ヶ所にチェーン店あり
知的レベル	比較的強い，200余の特許，かなり重要な特許もあり
装備力	パソコン200万台超の生産能力あり
文化レベル	強い
公共関係	強い

（出所）　陈小洪「企业竞争力评价指标及其应用」『経済管理』2001年第3期，30頁。

　企業の競争力は次の三つの観点からみる必要がある。第一に，国家の競争力を高める観点から企業の競争力を考える。それは企業の競争力と国家の競争力の関係はほぼ同じである。何故，企業の競争力を高めることは国家の競争力を高める観点が必要となるのか。その理由は次の四つである。①経済のグローバル化の傾向が強まってくる。そのさい，国家は現存しているという前提で，経済上の競争はまず国家間の経済競争にならざるを得ない（国家がある限り，国家の競争はありうるという前提に立っている）。②WTOに加盟すれば，国家は経済の競争力を高めることに一段と緊急の任務をもつことになる（国家の役割が強まるとみている。例えば，金融・財政政策を一つ取ってみても明らかである）。③企業が競争力を高めることは国家の競争力を高める観点から，今後一段と，開放的に，長期的に，拡大的になっていくだろうと予想される（このことは個別的な企業ではできないが，国家ならそうした遠大な計画をもつことができると考えられる）。そして，④国家の競争力を高め，同時に，企業の競争力を高めることはさらに有利な条件を創造することにつながる（国家も企業も同時に競争力を高めることがベストであるとみている）。第2に，国有企業の改革は，企業の競争力を高めるポイントになる。何故，国有企業の改革が企業の競争力を高めるポイントになるのか。確かに，この数年国営企業の改革は，それなりに成果を出してきた。しかし，まだまだ国有企業は，今でも問題を抱えている。その一つは投資の多元化をしていない。二つ目は法人のコーポレート・ガバナンス（企業統治）が進ん

でいない。三つ目は企業の転換が遅々として進んでいない。こうした国有企業の改革の進展に問題が今後もあれば，国有企業全体の競争力にも影響が及び，それが他のさまざまな経済組織の企業の競争力にも波及し，さらにそれが農業の競争力にも及ぶのである（競争力がないような市場構造になることを心配している）。このことから，国有企業の改革を進めることは，企業の競争力を高めるポイントになるだけでなく，国家全体の競争力を高めるポイントでもある。そして，第3に，国内外の研究をしっかり総括し，企業の競争力を高める経験・教訓を学び，実行可能な対策措置を制定する。国内における企業の競争力はすでに20年あまりの経験・教訓がある。ではどのようにするのか。①経験だけの総括ではなく，教訓の総括もする。つまり，よいサンプルも，悪いサンプルもすべて総括する。②総括は少し長い期間を取り，ある法則を見つけるようにする。③企業だけの総括はせず，産業や地区及び国家の競争力と関連させて総括を進める。④言葉の羅列ではなく，できる限り，高めるために，理性的に高めるようにする。そして，⑤経験の総括は自己宣伝でなく，主として法則をつかみ，問題を解き，一歩ずつ競争力を高めるようにする。同時に，国外の経験・教訓は非常に重要である。市場経済の国々をみると，蓄積された経験・教訓も多いので，そこから学ぶ必要がある。特に，アメリカの経験・教訓を学ぶとすれば，1980年代の中頃，アメリカが日本やヨーロッパから追い上げられ，とりわけ，日本の追い上げは厳しかったこともあり，その危機感は大変なものであった。そこからアメリカは大規模な調査・研究を実行した。そして，アメリカは産業の振興，競争力を高める対策を制定した。また，日本には成功の経験だけでなく，失敗の経験もある。これらはすべてわれわれにとって研究すべきものばかりである。結局，われわれも真剣に調査・研究を行い，正確な対策を決め，中国における企業の競争力を高めるように努力すべきであろう。

　以上，企業の競争力はマクロ的（国家的）な観点が必要である，と強く論じている。この視点は企業の競争力をミクロ的（企業的）レベルだけで論じていても，企業の競争力を向上させられないということのようである。この考え方は多くの人びとがミクロレベルから企業の競争力を調査・研究していることに対して，それだけでは片手落ちになると，人びとに警鐘を鳴らしているのでは

ないか。当然，この観点は私もあり得ることであると思っている。何故なら，今日，中国の理論界ではマクロ的な観点が希薄になってきているからである。それはできる限り，国家＝行政から離れたいという傾向からきている。そして，このことはシステム転換を前提に，企業は自由に活動すべきだという観点に立って論じられている。このことからいえば，この論者のように，マクロ的なレベルからの分析・提案はそれなりに一つの見方を提示し，企業の競争力を高める別の観点から貢献している面もあるように思われる。特に，海外の経験・教訓に対する調査・研究は一段と重要である点に注目しており，この点でいえば，この論者の指摘は大変貴重である。ただ，マクロ的な観点だけで，現在の中国における企業の競争力は高められるかといえば，必ずしも充分ではないことも事実であろうと私も思っている。従って，上述の連想のようなケーススタディーが今後もなされ，それが世界に通用するような企業の競争力に関する法則を提示できるようになればよいのではないか。ただ，現在の中国ではそのような状況になっていないこともあって，企業の競争力に対し，どのようにするのか，まだまだ調査・研究がミクロ的な方法で行う段階にあるだろうと思われる。そうした研究の一端を，次に紹介しておこう[26]。

　企業の競争力は企業の一連の特殊な資源の再編成で，市場を確保したり，長期の利益を獲得したりする能力である。その特殊な資源は次の９個の分野からなる。①企業の人的資源：知識がますます必要な時代になり，人的資本が企業の競争力に欠かせない。人的資源が企業と有機的に結びつくことが必要だ。②核心的な技術：企業自らの核心的な技術は，企業が競争力を獲得する必要条件であるが，十分条件ではない。ポイントは核心的な技術を持続させ獲得する能力にある。③企業のブランド力：それはブランド力をモラルの問題とせず，システムの問題として把握すべきである。つまり，ブランド力は企業が競争力を獲得する根本であり，生命線である。④販売営業の技術：企業は顧客の満足を得るように，商品や労働を提供する。特に，先進的な販売営業の技術は，企業の競争力の面で重要であるが，今日の消費者主権の時代において，販売営業の技術は，製造技術と比べて，より重要な競争力の要因となる。⑤販売営業のネットワーク：主な役割は，商品販売，市場調査，販売営業の宣伝，市場開拓な

どである。特に，企業の競争力の観点からいえば，企業が消費者を一旦自らの販売営業のネットワークに組み入れれば，創業者利得を獲得できる。⑥管理の能力：それは企業の競争力における中心的な内容で，それは情報能力や政策決定能力などを含んでいる。特に，企業は経営トップ層にそうした能力をもっているかどうかである。⑦経営者は財務能力を備えている。これは実質的に管理能力の一種と考えられる。⑧経営開発能力：研究開発の能力は企業の競争力の重要な要素である。特に，それは企業が長期に利潤を獲得する源泉である。そして，⑨企業の文化：企業の文化は実質的に経営理念そのものである。こうした9個の資源は，企業の競争力についてすべてカバーしていないが，大部分をカバーしているのではないか。

以上，ミクロ的にみた場合，企業の競争力は，どのように特殊な資源を活用すれば，他の企業に打ち勝てるかという観点から，現在考えられる範囲で論じられたものではないかと思われる。これはこれで現在の中国における企業の競争力を高めるいくつかの問題を提示している。ただ，こうした論点を，どのように企業に対し適用し応用して定着させるか，ということになるであろう。だが，この9個から，どれを優先的にするか，どこを強化してやるか，それは個々の企業の問題であろう。特に，販売営業のネットワーク（経営の戦略・戦術があるかどうか），研究開発（インキュベーター的なものができるかどうか，そして，研究開発に売上高の4～5％程度を当てることができるかどうか），そして，企業の文化（企業の生き方であり，特に，無形の資産に価値を見つけ出すことができるかどうか）などは今後の中国における企業の競争力を高めていくうえで，非常に大切なことのように思われる。だが，こうした9個の資源は本当に各企業に応用できるかどうか，実はスタートラインに着いたばかりであり，今後の状況をみるしかないであろう。

このように企業の競争力について，現在，中国はいろいろな観点から論じている。そして，今後も調査・研究がなされていくであろうが，では現在の中小企業はどのように競争力を検討しているか，どのように育成しようとしているか，次にみておこう。

（2） 中小企業における競争力の育成をみる

　企業の競争力はすでにみてきたように一般的にいろいろ論じられているが，特に，中小企業の競争力はどのように認識されているのであろうか。それはしばしば競争問題からみて，いくつかあげれば，次のようなものがある。第1に，品質の問題であり，価格の問題であり，コストの問題であり，販売の問題である。第2に，人材の問題であり，技術の問題である。そして，第3に，企業のイメージの問題であり，企業文化の問題などである。

　このように，中小企業の競争問題はいろいろな分野で存在している中で，中小企業が最も活発である地域・上海市における中小企業の競争力の問題をみることにしてみよう。それは上海の中小企業に競争力がないという問題とも関係している。何故，上海の中小企業は競争力がなかったのか，その制約要因をみてみよう。[27]

　中小企業の競争力が制約されていた要因を，次の五点から分析する。

　第1点，所有権が明確になされていない。その理由は二つある。一つは所有権の多元化が不十分であった。非公有制にある私営企業などが自由に市場競争のメカニズムを形成できなかった。もう一つは国有の中小企業が，従来のフレームワークから解放されなかった。確かに，1984年以降，企業の自主権，経済の責任制，請負制などいくつかの改革を実施してきたが，30年余の歴史的な残滓もあって，企業は多くの従業員を抱え，旧い設備も多く，立ち遅れた技術などあり，それらが企業の競争力をなくしていたのである。

　第2点，産業構造の中に中小企業は位置付けられておらず，もともと中小企業の競争力はなかったのである。つまり，中小企業は重工業の一部として「基地型」に位置付けられていた。現在，そうした「基地型」から「都市型」に転換しつつある下で，新たな中小企業の競争力はまだ育っておらず大変弱い状況にあるのである。

　第3点，政府は企業のマクロ管理システムに対して，市場経済の下での中小企業対策になんら対応せずにいた。それは基本的に大企業だけに対する政策を考えていたこともあって，中小企業を考慮に入れていなかったのである。とりわけ，現在の政策においても同じで，例えば，金融政策でも，産業政策でも，

それらの政策は大企業向けであり，中小企業にはなんら向けられなかったのである。それは公平の原則にも反することである。

第4点，企業自らのシステムや経営メカニズムがかなり市場経済に対応できていなかった。特に，多くの中小企業は企業の競争力を高めるシステムの基礎すらなかったし，企業の経営者の行為も短期的な行為に走っており，経営メカニズムや発展の潜在力もなかったのである。とりわけ，私営企業の中でも，まだまだ家族的な経営が多く，市場競争に対応できず，企業の発展にも大きな影響があった。

第5点，社会全体の市場環境が整っておらず，それが中小企業の競争力にも影響を与えていた。だが，市場経済が徐々に形成されつつあったこともあり，政府の政策があまり発揮されないままの下で，中小企業はそれなりに成長し発展していたのである。しかも，私営企業は増えていた。

以上のように，上海の中小企業は競争力をもち得ない状況であったが，それでも，上海の中小企業はそれなりに成長し発展してきたことを論じている。ただ，政府の確たる政策がなかったにもかかわらず，上海はもともと経済が活発な地域であったことも，それなりに成長してきた大きな理由であった。その成長要因として，例えば，一つは人材が豊富であったことや技術がそれなりにあったということである。もう一つは海外との結び付きが強かったことやそれなりに情報が入手できたことではないであろうか。しかし，政府の無策が続けば，上海の中小企業が今後も成長し発展していくことはできないであろう。やはり，それなりの政策措置がなされなければ，中小企業の競争力は育たないともいえるのではないか。確かに，上述の五点を，それなりに改革すれば，中小企業の競争力はある程度の力をつけることができるであろう。例えば，第1の所有権の場合，所有権が誰に属するのか，それを明確にすることが第一である。そうすれば，企業経営者のインセンティブも高まるであろう。第2の産業政策の場合，中小企業が産業政策として位置付けられる必要がある。そして，中小企業が都市型産業として位置付けられることが重要である。そうすれば，上海の土地柄からして，中小企業は第三次産業を興すことができ，そこに今後の中小企業の活路を見いだすことができる。第3の政府の役割の場合，その機能は大き

第5章　中小企業の産業政策による競争力の育成

く変わり，主に，間接的な指導やサービスに変わることになるであろう。とりわけ，中小企業に関する諸立法が制定され，法が執行する中で，政府は各部門の調整役に徹することが重要であろう。第4の企業内部の管理は，現代企業制度に転換していくであろうと思われる。例えば，商品の質は依然として企業が存続していくための基礎であり，競争の最も基本的な条件である。さらに，重要なことは市場が必要とする商品をいかに開発するか，いかに素晴らしい従業員グループをもつか，如何に素晴らしい取次店を探せるか，如何に自らのネットワークを育てられるか，等々の経営管理が今後一段と重要になるであろう。その際，重要なことは市場意識をしっかりもつことである。例えば，ビル・ゲイツが成功したのは技術や製品が素晴らしかったからだけでなく，彼は市場に耐えたことである。さらに，重要なことは人材が企業の中で果たす役割について，もろもろの設備より重要だということを，今日の中小企業家はしばしば忘れてしまっていることもある。そして，第5の市場経済システムの不完全な場合，それは社会全体で具体的な法律，政策，規則など具体的なシステムを構築することである。市場経済システムの下で，自由な社会環境が構築される必要がある。

　このように，中小企業に対してどのように諸政策を導入すれば，中小企業の競争力は育てられるか，それがある程度示されているのではないか。特に，政府の役割は従来の態度から基本的に変わらなければならないし，同時に，企業自らも市場経済に対応した管理システムと市場意識をもつことなど，それなりの方向性が検討されており，着実に実施する段階ではないかと，提起しているように思われる。

　こうした中小企業の競争力はさまざまな政策でもって育成される下で，今日，WTO加盟に対応した諸対策も視野に入れて進まなければならないであろう。その場合，企業の競争力はどこに重点を置くのか，ある論者は次の六点を重視すべきだと指摘している。[29]

　第1点：企業家（＝経営者，管理者層も含める）を育成すべきである。企業の発展は企業家の成長過程の歴史でもある（現在，中国の中小企業には本当の意味で企業家が不足している。従って，企業家は企業の成長の中で育成されるべきであろう，

と認識されている。一面ではその通りである。つまり，自然発生的に企業家は自らの力量で這い上がってくるということである。しかし，他面では人為的に「インキュベーター」を使って企業家は育成しなければならない面もあるのではないかと思われている）。

　第2点：企業の発展戦略を確立すべきである。WTO加盟後，中小企業は国際競争の下で，明確な戦略を確立すべきである。戦略モデルには三つある。一つは製品の企業生産モデルである。この企業モデルは，特殊な製品を提供する企業である。つまり，部品生産に徹する。二つ目は市場を通じて，中国を生産基地の調達センターとし，中国が「世界の工場」となる位置付けで，そこで中小企業を発展させる。そして，三つ目は外資企業の一つのチェーン化に組みこませる（中小企業の戦略は自ら決められない面もあり，大企業や外資企業に対して完成品の一部分に特化することによって，そこで中小企業は生き残れる戦略をもつべきだとしている。コスト面や品質面で優れた製品であれば，大企業や外資企業がそうした製品を利用するという戦略である。これも一つの企業の発展戦略ではないかと思われる）。

　第3点：核心的な競争力を構築し向上すべきである。競争力の資源は，ヒト，モノ，技術・サービス，企業文化などである。特に，製品のライフ・サイクルは短命化し，経営は日々グローバル化する中で，企業の競争の成功は新技術であり，新製品の開発であり，新たな市場の開拓などの能力である（企業の競争力は新製品の開発などを実行できる能力をもっているかどうかを，重要な要因とみている。このことは正しいことではあるが，中小企業ではかなり努力を要する分野であろうと思われる。しかし，これらがなされなければ，中小企業の生き残りはかなり厳しいであろう）。

　第4点：ブランド品を自ら構築すべきである。ブランド品は国際市場の手形である。従って，企業は市場において顧客の満足を得ることであり，そうした経営姿勢をもつべきである（企業は市場で顧客の満足を得られるかどうか，そこが基本であるべきだと指摘している。ブランド品は市場が作るものであるが，企業はそれに対応できるシステムが作れるかどうかであろう）。

　第5点：中小企業は家族企業が多く，その組織形態でもって今後も発展できるかどうか。家族企業は一定の発展段階までそれなりの企業形態で進んでいけるが，それ以降の形態は考える余地がある問題でもある。家族企業について，

あるデータによれば，世界の65～80％の私営企業は家族企業になっている（家族企業は中小企業の発展過程の中で，いろいろ研究する多くの課題がある。実は中国の家族企業は遅れたシステムとみられるが，世界的にみて，家族企業は多く，果たして遅れた企業システムとみていいのかどうか，もっと研究すべきだという認識をもっているようだ。だが，中小企業の発展問題と家族企業の組織問題は今後の中小企業を育成・発展していくさいに解決せねばならない問題であろうと思われる）。

　第6点：企業の凝集力を強化すべきである。企業の凝集力は自らの経験を総括し，外国企業の経験をよく学ぶことから得られる。特に，日本の企業は終身雇用に基づいた昇進制度など以外に，経営者が従業員と意思疎通を図り，企業との一体感をもっている。この点をみると，中国は従業員の転職が多く，例えば，1年以内に3分の2が離職している。今後，中小企業は，企業内で仲間意識や積極性を駆り立てる環境を作り，各々の従業員が帰属意識をもてるように，そして，自らの能力を充分発揮できるようにすべきだ（企業の凝集力は，従業員が企業と一体感をもつことだと論じている。その具体例として，日本の従業員がもっているような帰属意識を模範としている。そのことは日本の戦後経営の中でも，高度成長期がそうであったという認識をもっており，現在の中国は今後，経済成長していく上で，特に，中小企業の競争力には必要不可欠なシステムとみているようだ。）

　以上，WTO加盟後の中国経済の下で，特に，中小企業の競争力はそれなりにいろいろ対策を取っていけば，かなりの発展ができるという考えの表明ではないかと思われる。そして，中小企業が「世界の生産基地」になっていけば，発展の余地も多いにあるとみている。そのさい，家族企業は一つの中小企業の競争力の原動力といえるのではないかともみているところがある。さらに，中小企業こそが従業員の帰属意識を育て，凝集力となり，それが中小企業の競争力を高めていくともみている。しかし，こうした提案は中小企業が一段と努力してこそ，それができるという前提であり，中小企業の自立こそが第一と考えているのではないか。

おわりに

　中国の中小企業は確たる政策もないままかなりの勢いで発展してきた。しかし，今後の状況について，特に，WTO加盟後を考えてみると，そうした経済環境のままでよいとは誰もが思っていないのではないか。だから，多くの人びとは中小企業に対して関心を示しているのである。とりわけ，就業の場が提供されるのは，今後一段と中小企業分野であると考えられている。従って，多くの人びとはその動向に注目しているのである。特に，21世紀の中国経済は中小企業にある，という高官の言もあり，どのような業種や部門が発展していくのか，多くの人びとの関心のあるところでもある。

　ところで，中小企業が今後も成長していくために，政府はどんな役割を果たすべきか。とりわけ，中央政府及び各地の各行政レベルの役割にどんな機能をもたせるのか。今後あらゆる運営について，私はすべての情報を公開することが最も必要なことではないかと思っている。そのさい，企業の競争力を育成する場合，どんな援助をすれば，企業にとって最も良い方法なのか，という視点が大切であろう。そして，企業は自ら競争力を高めるための努力をすべきであろう。ただ，この数年話題になっている模造品についていえば，政府も中小企業も，WTO加盟後も従来と同じようなことでは，中国の中小企業はブランド品を作り得ないのではないのか。特に，知的所有権がどんなものであるかを知って，自らの技術力や開発力を身につけることが，中小企業の競争力を高めることになるのではないかと思われる。そのことがそれぞれの中小企業でなされるかどうか，今後の中小企業の命運を握るカギになるであろう。

　今後，さらにシステム転換が一段と促進され，市場経済が本格化する中で，中小企業が発展すれば，中国経済も大きく変化するであろうし，特に，あらゆる分野に，中小企業が浸透することになれば，中国経済は内外ともに企業の競争力を伴った時代になるのではないか。

（1）『上海中小企業発展戦略研究』主編 傅建华 副主編 韓文亮 黄文灼，上海財経大学出版社，

1998年7月, 102頁。
（2）劉勁松「美国的小企業技術創新」『中国中小企業』2001年11～12月号, 94頁。
（3）塚本隆敏「中国における中小企業の諸問題と政策課題」『中京商学論叢』Vol.47, No.2, 9～15ページ。
（4）資愈栄「美日中小企業政策比較」『中国中小企業』2000年2月号, 40～42頁。
（5）韓玉軍「美国的中小企業発展与政府的扶持政策」『中国中小企業』2000年10月号, 50頁。
（6）『中小企業白書』（2001年版）, 中小企業庁編,（株）ぎょうせい, 2001年5月, 付属統計資料25ページ。なお, 1999年10月に「国民金融公庫」と「環境衛生金融公庫」が統合し,「国民生活金融公庫」と名称変更した。
（7）下川浩一『日本の企業発展史——戦後復興から50年』講談社, 1990年, 204ページ。
（8）岩田均「中小企業の金融問題」藤田敬三・竹内正己編,『中小企業論［第4版］』有斐閣, 2001年, 105ページ。なお, 民間は, 第1次ベンチャー・ブーム（1973年）, 第2次ブーム（1983～86年）, 第三次ブーム（1993年）があった。そして, 1995年の通称, 創造法を契機に, 日本では国レベルで本格的にベンチャーが始まった（浜田康行「21世紀のベンチャー」『商工金融』（財）商工総合研究所, 2000年2月号, 29ページ）。
（9）周昊「日本中小企業立法対我国的啓示」『中国中小企業』2001年11～12月号, 92～93頁。
（10）『中小企業白書（平成11年版）』中小企業庁, 大蔵省印刷局, 1999年5月刊, 平成10年度において講じた中小企業施策より（12ページ）。
（11）周昊, 前掲論文, 93頁。
（12）塚本隆敏「中国における中小企業白書をめぐって」『中京大学中小企業研究』No.22（2000年12月）, 107ページ。
（13）王振「中小企業与中国的経済発展」『学術季刊』（上海社会科学院）, 2001年第4期, 51頁。
（14）胡小維「中小企業現状不容乐観」『中国中小企業』2000年10月号, 15頁。
（15）王振, 前掲論文, 52頁。
（16）胡小維, 前掲論文, 16頁。
（17）王振, 前掲論文, 55～56頁。
（18）王振, 前掲論文, 54頁。
（19）周叔蓮 謝智勇「加入WTO和我国中小企業的発展」『中国工業経済』2001年12月号, 12～13頁。
（20）「入世将帯来更多的就業机会 入世后我国最紧缺哪些人才」『中国中小企業』2001年11～12月号, 17頁。なお, 次の馬成三・論文「WTO加盟が中国の労働に及ぼす影響」（『海外労働時報』2001年11月号, 50～55ページ）も同じスタンスで検討している。
（21）『上海経済発展藍皮书』主編 尹継佐, 副主編 周振華, 上海社会科学院出版社, 2000年4月, 138～149頁。なお, 8つの問題とは, ①総合的な経済収益が非常に低く, 発展の潜在力が不足している。②下落傾向の幅がここ数年で抑制するのは困難である。③経済構造の調整はアンバランスの現象が依然として存在している。④企業全体の質と競争力は依然強化し向上させねばならない。⑤技術改革と技術革新はまだ比較的多く制約要因がある。⑥融資状況は遅々として進んでいない。⑦中小企業と大企業の関係は未だいろいろな弊害が存在している。そして, ⑧産業政策は未だ差別があり, 産業の指導も不明確である, などである。
（22）金碚「论企業競争力的性質」『中国工業経済』2001年10月, 5～6頁。
（23）主編 傅建華 副主編 韓文亮 黄文灼, 前掲書, 79～81頁。
（24）陳小洪「企業競争力評価指標极其応用」『経済管理』2001年第3期, 30頁。
（25）周叔蓮「略論提高我国企業的競争力」『経済管理』2001年第3期, 8～9頁。周叔蓮と同じ

ような問題意識で書かれたものとして、次の論文がある。本刊特約評論員「中国工业的国际竞争力」『经济管理』2001年第3期，6～7頁。
(26) 曹建海「企业竞争力研究的几个问题」『经济管理』2001年第3期，29頁。
(27) 主编 傅建华 副主编 韩文亮 黄文灼，前掲書，88～92頁。
(28) 孙学敏「中小企业经营管理7招」『经济管理』2001年第5期，35頁。
(29) 周叔莲 谢智勇，前掲論文，13～14頁。

第6章

中小企業における融資問題

はじめに

　中国の中小企業は国有企業の停滞・不振を打開するものとして，今日ますます重要な役割を期待されてきている。特に，その役割の一つが，国有企業の改革に伴う余剰人員における就業の場を提供することであった。例えば，2000年11月・国家経済貿易委員会によると，全国で中小企業の正式登録社数は，1,000万社超であり，都市の就業率の約75％を占め，新規の就業でも約80％を提供している，と指摘している。このことは社会の安定化に寄与しているだけでなく，国民経済のあらゆる分野・部門で日々経済活動を活発化させ増大させていることにも重要な役割を果たしている。つまり，中国では中小企業の役割が大いに評価され，国民経済を増大させる下で，「中小企業の多様性」を非常に重視し実践しているということではないであろうか。ただ，中小企業の重要性が叫ばれてはいるが，中小企業が抱えている諸問題も山積している。それは管理問題であったり，人材問題であったり，技術問題であったり，そして，資金問題であったりしている。とりわけ，資金問題は中小企業の発展なり，存続なりに非常に大きなウエートがある。この問題について，以下，中国経済が持続的に発展するために，中小企業における資金問題，つまり，融資問題を論じてみたい。

　第1に，現段階における中小企業への融資に関する諸問題を取りあげ，第2に，融資問題を解決させるものとして，2002年6月29日に成立した「中小企業促進法」（2003年1月1日・施行，後述・訳あり）から，その解決方法をみることにし，そして，第3に，現在すでに融資問題の解決策が提示されている一つの

事例を紹介し，融資のあり方を検討したい。

第1節　現段階における融資に関する諸問題

(1)　中小企業への融資問題とは何か

　中国経済が今後も持続的に発展していくために，中小企業の発展と存続を前提に考えねばならないといわれている。しかし，中小企業には次のようないくつかの特徴をもっている。

　第1に，中小企業の経営体質には外部環境の影響を受けやすい面がある[2]。例えば，企業の倒産の状況について，アメリカの場合，開業した企業が2年以内で23.7%倒産しており，4年以内では実に52.7%が経営に失敗して倒産している[3]。ただ，アメリカは倒産率よりも開業率が上回っているということもあり，この点についてアメリカ経済をみておく必要がある。こうした状況について，中国における中小企業の倒産状況をみてみると，アメリカの傾向と似ているともいえる。例えば，ここ数年の動向をみると，開業から2年以内に倒産している中小企業は30%前後あり，4～5年以内で市場から姿を消しているのが約60%といわれている。

　第2に，中小企業は資産が小さく，負債能力にも限度がある[4]。中小企業は大企業と異なり，一般的に，資本金の60%から80%の負債能力といわれている。ただ，アメリカの中小企業は自主独立の精神も強いこともあって，負債水準も低く，一般的に50%以下である。それとは逆に，ヨーロッパの負債水準は高く，一般的にいえば，50%以上である。この点，中国ではヨーロッパに近い状況にある。例えば，中小企業のうち，農村地域にある郷鎮企業の負債状況をみてみると[5]，1990年代以降，流動負債は負債総額の80%以上を占めており，徐々に増加傾向にあった。例えば，1994年から98年をみると，その比率は80.78%，82.27%，83.16%，84.28%，そして，84.64%になっている。このことは，全国の独立した中小企業の平均資産負債率でみると[6]，1998年では66.5%を占め，地域別での小企業ではその負債率は80%以上と高くなっている。ちなみに，上海における中小企業と大企業の資産負債率をみてみると（1995年）[7]，大企業の場

合は40.66%であったが，中小企業は64.87%になっていた（この傾向は現在徐々に解消されており，上海における中小企業の融資難のボトルネックは基本的に脱したといわれている(8)）。

　第3に，中小企業は多種多様な業態があり，特に，資金の需要量は少ないが，逆に，頻度はかなり高いということである。そして，融資の手続きが複雑なこともあって，融資のコストなども高くなっている(9)。例えば，アメリカの例をみると，一般的に，大企業への貸付利率より3～6％高くなっており，それはヨーロッパでも1.5～3％前後高くなっている（ちなみに，日本の場合をみてみると(10)，『中小企業白書』（2002年版）によれば，銀行等の貸手にとって中小企業者たる借り手企業のリスクを的確に把握することは難しく，リスク把握のための情報収集・分析コストも中小企業側のディスクローズ能力不足ともあいまって，中小企業向け貸出しの場合は割高である）。

　このように中国の中小企業とはどんな特徴をもっているか，という中国での認識をみてみたが，それは発達した資本主義諸国の中小企業の諸問題と何ら変わらない状況にあるといえるのではないか。このことは中国の中小企業問題は今や資本主義国の中小企業問題と同じ性質・性格をもっているともいえるかも知れない。それは上述でみたように，倒産状況にしろ，資産負債率の高さにしろ，つまり，借入金の高さ，そして，中小企業への融資条件が大企業より厳しいことなどすべて同じ状況である。

　ところで，中国の中小企業で発生している融資問題は，中国特有の問題があるともいわれている。それは一般的に指摘されていることであるが(11)，中小企業に関する融資難のボトルネックの問題，つまり，所有権の差であったり，創業まもない企業に信用がなかったり，リスク管理が企業自身になかったりしていることなどである。このことを前提にしても，中国の中小企業に対する融資難の問題は企業側に問題があるというより，融資する銀行側が中小企業に対する融資難を引き起こしているというのが実態に則しているようである。それは次の三点から指摘されている(12)。第1点，今日まで中国の金融システムには，中小企業を対象とする融資機関がなかったことにある。中小企業への融資は国有商業銀行（中国工商銀行，中国建設銀行，中国農業銀行，中国銀行）が大企業と同じ手

法でやっていたこともあり，量的拡大に伴うコスト高もあって，銀行側が中小企業との取引をあまりやらなかったということであった。第2点，中小企業には信用すべきものがないということもあり，そうした企業とは接触したくないという銀行側の態度があった。特に，銀行の資金はどのみち国家のものということもあり，国有企業には貸付するが，中小企業への貸付をあまり考えていなかった。それは銀行側のリスクを出さないことにもつながり，結局，中小企業への貸付制限となっていたのである。そして，第3点，中国の伝統的な融資方法は，所有制によって実施されていたこともあって，国有の大企業は国有財産ということで，この分野には貸付をするが，中国の中小企業は大半が私営企業，つまり，私的所有ということもあり，そこにはあまり融資したくないという考え方が主流であった。

　以上，これまでの中国における中小企業の融資難は，基本的に，国の経済政策の下で，中小企業の位置付けが軽視されていたこと，また，金融政策の下で，融資政策でもすべて国有企業，とりわけ，国有大企業を中心とする政策を実施してきたこともあって，中小企業に対する政策，とりわけ，融資政策を軽視してきたことなど，それが上述のような指摘になったのである。

　こうした国有企業に偏重した政策，つまり，バランスを欠いた政策を是正すべきだという見解がここ数年徐々に主張されてきている。以下，中小企業の融資問題を解決すべき方策として，二つの考え方を紹介してみよう。

　第一の考え方をみると，新しい型の融資システムは，行政手段を利用せずに，経済手段を通して調節する。当然，その調節システムは市場システムで実施する。当面，中国では新しい型の融資システムを三つの分野でもって実施する。第1に，間接金融の改革を実施し，第2に，直接金融の発展を考え，そして，第3に，整備された担保システムの設立を進める。この三つの分野をみてみると，第1の問題は中小企業の間接融資システムを確立することである。それは，中小企業への融資サービスのための政策的な金融メカニズムを構築できるかどうかである。そうした金融メカニズムの資金は国家の財政資金もあれば，金融市場からの資金もあれば，いろいろなファンドもあれば，海外の投資資金や国際ファンドもあるかもしれない。そして，民間金融メカニズムを各地域で発展

させたり，中小企業ファンドを各地で設立させたりすることもできる。第2の問題は直接融資のルートを拡大することである。それは一つに政策的な融資を指している。例えば，中小企業への融資政策であったり，西部大開発の政策であったりしてもよいであろう。二つ目はナスダック（ただし，未だ中国の証券市場にはないが）市場を創設させ，社会の遊休資金を吸収して中小企業に提供するようにする。三つ目はリスク投資ファンドを設立する。そして，第3の問題は中小企業の貸付担保システムを早急に構築することである。そのためには，信用を高めて融資を増やすことである。例えば，銀行は中小企業の顧客情報や経営者個人の信用評価などを正確に審査を実施し，その評価が高ければ信用貸付を実施すればよい。その他にも，多様な方式による担保融資，例えば，中小企業信用担保センター，担保会社，担保協会などを措定することもできる（ただ，上海には上海中小企業サービスセンターがすでに活動している）。そして，担保ファンドは今後も各地で設立する必要があろう。

　以上のような考え方は，今後の中国における新たな融資システムを形成していく上で，一つの有力な見解ではないかと思われる。ただ，上述の第3の担保システムの問題は，すでに実行され，現在まで，各地方政府が推進してきている。この実行経過での問題をみると，1999年6月，政府が出資する下で，信用担保システムが設立され，2000年末には全国の200都市において信用担保システムが設立された。それは，三つの形態で実施された。第1のタイプは事業法人として，地方政府が出資を行い，企業化の形態を採用した。これは一般的に中小企業信用担保センターと呼ばれており，そのメカニズムは会員制の方式を採用し実行している。第2のタイプは集団法人として，一般的にいえば，信用担保協会と呼ばれている。そして，第3のタイプは会社組織の法人として，政府の出資金もあるが，多数の企業による資金を吸収した法人組織となっており，それは一般的に中小企業信用担保会社と呼ばれている。ただ，これらの三つのタイプに対して，すべてに問題がいろいろ発生していた。それは設立した当初から正確な取り決め，つまり，規範化をしていなかったり（地方政府が予算を充分に手当てしなかったことや担当者の管理能力の不足があったことなど），会員制の場合，ルールが詳細に決められていなかったり（会員企業が焦げ付きを発生させた

図6-1　信用担保実施方式─委任保証方式

a．一般的な委任方式

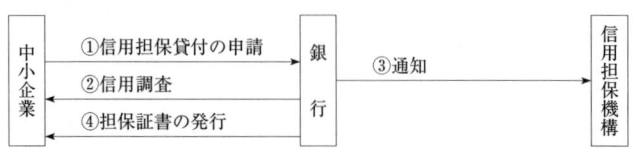

中小企業 ①信用担保貸付の申請 / ②信用調査 / ④担保証書の発行　銀行　③通知　信用担保機構

b．特定プロジェクトの委任方式

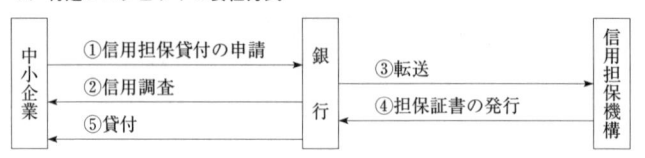

中小企業 ①信用担保貸付の申請 / ②信用調査 / ⑤貸付　銀行　③転送 / ④担保証書の発行　信用担保機構

（出所）『中小企業融資』劉国光主編　楊思群著，民主与建設出版社，2002年1月，249頁。

図6-2　信用担保実施方式─直接照会方式

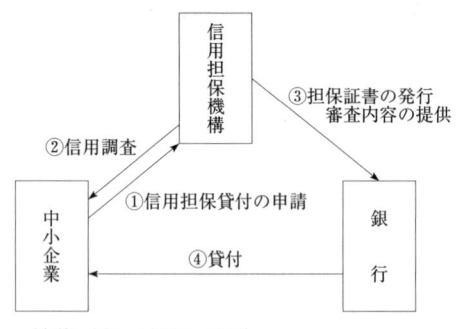

信用担保機構　③担保証書の発行　審査内容の提供　②信用調査　①信用担保貸付の申請　中小企業　④貸付　銀行

（出所）　図6-1と同じ，250頁。

さいに，どのように処理するかなど），そして，従来のシステムとの関係や銀行との関係など，それらが信用担保メカニズムとどのような関係になっているか，かなり不明確なまま運営されていたといわれている。

　このように中小企業の融資問題は，いろいろな問題を抱えながらも，中国はそれなりにここ数年対処してきたことを上述でみてみた。これらのことを前提に，中国は失敗の経験を教訓に，政府は規範化した信用担保システムの政策を徐々に実施に移しているように思われる（図6-1～6-2，これらの方式が，当面の信用担保方式となっていくのではないかと思われる。特に，図6-2は日本における

政府と信用担保協会・中小企業信用保険金庫などの運営から学んでいるようである)。

　第二の考え方をみると，これまで実施されてきた多くの地方政府が自らの信用貸付担保の計画を実施に移し，それまでの中小企業への融資難を解決するために，担保システムを運営し一定の役割を果たしてきた。しかし，そこでの運営にもいろいろな問題が生まれ，役割を担うこともできないことが徐々に分かり，次のような考え方で，融資問題を解決できるのではないかという提案がなされている。以下，中小企業の融資ルートと政府の政策的役割について，そして，政府が中小企業に対して情報の提供をすることについてみておこう。

　①市場環境を整備することについて[16]

　中国の中小企業への融資問題は，市場環境を整えることと金融制度を整えることである。そのためには多くの融資ルートと政府の多面的な政策との関連性をもたせることである。つまり，それは中小企業への融資ルートと政府の政策とが対になっているという関係である。この点について，**表6-1**にその関係を示しておこう。

　政府が打ち出す多くの政策は，中小企業への融資に影響を与えるだけでなく，そうした政策はいろいろな融資に対して一定の役割を果たしている。例えば，ある政策が市場に明確に提示すると，中小企業の設立でも，初期投資の形成にも大きな影響を与えるであろう。同じように，金融の管理当局者が民間融資に対し全面的に否定するような政策をとったり，損害を与えるような政策を導入したり，そして，リスク投資でも，事業のエンジェルファンドなどのシーズでも，それらの民間資本が法的に保護の対象とならなければ，発展する余地はないであろう。さらに，民間の貸借関係が契約しても守られなければ，そうしたものは地下組織に隠れてしまうであろう。

　以上のことについて，政府が打ち出す政策は市場間で企業活動に大きな影響を与えることを明らかにしている。それは政府が経済行為に直接関与しなくても，政策によって間接的に管理に影響することを示している。この考え方は現在の中国政府の認識と一致しているが，この方法でこれからどのように政策を提示し活用するかということではないであろうか。

　②政府の情報提供について[17]

表6-1　中小企業の融資ルートと政府の政策との関係

資金源の構造		政府の政策と市場環境の構築
資本金	原資	市場に対する許可政策，独占禁止と公平な競争のための法律・法規
	エンジェルファンド	融資政策，商業契約執行・保護のための法律・法規および執行システム
	留保利潤	税法，税制政策，会計・監査制度，減税・免税政策
	私募投資（株式）	私募株式の管理規制の緩和，財産権に関する取引市場，株式取引
	リスク投資	ナスダック市場の設立・発展
	IPO（上場公開）	資本市場における資金調達，ディスクロージャー制度
債務・融資	銀行借入	信用記録システム，中小銀行機関の市場に信用貸付担保システムをさらに導入，利率自由化，金融機関・サービスの刷新，金融機関の市場における融資および資産の転換をしやすくする
	商業信用貸出	商業契約の厳粛性の維持，商業訴訟のコスト低減
	業主貸出	個人信用・カードローンを使いやすくする，銀行の個人信用や預金担保を便利にする
	間接融資　親戚・友人からの借入	民間ノンバンクへの政府の対処，契約法の履行を維持する法律・法規，悪質な詐欺行為を撲滅する
	間接融資　内部融資	
	債務発行　商業手形発行	仲介機構が公認されて信用評価機構になることを奨励
	債務発行　債権発行	規模による規制をなくし，利率管理を緩める。取引所を作り，規範ある情報を開示し，信用評価・仲介機構の発展を促進する

（出所）図6-1と同じ，227頁。

　政府が中小企業に対して提供できる情報とは何であろうか。それは企業の発展状況や財務報告書である。これらの情報のうち，納税状況は企業の販売状況（付加価値税，営業税）と利益状況（所得税）などを分析することができたり，財務報告書は企業の資産構造，資産の流動的な状況，企業の成長状況など一連の重要な情報を分析することができる。こうした情報は投資者や金融業者にとって非常に価値あるものである。ただ，企業の財務報告書でも納税状況でも，それらの対外発表は企業秘密であることもあり，情報の発表には企業の同意を当然得られなければならない。しかし，このことは必ずしも難しいことでなく，中小企業が借入の場合，これらの情報を貸付機関や投資者に発表しても同意が得られるであろう。こうして政府が知り得たミクロ情報とは別に，次のような情報はマクロ情報といわれている。それは中小企業の経営状況や資金状況などを公的に収集・分析した情報である。その情報は典型的な公共財であり，特に，

政府が大規模にサンプル調査を実施した情報について，社会に公開すべきであろう。すでに発達した国家の大半がそうしているので，中国も中小企業の経営概況や金融構造の状況を入手し，分析し，公開すべきであろう。従って，政府は中小企業の融資問題について，少なくとも，次の三つの公共財を提供できる。第1に，政府の資金による貸付担保システム，第2に，政府が各種の融資ルートと市場の役割を発揮できる法的システム，そして，第3に，情報サービスシステムである。この三分野の公共財は，中小企業の融資難を解決できる重要なファクターとなるであろう。

こうした提案は政策の重要性と情報の公開化を示している。とりわけ，政府が市場システムを堅持しながら，さまざまな手段で知り得たものについて情報公開をすること，それが中小企業への融資難を解決する一つの手段とみなされている。

以上，中小企業への融資問題とは何か，という問いについてみてみたが，それは中小企業の特徴を認識し，従来の融資についてのあり方を問い，そして，融資難を解決するための二つの提案を紹介してみた。結局のところ，中小企業への融資問題とは，市場経済システムを前提に考えてみれば，政府と金融機関，そして企業の三者がどのような関係にあるかということであった。それは経済の発展段階とも関係しており，時代と共に大きく変化していくが，基本的には経済が持続的に発展していかなければ，中小企業への融資問題はなかなか解決できない側面もあるのではないかと思われる。ただ，中国の中小企業における融資問題は，中国経済にとって非常に重要な問題でもある。

こうして小括したとしても，何故，中国の中小企業における融資問題は，繰り返し論じられるのであろうか。次に，これまでの中小企業における融資難の原因はどこにあったか，簡単に紹介しておこう。

（2） 中小企業への融資難の原因はどこにあったか

中小企業が最も早く立ちあがり，活発に活動している地域をあげれば，それは上海地域ではないかと思われる。その上海の中小企業が頭を悩ます問題は資金不足である。資金不足が原因で倒産する上海の中小企業は，47％にも達して

表6-2 融資，収益と返済の担保について

	比 率	借入／固定資産	借入／純資産	資産利潤率
融資が困難ではない	18%	0.94	0.50	6.2%
融資が比較的困難	68%	1.82	0.54	2.8%
融資が非常に困難	14%	2.52	2.03	1.7%

（出所）『上海中小企业发展战略研究』主编 傅建华 副主编 韩文亮 黄文灼，上海財経大学出版社，130頁。

いる(1997年)[18]。そして，上海小企業サービスセンターの調査によっても（2000年8月）[19]，小企業は91.25%が資金不足に陥り，その上，融資のさいの担保難が86.25%になっている。また，調査機関（上海市統計局など）・時期（1999年5月）も異なる調査でも，中小企業の経営者は「資金不足」が企業を発展させていく上で最も大きな原因となっていることを回答し，「比較的に困難」と「非常に困難」は85.5%にも達している。そうした理由で，多くの中小企業は倒産に追いやられているのである。

こうした融資難による「資金不足」について，以下，短期的な原因と長期的な原因をみておこう。

短期的な原因をみると[20]，一般的に，経営が困難になって融資難を引き起こしたのか，それとも融資難が原因で経営難になったのか，このことは常に，タマゴが先かニワトリが先か，という論争になっていた。しかし，調査結果が示すように，経営難が先にあって，融資難があるという結果をみると，次のように表6-2から明らかである。

表6-2から，第1に融資難がない企業では，経営が良く，利潤率も良い(6.2%)。つまり，返済する能力がきわめて強いといえる。第2に，融資難が比較的ある企業では，利潤率（2.8%）が第1の企業よりかなり低く，それだけ返済する能力が弱いといえる。そして，第3に，融資難が非常にある企業では，利潤率（1.7%）が第2の企業より一段と低く，経営の収益をより低めており，高い負債率となったり，ますます返済する能力がなくなってきている。その経営状況は景気の変動によって，経営を危機に陥し入れるレベルになるであろう。このような状況の下で，貸す側の銀行，とりわけ，商業銀行は，客の利益と社会的・経済的な安定に責任をもって，安全性なり，流動性なり，そして，収益

性なりの原則にたって，持続的な経営を追求しているのである。この観点から，銀行の貸付は，経営難の企業に融資をすることを不可能にしている。仮に，そうした経営難の企業に貸付すれば，社会的・経済的な安定にも影響するであろう。

　こうした融資難の原因とは別に，もう一つの原因をみることができる。それはここ数年の上海経済における動向，つまり，マクロ経済，市場の需要，経済構造，経済システム及び技術革新など，中小企業を取り巻く環境が急激な変化をしてきており，それに対応できないできているのが，中小企業ではないであろうか。例えば，計画経済の下で，生産や販売がそれなりにネットワークを形成していたのが，今やそうした状況も崩れ，日々激しい市場競争にあって，経営が困難になっているのである。特に，中小企業には技術開発にしろ，市場販売にしろ，いろいろな面で困難に直面させられている。だから，全体的にみて，中小企業には産業政策や総合的な企業のコーポレート・ガバナンスのための社会的な環境を整える必要があろう。

　こうした短期的な原因をみてみたが，中小企業が時代の要請とはいえ，中小企業自らが努力をしなければならないということも自明である。しかし，中国では中小企業への政策援助がないこと，そして，金融機関には中小企業への融資が，これまでにあまりなく，実績もないこともあり，中小企業への融資のあり方が国有企業と同じ方法でやってきたこともあって，短期的な融資がうまくいかなかったのも事実である。こうした短期的な融資をめぐって，中国は今後先進諸国の方法を学びながら，国の金融政策のあり方も研究する必要があろう。

　次に，長期的な原因をみると，融資難は一般的に資金における需給構造にアンバランスがあったといわれている。(21)上海の経済状況からみると，一つは経済発展や経済改革に伴って，産業構造の変動があり，市場に雨後の筍のように企業が創業され，それが一段と人びとの意識を大きく変え，中小企業が勃興していることがあげられている。もう一つは既存の中小企業が発展していくための資金需要を満たすようなシステムになっていないことである。例えば，中小企業の融資状況をみると，中小企業への融資は銀行貸付が73％を占め，有価証券などはわずか2％にしかすぎない。こうした需要と供給の構造的なアンバラン

スが一連の不利な状況を作り出している。このことは中小企業の金融資源の欠陥を示しており，金融市場の欠陥を反映しているのである。特に，中国の金融市場において，資本市場の形成が立ち遅れていることもあって，株式市場の価値量はGDP（国内総生産）の10％以下である（ちなみに，アメリカや日本などは100％超である）。こうした状況の下で，中小企業が証券市場から直接資金を受けとるのは大変困難である。そして，貨幣市場の分野においても状況は同じである。つまり，商業手形（証券類も含めて）の流動があまりにも不活発である。このような状況から，中国の中小企業は銀行の資金供給に依存せざるを得ないため，現段階の中小企業が融資難を生む大きな原因になっているのである。

　長期的な原因について，システム転換，つまり，計画経済システムから市場経済システムへの転換の下で，資本市場が未だ発展してきていないことの反映を明らかにしている。特に，貨幣市場での手形市場が形成されていないことを指摘しているが，今日，それ以前の問題として，企業間の信用問題が解消されなければならないであろう。それは企業間の取引で発生している三角債（債務のたらい回しを指す）問題である。このようなことすら解消できない下で，手形の流通は非常に難しいことであり，ますます中小企業が銀行からの融資に頼らざるを得ない状況にある。

　以上のような，短期・長期の原因以外に，次のような外部要因もあり，それも中小企業の融資難に大きな影響を与えている。以下，簡単に概略的に紹介しておこう。[22]

　第1点，法的な分野が不足している。それは中小企業の融資を円滑にするための法的な保障が欠けている（それは2002年6月・「中小企業促進法」が制定され，翌年1月1日施行。この法がそうした状況を変えるであろう。後述紹介する）

　第2点，利率・貸付政策に問題がいろいろあった。銀行は諸手続きが繁雑ということもあり，中小企業への貸付には積極的でなかった。例えば，中国工商銀行の貸付先をみると（1998年6月末），35万社の中小企業のうち，国有企業関係（当然，国有の中小企業であるが）は12.29万社（35.13％），私営企業9,016社（2.58％），そして，三資企業（合弁・合作・単独投資企業を指す）・9,477社（2.71％）であった。特に，私営企業の貸付額はわずか94億元（0.93％）であった。

そして，1999年の上海における金融機関は私営企業に対して貸付がわずか0.15％であった。

　第3点，国有商業銀行は中小企業に対する貸付を未だ増やしていない。例えば，何故，銀行が融資をしないかといえば，中小企業への貸付に対する管理コストは平均大企業の約5倍ともいわれているからである。そして，貸付手続きをみると，担保設定から，抵当，登記，評価，保険，公証などの手続きが，約3ヶ月間かかるということである。さらに，銀行員における責任問題や金融サービスの知識不足などがある。

　第4点，中小の金融機関が発展していないという状況がある。特に，四大国有商業銀行は国内での貸出額を70％以上独占している。逆に，都市商業銀行などの総資産は全国の預金機関にある総資産の16.4％しか占めていない（1999年1月）。

　第5点，中小企業が融資を受けるには，担保難であり，抵当難である。例えば，15万元の建物を担保にして，10万元の貸付に対するコストは約8,040元かかり，手続の状況を考えるといろいろ問題がある。

　第6点，直接の融資ルートはあまりないといえるのではないか。例えば，公開の証券発行はあまりなされず（全国の上場会社の中で，非国有企業の中小企業が占める比率は3％にも達していない）。そして，私募債（少数の投資家向けに発行される社債）もあまりない状況である。

　第7点，中小企業への社会的なサービスシステムは，あまり整備されていない状況である。それは銀行でも，リスク投資機関でも，中小企業に対していろいろな情報を提供していないということである。

　以上，中小企業への融資に対する外部要因は今後の大きな課題ではないかと思われる。とりわけ，中国の金融政策は大きな影響を与えており，この点に対して従来の金融政策の変更を伴わなければ，中小企業の融資難を解決する糸口すらできないのではないであろうか。それは，中小企業向けの中小金融機関が育成され，特に，地方の中小金融機関を整備する必要があろうと思われる。そのことは地方経済を活発化させ，中国経済を持続的に発展させる原動力にもなり，その持続力を，次節で紹介する「中小企業促進法」からみてみたい。

第2節 「中小企業促進法」とはどんな役割を果たすのか

　中国の中小企業はここ数年紆余曲折を経ながら，順調に発展してきている。そうした状況の下で，この3年間に中小企業の役割が一段と重要視される下で，中小企業に持続的な発展を目指して，2002年6月・「中小企業促進法」（以下，「促進法」とする）を成立させた。この法律がどんな位置にあり，どんな役割を果たすのか，また，その意義はどこにあるのか，この法に関わる人びとが，いろいろ論じている。以下，その代表的な見解を紹介しておこう。[23]

　「促進法」は中小企業を発展させるための法であるが，今後の中小企業の活動を規範化したり，法制化したりしていくための最も重要な法である。従って，立法の目的は，「中小企業の経営環境を改善し，中小企業の健全な発展を促進し，都市・農村の就業を拡大し，中小企業が国民経済と社会発展の下で重要な役割を十分に発揮する」としている。この目的に沿って，次の四点が指摘され論じられている。

　第1点，「促進法」がどんな内容をもっているのか。それは「促進法」の基本的な規定を理解し掌握することである。行政側は中小企業が健全に発展するような環境を整え，中小企業が自覚的にその合法的な権益を維持するようにサポートする。そして，金融，コンサルティング，投資，人材訓練などの社会的なサービス機関を樹立させる。また，関係部署は法に沿って職責を果たすことを強調されている。

　第2点，「促進法」に則り，必要な法律や政策は制定する。例えば，中小企業の基準とか，中小企業発展ファンドの設立とその管理方法とか，中小企業の信用担保管理法及び中小企業に関する特有な税制・優遇措置とかなどである。これらの法律や政策は「促進法」のポイントとなる。

　第3点，大いに中小企業に対しては支援，指導，そして，サービス活動を実施する。例えば，資金の場合，「促進法」は中央財政で中小企業のプロジェクト事業を設立したり，中小企業の発展を特別に集中して資金手当てをしたり，さらに，重点的に中小企業の創業，信用担保，技術革新，サービスシステムな

どを支援する。そして，融資難の場合，貸付政策の指導を強化したり，金融サービスを改善したり，いろいろな方法で中小企業のために金融サービスをする。また，中小企業における信用制度設立の場合，中小企業信用担保システムを推進し，省や市が中小企業のために社会化信用システムを実施し，中小企業信用制度や信用システムを制定するようにする。その他，技術革新や市場を開拓するための税制の優遇政策と金融政策をたてたり，社会の仲介サービス組織を設立し，中小企業には創業の支援をしたり，企業の診断をしたり，人材の支援をしたり，そして，法に沿ってコンサルティングをしたりして提供していくのである。特に，政府部門の人びとは仕事の仕方や持ち方，職務機能も変えて，効率の向上を目指し，そして，サービスの意識をもたせることである。そして，「外に対して信用を，法に沿って経営を，内に対して制度を，法に沿って管理」をという雰囲気が大切である。

　第4点，中小企業の発展には良い環境を共同で作りあげる。特に，地方の政府は自らの職務権限内において，中小企業に対して指導とサービスを実施する。中小企業の指導・援助などは，全国のあらゆる部門・組織が共同し協調してやるようにすべきである。

　以上，「促進法」の目的は中国経済の中にあって，中小企業が健全に発展していくにはどうあるべきか，立法の観点から指摘している。特に，中小企業がこれまで困難な道を歩んできたことに対して，国がどうすべきかが論じられている。その一つが金融制度の整備であったり，社会的なサービス網の整備であったり，従来の中小企業に対してあまりなされてこなかった諸政策に力点を置いたものになっている。ただ，それでも中小企業が今後どのように発展していくのか，今後の大きな政策課題として追及していく必要があるのではないかと思われる。その政策課題のうち，中国の中小企業が中国の社会の中で，どのような位置をもつのか。中小企業が社会進歩の重要な担い手となるのか。それに対してどのような政策が打ち出せるのか。中国は中小企業に対して，新たな位置づけができるかどうか，大いに興味をもたせるものである。

　こうした立法に関わった人の解説は，立法の思い入れもあって，いかにこの法律を広く普及し，活用するかに力点を置いたものになっている。これとは別

に，立法に直接携わった人びとの解説を，以下，「促進法」の中でも，今回のテーマに掲げた資金援助の部分について，簡単に紹介してみよう。[24]

「促進法」は7章45条からなり，それは総則，資金援助，創業支援，技術革新，市場開拓，社会的サービス，附則となっている。特に，第二章の資金援助は第十条から二十一条まで，12条からなっている。

第二章は中小企業の資金援助に関する規定である。従って，政府が中小企業に対して援助できること，それは資金援助であった。だから，第二章は中小企業に対する資金援助を明確にすることにあった。とりわけ，融資難を解決するには法的な保障をもたせる必要があった。その中でも，政府の融資サービスがポイントとなり，一つは中小企業発展ファンドを設立することであり，もう一つは信用担保システムを設立することであった。以下，各条について簡単に内容を紹介しておこう。

第十条は中小企業に対する財政援助の規定である。

一つは中央財政も地方財政も中小企業に対して援助する。二つ目は中央財政が中小企業のプロジェクトの設立や中小企業の発展に特別の資金を手当てする。三つ目は地方の政府が実情に沿って，中小企業のために財政援助を提供する。そして，四つ目は市場経済の原則に沿って間接的なマクロコントロールで，財政援助の力点は社会的なサービスと公平な競争環境を整えることである。

第十一条は中小企業における発展特別資金に関する規定である。

一つは国家財政によって財政部が統一的に管理し，中小企業のサービスシステムを促進するために，特別資金を補充としてあてる。二つ目は特別資金の用途で，それは，情報サービス・市場開拓・人材訓練などのサービスシステムに使用したり，政策が明確で中小企業の発展を促進する目的に使用したり，中小企業発展ファンドの補充的機能であったり，これ以外に，新しい状況・問題に対処する場合に使用したりする。

第十二条は中小企業発展ファンドに関する規定である。

一つは中小企業の経営環境を改善したり，健全な発展を促進したりするさいに政府の出資で援助する。二つ目は中小企業発展ファンドを設立する必要性についていえば，中小企業の長期的・安定的な資金源とし，公開で厳格な管理手

段でファンドを管理・監督し、社会の寄贈などの資金で運営する。三つ目はファンドの資金源は中央財政の予算、ファンド収益、寄贈、そして、特別規定で運営する。そして、四つ目はファンドでの寄贈について、税制面で優遇措置を採る。

　第十三条は中小企業発展ファンド使用に関する規定である。

　一つは創業時の補助・サービス、技術革新、人材養成訓練、情報コンサルティング、海外市場の開拓などに使用する。二つ目は主として創業の初期、信用担保システムの立ち上げ、技術革新の初期資金、専門性に特化した技術に、人材養成の一部の費用に、海外市場の開拓に、環境保護に、そして、突破的なものなどにある。そして、三つ目はファンドの設立・使用管理に関する法について、国務院が別に規定する。

　第十四条は中小企業に対する貸付援助に関する規定である。

　一つは中小企業の金融環境、国家の信用政策、信用構造、信用管理、信用活動などによって、融資難の問題を解決する。二つ目は間接的な融資環境を改善するために、銀行の貸付を抑制し、外部環境としての信用担保を整え、流動資金を考慮し、金融サービスを整備することなど、この面では今後も研究しなければならない。三つ目は政策の観点から中小企業の貸付援助を強めるため、これまで公布してきたさまざまな意見、通知などを前提に、中小企業の発展において貸付政策を法的に整える。四つ目は中小金融機関を強化する。何故なら、20年ぐらいで、中小企業が20倍増えているが、逆に、中小の金融機関はわずか2倍しか増えていない。だから、中小金融機関は増やすべきである。そして、五つ目はこれまで中小企業の融資難が銀行側にあったといわれているので、当然、貸付構造を調整すべきであろう。

　第十五条は中小企業に対する金融援助に関する規定である。

　一つは金融機関の金融サービスを改善したり、サービス態度を変えたり、サービス意識を強めたり、サービスの質を高めたりすべきである。二つ目はサービス全般に努めなければ、顧客を地下市場に追いやることになる。三つ目は各金融機関が中小企業に対して金融サービスをしなければならない。四つ目は商業銀行も信用社も中小企業のために、貸付管理を改善し、サービスの分野を拡

大し，貸付構造を調整すべきである。そして，五つ目は政策的な金融機関を設立し，それが商業金融機関の補完的な役割をすべきである。

第十六条は中小企業への直接融資に関する規定である。

一つは資本市場から資金を得るようにする。つまり，有価証券（株など）の販売が必要である。二つ目は直接融資の意義として，融資のルートを多様化させる。三つ目は直接融資のルートとして，株券とか，債権とか，資金調達とか，そして，民間からの貸借とか，などがある。

第十七条はリスク投資に関する規定である。

一つはリスク投資がハイリスク・ハイリターンである。二つ目はリスク投資であるため，投資対象に特定性もあり，長期性もあり，過渡・定期性もあり，無担保性もあり，その他にいろいろある。三つ目はリスク投資の役割として，技術革新を促進したり，国際競争力を強化したりする。四つ目は段階制があり，それはシーズ期があり，創成期があり，そして，成長期がある。そして，五つ目は中国のリスク投資の状況をみると，1985年9月・国務院の承認の下で，リスク投資はスタートしたが，リスク資金が不足し，規模も大変小さかった。これまで，国内でのリスク資金は9億ドルで，実質的な投資プロジェクトはわずか1億ドル前後で，アメリカの480億ドルと比べると，かなり貧弱であった。特に，リスク投資を専門とする人材が不足していた。そして，リスク投資に対する認識が不足しており，さらに，リスク投資に対する法律がかなり立ち遅れていた。六つ目はリスク投資の機構として，政府が出資したもの（60社），民間が出資したもの（30社），外資が設立したもの（60社），上場会社が出資したもの（300社），そして，金融機関が出資したもの（10社），などがある。そして，七つ目はリスク投資が初期段階であり，かなり無秩序な面もある。したがって，リスク投資に関してはいろいろ整備する必要があり，徐々に育成すれば，中小企業への融資ルートを拡大することにもなる。だから，リスク投資の市場システムの樹立と健全性は非常に重要である。

第十八条は中小企業の信用制度に関する規定である。

一つは中小企業が信用観念を強め，信用状況を改善し，信用管理の活動に対して指導思想を強める。二つ目は中小企業における信用管理を強化することの

重要性である。そのことが，信用状況を改善し，経営にも反映して，企業の発展に貢献することである。三つ目は中小企業における信用管理を強化するために，信用制度を樹立し，信用システムを推進する。四つ目は中小企業の良好な信用を育成する。それは公平な競争の原則とか，会計制度を整えるとか，財務管理を強めるとか，品質管理を強めるとか，法律の遵守とか，などである。そして，五つ目は信用管理の活動を実施するにあたって，経営者が信用意識をもち，信用の管理・監督の社会化を実現し，信用評価の基準を制定し，関係する政策を制定したりすることである。

　第十九条は中小企業の信用担保システムに関する規定である。

　一つは中小企業の融資問題を解決するために，信用担保システムを推進する。二つ目は国務院がすでに1999年中小企業信用担保システムを樹立し，初歩的に進めており，それなりの成果もあげているが，今回の法律制度にあたって，さらに，具体的な規定をもった。三つ目は信用担保システムのフレームワークを確立することであった。それはあるモデルを作り，協同互助の担保と商業の担保を両方にして，中央・省・市区レベルの担保システムを樹立することにあった。四つ目は信用担保システムの段階をみると，模索の段階（1998年8月～1999年5月）とは，「融資難」・「担保難」を解決することであり，規範の段階（1999年6月～2000年6月）とは，担保期間の資金源，責務と手順，リスクコントロール及び責任負担，そして，内外について監督や管理などを明確にし，そして，完成されつつある段階（2000年8月～今日まで）とは，信用担保の制度を樹立し，資金援助の制度，信用に関する評価とリスクコントロール制度，そして，業種と自律制度などを完成させることである。五つ目は信用担保システムのテストケースの特徴として，資金調達の多元化，サービス対象の公平，業務のやり方についての規範化，そして，リスク防止などである。六つ目は信用担保システムの現状と成果のうち，現状をみると，2001年9月までに，全国には226ヶ所，それは山東省や上海市などの18の省・自治区・直轄市で設立されていた。そして，成果は2001年7月末までに，銀行が提供する担保方式の累計が100億元にもなっていた。そして，七つ目は信用担保管理法が国務院によって別に規定されている。

第二十条は中小企業に提供する信用担保に関する規定である。
　一つは信用担保を仲介にして，社会的な資金を吸収し，特に，銀行貸付資金を中小企業に振り分けて，中小企業の融資難を解決する。二つ目は担保機関のタイプとして，国家的な担保機関，地方的な担保機関，会員制による担保機関，いろいろな立場の人が設立した担保機関，銀行が別組織で専門的に設立した担保機関，外資などの形態で，貸付担保業務を展開する機関などである。三つ目はいろいろなタイプの機関が中小企業に対して提供する担保方式で問題になっているものとして，銀行系の担保機関をみると，必要な申請に担保がない場合，企業の負担が徐々に増えている。また，政府系をみると，計画経済的であり，効率を無視したところがある。業界系をみると，簡単に担保の設定がなされて，トラブルも多い。そして，政府・銀行・企業による共同経営をみると，機関が複雑なだけに問題も多い。そして，四つ目は各種の担保機関が中小企業に提供する担保のうち，中小企業への担保機関が多くあるが，その資金力がバラバラであり，統一的で，規範的な管理に欠けており，かなりのものが担保能力の価値をもっていないなどである。今後，担保機関に対する規範的な管理は必要になるであろう。
　第二十一条は協同互助担保に関する規定である。
　一つは協同互助担保が都市における中小企業信用担保を補うものである。二つ目は協同互助担保が何故必要かといえば，政府には財政援助に限界をもち，財政負担を減らすためであり，協同互助担保の必要性は企業のリスク経営意識と能力を高めることにある。ただ，このような担保制度が採用されている国々はわずかであり，それは，エジプトやポルトガルなど少数である。だが，台湾はこうした協同互助担保ファンドや協同互助担保会社が設立されている。しかし，協同互助の現状をみると，民間などが運営しているが，担保機関全体のわずか５％前後しか占めていないのである。特に，地方の商工会や私営協会が会員自らの出資金を資金源にして運営しており，地方政府もそれに一部援助しており，行政機関の末端組織の一部である区県段階で設立されている。例えば，2001年６月末であるが，こうした担保機関は100社超である。とりわけ，この担保制度の将来をみると，一つは各担保機関の規模が比較的小さく，二つ目は

区県レベルの同業組合と密接な関係があり，三つ目は信用担保機関にも申請するが，この担保にも申請するという分散リスクをしている。

　以上，政府がどのように中小企業の融資難を解決しようとしているのか。今回の「促進法」のうちから，特に，第二章・資金援助を紹介することによって，その解決策をみてきた。少し長くなったが，ここに紹介しておいた。そのいくつかを指摘しておけば，政府が一定の財政援助で特定資金を設け，国家が中小企業のために発展ファンドを設立しているのも特質すべきであろう。そして，金融機関が中小企業に対して融資環境を改善したり，商業銀行が貸付構造を調整したり，中小企業に対して直接融資ルートを拡大したり，税制政策も利用しながら，中小企業に対して投資することを支援している。とりわけ，政府と関係部門が中小企業信用担保システムを推進し，中小企業に対して融資をスムーズに提供できる各種の担保機関も奨励している。こうした法的な措置は今後一段と活用され，また，整備し利用しやすいようにする必要があろう。ただ，貧困地域にある中小企業がどのように融資難を解決するのか，今後の大きな課題ではないか，という指摘もある。[25]

　こうした「促進法」が2003年1月1日から施行されるが，それが中小企業の発展に連動するように，細則も制定されるものと思われる。そして，「促進法」の中で，特に，社会的仲介センターサービスが取りあげられていたが，次節ではそうした機関もすでに稼働しており，そうした一つの事例を紹介しておきたい。

第3節　社会的サービスセンターで融資問題を解決する

　中国では「促進法」が制定されてから，その法に沿って，さまざまな組織・機関で中小企業の融資難を検討している。以下に紹介する機関は，そうして検討された一つの結論ではないかと思われる。その機関は北京市内にあっていくつかの会社から構成されている（中小企業サービスセンターであるが，以下，センターと呼ぶ）。

　このセンターは2002年8月に設立され，次のようにセンターの目的，活動内

容，サービス対象，組織機構，活動原則，活動期間，作業手順，その他の事項，そして，連絡方法などからなっている。以下，こうした事項について必要な部分を紹介しておこう。⁽²⁶⁾

　前文には何故このセンターが立ち上げられたかを指摘している。それは「促進法」を実行するために，「銀行と企業をいかに提携させるか」という仲介機関を創立したとしている。

（1）　活動の目的

　目的は四項目からなり，一つは仲介を主とする。すなわち，当センターが各方面から資金を調達し，優れたプロジェクトを持つ企業に融資したり，中小企業と銀行，投資者，担保機関との仲介をしたりする。二つ目は信頼できる企業を選定する。それには人材があるか，市場があるか。信用が守れるか，潜在力はあるか，つまり，中小企業を取り巻く社会環境がどうなっているか，を見極める。センターは1万社について，信用の審査，評価をした上で，500社を選んで発展させる。三つ目はシステムを確立する。それはセンターが自ら各社のプロジェクトを選定し，その会社について情報公開して，金融機関から融資条件の提示を受け，それを前提に，企業に対して資金用途を明確にさせ，社会の監督のチェックを受けて，規則を明らかにし，リスクを知らせ，平等に公開し，信用を守らせ，そして，共同の利益をもって，中小企業信用担保システムを確立する。そして，四つ目は当地域の経済とセンターの基盤を樹立させる。特に，センターは選ばれた企業を宣伝し，中小企業の健全な発展を加速させる。

（2）　活動の内容

　一つは企業の信用審査と評価に関するサービスをする。二つ目は企業の優れたプロジェクトに対して融資のサービスを提供する。三つ目は企業に有利な貸付と担保のサービスを提供する。そして，四つ目は企業のニーズに対応した特別の人材養成訓練のサービスを提供する。

（3） サービスの対象

北京市内にある各種の中小企業，それは所有形態，規模，業種及び所属するシステムを問わず，企業が活動する場合，それらはサービスの対象となる。そして，どのような企業が含まれるかといえば，市の直属企業，区県の直属企業，郷鎮の直属企業，学校の直属企業，軍需企業，国家部門の在京企業，地方の在京企業，外資の企業，株式企業，有限責任企業などである。

（4） 組織の機構

主催機関として，それは，センター，国有資産経営有限公司，信用管理有限会社の三機関である。

一つは支援機関として，それは，国家経済貿易委員会中小企業局，中国人民銀行管理部など16機関からなる。二つ目は投資担保機関として，それは，北京首都創業集団有限公司などの有限会社からなる。そして，三つ目はマスコミ機関として，それは，人民日報，経済日報など19機関からなる。顧問機関として，それは，中国社会科学院，北京大学など21機関からなる。

以上，センターは組織委員会と専門家委員会を設けている。前者の委員会は主催機関のメンバーから構成されている。後者の委員会は政府の関係部署，銀行，投資担保機関，主要な業界団体及び関係分野の専門家から構成されている。そして，センターは財務関係と審査顧問について北京帯泰会計事務所に委託し，また，法律顧問は正大弁護士事務所に委託している。

（5） 活動の原則について

①自由意志の原則

各種の銀行，投資，担保の機関と北京にある中小企業の発展に関心を示す企業，機関あるいは団体は，自由意志で申請をセンターに提出して支援機関あるいは協力機関になれる。そして，新聞などの報道機関，広告会社，マスコミの機関は自由意志でセンターの支援機関，あるいは協力機関になれる。また，各種の中小企業は自由意志でセンターのいろいろな活動に参加できるし，参加もマチマチでよい。

②公開の原則

　センターは「三つの公開」原則がある。一つは計画の公開である。それはセンターが企業や市場に眼をやりながら，自らの方針，目的，原則，手順を社会に公開し，広範に社会の各界から提案，意見を求め，そこから採択する。二つ目は標準の公開である。それは「北京の信用企業評価基本標準（案）」を前提に，関係ある標準を公開し，最高の提案を採択し，科学的に，規範的に，先進的に行い，総合的に，社会が公認した「北京の信用企業評価における試行標準」を制定する。そして，三つ目は信用の公開である。それは企業の自由意志の下で，信用評価を申請した企業に対して，信用のおけるデータを収集し，選別し，分析した上で，作成されたものを専門家が評価する。そして，その作業は内部で収集した信用と公開で収集した信用を並行した方式で，「北京の信用企業評価における試行標準」を適用し，当該企業の信用状況によって基本的に結論を決定する。また，それは適宜に社会に公布する必要がある。

　以上,「三つの公開」の原則における運用方式は，センターの広範性や公正性，そして，権威性を示しており，社会の監督や共同参加に有利である。

③規範の原則

　センターは次のことを規範化する。それは作業の手順から，プロジェクトの選択，信用評価の審査，評価の標準，公開の発表，管理の制度である。同時に，センターは厳格に綿密に，効率的に，堅実な姿勢で仕事を推し進め，そして，信用のイメージを確立する。

（6）　期間について

　期間は2002年9月から2003年9月までの1年間とする。

（7）　作業手順について

　センターは企業の優れたプロジェクトに対して融資を紹介する部署と企業の信用に対し評価する部署からなっている。

　企業の優れたプロジェクトに対して融資を紹介する手順は以下の通りである。

　1．プロジェクトの申請：企業は「融資に対するプロジェクトの申請」書に

記入する。
2．情報の登録：プロジェクトの情報を業種，専門に応じて分類・整理し，「北京の中小企業プロジェクトのデータバンク」に登録する。
3．プロジェクトの評価：融資の要求にしたがって，専門委員会は関係の標準に沿ってプロジェクトの選択をする。
4．プロジェクトの評価：内部で収集した信用の情報とか，外部で収集した信用の情報とか，それらは専門家の評価方式でプロジェクトを提出した企業の信用状況を評価し，基本的に結論を出す。
5．プロジェクトの紹介：企業の信用状況が良好と判定したうえで，市場があり，利益があり，実用性が強いプロジェクトに対して銀行，投資機関，そして，担保機関に紹介する。
6．融資の実施：銀行，投資機関，そして，担保機関は上記の手順が規定通りになされているならば，融資を実施する。
7．プロジェクトの点検：融資側は企業のプロジェクトの執行と完成の状況を点検・検査し，継続的にサービスを提供する。

企業の信用について審査・評価する手順は以下の通りである。
1．申請：企業は「企業の信用について審査希望の自己推薦書」に記入する。
2．登録：企業が記入した情報を，「北京中小企業信用の審査データバンク」に登録する。
3．調査：専門調査員が実施調査を行い，企業の信用状況を確認する。
4．内部の情報：関係の職能部門，管理機関が企業の信用状況を確認する。
5．外部の情報：指定したマスコミ機関を通じて，社会から公開されている企業の信用情報について収集する。
6．信用評価：専門家委員会は，企業に関する信用情報を総合的に選別し，分析をした上で，「北京の信用企業評価における試行標準」を適用して信用状況を審査・評価する。そうした経過の後，企業の信用状況に対して基本的に結論を出す。
7．結論のフィードバック：上記の信用評価についての結論を企業に連絡し，同時に，信用レベルを高め，維持し，改善するように提案する。

8．結果の公布：指定したマスコミ機関を通じて，ある程度の期間，別々に分けて，社会に対して企業の信用状況及び評価について主要な結論を公開する。

9．信用の点検：信用評価に参加した企業は，将来の信用状況についてセンターの不定期の点検調査や訪問を受けて社会の監督を受けなければならない。

（8） その他の事項

1．各企業はセンターのさまざまな活動に対して参加を申請し，参加するプロジェクトには制限されない。

2．「優れたプロジェクトに融資を紹介」された場合，その企業は1件当たり人民元500元の手数料を支払うことになる。

3．「企業に関する信用の審査・評価」を受けた場合，その手数料を支払う基準は，審査の範囲などにもよるが，人民元1,000元からなる。

4．貸付，担保，投資などを申請したプロジェクトについて評価や指導を希望する場合，あるいは，企業に関する信用の審査・評価について特別の研究や顧問などを希望する場合，すべて難易度によって費用が決められる。

以上,「促進法」が制定されたことを受けて，早速上述のような組織を立ち上げている。このセンター組織は従来の中小企業における融資難を解決できる，一つの解決手段になるのではないかと思われ，ここに紹介してみたのである。

この組織の意義は，従来のいくつかの提案と少し異なり，原則（自由意志，公開原則）をみる限り，行政との関係があまり強く出していないことではないであろうか。ただ，期間が1年間というところに少し分からない部分もある。しかし，このセンターはテストケースかも知れないと思われるが，今後の実績をみるしかないがそれなりに評価できる側面もあり，その試みに期待したい。

こうして中小企業における融資問題は，ながらく中国の中小企業の存続問題の中でも，最も頭を悩ましてきた問題であった。それが「促進法」の成立を契機に，上述のような組織も立ち上がってきており，今後も各地方でいろいろな組織を立ち上げて，中小企業の融資難を解決していくものと思われる。ただ，

中国経済のスピードが速く,特に,中小企業の大半を占めている私営企業の経営環境に対応できるかが,「促進法」の試金石になるのではないであろうか。

おわりに

中国が市場経済システムを進める下で,今後も中国経済にとって中小企業の動向はますます重要性をもってくるものと思われる。それは中小企業が中国経済の特別な存在として位置付けられていることを,「促進法」にみることができるのではないか。その特別な存在とは,「多種多様」な企業を創業させることにあったのである。従って,中小企業がいろいろな側面をもったものとして位置付けられ,これからの中国経済にとって,決定的に重要な存在になっていくであろう。

このような中小企業の多様性の存在は,今後の中国経済を持続的に発展させていく面もあるが,その逆に,中小企業を存続させていく面でいろいろと厳しい状況に直面させられることもある。その厳しい状況が資金問題であったことはこれまでの中小企業の経営環境から察せられる。その資金問題の解決策が,「促進法」で真っ先に取り上げられ,資金援助について提起されている。そうした資金援助は,今後いろいろな面から組織され,多種多様な企業を創業させることにポイントがあるように思われる。そのことは企業家が勃興できるような経済環境を整えることによって,中国経済の持続的な発展の中心に中小企業があるのである。このことは「促進法」の目的からいえるのではないか。つまり,「中小企業が国民経済と社会発展の下で重要な役割を充分に発揮する」ことを宣言しているのである。ただ,「促進法」が成立したからといって,中小企業の持続的な発展を保証していくものは何もない。それは中小企業自らが絶えまない努力をすることであり,また,企業の倒産があったからといって,敗者復活ができないような社会環境や経済環境を作らないように努力していくことも重要である。この認識は中小企業が,中国経済の柱となっていくかどうか,つまり,社会進歩を進めていくことができるかどうかということにもなる。

（1）『中小企業融資通』主編 邱华炳 副主編 洪金德，中国经济出版社，2001年8月，12～13頁。
（2）徐彤 于晓林「中小企业该怎样融资」『中国中小企业』，2002年6月号，15頁。
（3）『中小企業融资』刘国光 主編 杨思群著，民主与建设出版社，2002年1月，18頁。
（4）徐彤 于晓林，前揭論文，15頁。
（5）『中国中小企业融资問題研究』佟光霁著，黑龙江人民出版社，2001年7月，143頁。
（6）佟光霁著，前揭書，154頁。
（7）『上海中小企业发展战略研究』，主編 傅建华 副主編 韩文亮 黄文灼，上海财经大学出版社，1998年7月，82頁。
（8）李冰冰「担保体系需完善」『中国中小企业』，2002年6月号，20頁。
（9）徐彤 于晓林，前揭論文，15頁。
（10）『中小企業白書2002年版』中小企業庁，（株）ぎょうせい，2002年5月；169ページ。なお、日本の中小企業が融資問題でどんな状況にあるか、次の指摘はその状況を端的に示している。「……，金融機関に対して中小企業経営者がどのような要望をもっているかを確認したものが……。〈いま金融機関に望むことは何か〉という設問に対し、〈物的担保ばかりに依存する現在の姿勢を改めるべき〉が65.6%とトップを占め、〈融資の際に社長以外の連帯保証を求めない〉が46.9%と二位になっている。」（山口義行『誰のための金融再生か――不良債権処理の非常識』ちくま新書，2002年，136～137ページ）。
（11）张炜「如何解决中小企业贷款难」『人民日报』2002年8月17日。
（12）徐彤 于晓林，前揭論文，15頁。
（13）『中小企業現代経営』灼伟东 陈风杰著，东北财经大学出版社，2002年7月，157～161頁。
（14）刘国光 主編 杨思群著，前揭書，258～261頁。
（15）刘国光 主編 杨思群著，前揭書，261～265頁。
（16）刘国光 主編 杨思群著，前揭書，226頁。
（17）刘国光 主編 杨思群著，前揭書，228～229頁。
（18）主編 傅建华 副主編 韩文亮 黄文灼，前揭書，129頁。
（19）主編 邱华炳 副主編 洪金德，前揭書，32頁。
（20）主編 傅建华 副主編 韩文亮 黄文灼，前揭書，130～131頁。
（21）主編 傅建华 副主編 韩文亮 黄文灼，前揭書，131～133頁。
（22）主編 邱华炳 副主編 洪金德，前揭書，39～52頁。
（23）李荣融「依法促进中小企业健康发展」『新华月报』2002年第9期，68～69頁。
（24）『《中华人民共和国中小企业促进法》释义及实用指南』，主編 扈纪华 副主編 李俊明 黄娟 高淀月 冯文利，中国民主法制出版社，2002年7月，74～140頁。
（25）肖巍「"阳光扳本"整合中小企业」『中国中小企业』2002年8月号，15～17頁。
（26）この資料は当センターの責任者から手渡され、いろいろ説明を受けたが、その当時はあまり強い関心をもっていなかった。だが、資料（会社のパンフ類など）を読み直してみて、その意義を再認識してここに紹介したものである。

〈資料〉

中華人民共和国中小企業促進法

（2002年6月29日　第9回全国人民代表大会常務委員会第28回会議通過）

　　　　目　次
　　　　第一章　総則
　　　　第二章　資金援助
　　　　第三章　創業支援
　　　　第四章　技術革新への支援
　　　　第五章　市場開拓への支援
　　　　第六章　社会的サービス
　　　　第七章　附則

第一章　総　則

　第一条　本法を制定する目的は中小企業の経営環境を改善し，中小企業が健全に発展することを促進し，都市と農村の就業機会を拡大し，国民経済と社会発展における重要な役割を発揮する。

　第二条　本法でいう中小企業は，中華人民共和国内にあり，法律に則って設立し，社会的需要に合致し，就業機会を増やし，国家の産業政策と一致し，生産規模が中小型に属する各種の所有制と各種の形態の企業を指している。

　　中小企業を区分する基準について，国務院の企業担当部署が企業の従業員数，売上高，資産総額などの指標に沿って，業務の特長によって制定し，国務院の同意を得て申請する。

　第三条　国家は中小企業に対して積極的に支援し，指導を強化し，サービスを完備し，法律に沿って規範化し，権益を保障する方針の下で実施し，それらは中小企業の創立と発展に有利な環境を整える。

　第四条　国務院は中小企業に関する政策を制定し，全国の中小企業の発展に対して統一的な企画の推進を担当する。

　　国務院の企業担当部署は国家の中小企業に関する政策と企画の実施を組織し，全国における中小企業の活動に対して総合的な協調・指導とサービスを提供する。

　　国務院の関係部署は国家の中小企業に関する政策と企画の実施を組織し，それぞれの職責範囲内における中小企業の活動に対して指導とサービスを提供する。

県レベル以上の地方における各レベルの政府及びそれに属する企業担当部署とその他の関係部署は，それぞれの職責範囲内における当該行政区域内の中小企業に対して指導とサービスを提供する。

第五条　国務院の企業担当部署は国家の産業政策に沿って，中小企業の特徴と発展の状況とを結びつけて，中小企業を産業として発展させる指導リストなどを制定するやり方で，支援の重点を確定し，中小企業の発展を奨励し推進する。

第六条　国家は中小企業に対する出資者の合法的な投資や投資から得た合法的な収益を保護する。いかなる機関・組織でも個人でも，中小企業の財産及び合法的な収益を侵犯してはならない。

いかなる機関・組織でも，中小企業に対して法律・法規以外の費用や罰金を徴収してはならず，また，物納を割当てはならない。中小企業は上記の規定に違反した行為に対して拒否する権利や告発・告訴する権利がある。

第七条　行政管理の部署は中小企業の合法的な収益を維持すべきであり，法に則って公平な競争や公平な取引に参加する権利を保護すべきであり，逆に，差別したり，不平等な取引条件を付加したりしてはならない。

第八条　中小企業は国家による労働に関する安全，職業に関する衛生，社会保障，資源に対する環境保護，品質，財政に関する税制，金融などの分野に対して法律・法規を遵守すべきであり，法に沿って経営の資源を実施し，逆に，従業員の合法的な権益を侵害してはならず，また，社会における共同の利益を損なってはならない。

第九条　中小企業は職業における道徳を守るべきであり，誠実な信用に関する原則を守らなければならず，同時に，業務のレベルを向上させ，自らの実力を強めるために努力する。

第二章　資金援助

第十条　中央の財政予算は中小企業の事業計画に対して設け，中小企業の発展を援助する特定資金として用意する。

地方政府は実際の状況によって中小企業に財政支援を提供する。

第十一条　国家が中小企業の発展に援助する特定資金は中小企業のためにサービスシステムを設立し，中小企業を支援するための活動を展開し，中小企業発展ファンドを補充し，中小企業の発展を支援するその他の事項にも使用する。

第十二条　国家は中小企業発展ファンドを設立する。中小企業発展ファンドは以下の各種資金からなっている。

（一） 中央の財政予算から措置された中小企業の発展を援助する特定資金。
（二） ファンド運用からの収益。
（三） 寄付金。
（四） その他の資金。

国家は税制政策を通じて，中小企業発展ファンドへ寄付することを奨励する。

第十三条　国家は中小企業発展ファンドが以下の中小企業を支援する事項に使用する。

（一） 創業の指導とサービスを提供する。
（二） 中小企業信用担保システムの設立を支援する。
（三） 技術革新を支援する。
（四） 中小企業の専門化及び大企業との協力関係の確立を奨励する。
（五） 中小企業サービス機関が従業員の人材養成訓練をしたり，情報コンサルティングなどの活動を支援する。
（六） 中小企業が国際市場へ進出することを支援する。
（七） 中小企業が無公害な生産を実施できるように支援する。
（八） その他の事項。

中小企業発展ファンドの設立と使用管理法は国務院が別に規定する。

第十四条　中国人民銀行は貸付政策の指導を強化し，中小企業に対する融資環境を改善する。

中国人民銀行は中小金融機関を強化して，商業銀行が貸付構造を調整し，中小企業に対して貸付支援を増やす措置を支持する。

第十五条　各金融機関は中小企業に金融支援を提供し，金融サービスの改善に努力し，サービス態度を変え，サービス意識を強め，サービスの質的な向上に努める。

各商業銀行と信用社は貸付管理を改善し，サービス範囲を拡大し，中小企業の発展に適応した金融商品を開発し，貸付構造を調整するなどして，中小企業のために貸付決算，財務コンサルティング，投資管理など多方面のサービスを提供するように努める。

国家の政策的な金融機関は業務範囲内で，多種多様な形態でもって中小企業に金融サービスを提供する。

第十六条　国家は中小企業の直接融資ルートを広めるための措置を取り，中小企業が自らの条件を整え，法律，行政法規が許可する各種の方式で直接融資

を受けられるように，積極的に誘導する。

第十七条　国家は税制政策によって，各種の合法的に設立されたリスク投資機関が中小企業に対する投資を増やすように奨励する。

第十八条　国家は中小企業に関する信用制度の設立を推進し，信用情報の収集と評価システムを設け，中小企業に対して信用情報を問い合わせ，交流と享受などの社会化を実現する。

第十九条　県レベル以上の政府と関係部門は，中小企業向けに融資が拡大できるように，中小企業の信用担保システムの構築を組織し推進し，中小企業に対する信用担保を推進する。

中小企業の信用担保に関する管理法は，国務院が別途に規定する。

第二十条　国家は各種の担保機関が中小企業に信用担保を提供するように奨励する。

第二十一条　国家は中小企業が法律の下で多様な相互的な融資担保活動を展開することを奨励する。

第三章　創業支援

第二十二条　政府の関係部門は，中小企業が創業しやすいように積極的に条件を整え，必要に応じた情報とコンサルティングサービスを提供し，都市と農村の建設を企画するさい，中小企業の発展にとって必要に応じて合理的に必要な場所と施設を配し，中小企業の創業を支援する。

失業者，身体障害者が中小企業を創業した場合，所在地の政府は積極的に支援し，さまざまな措置を取り，指導を強化する。政府の関係部署は，いろいろな施策を採用し，ルートを拡大し，中小企業が大学や専門学校の卒業生を吸収できるように指導する。

第二十三条　国家は中小企業の創業と発展を支援・奨励するために税制政策上の優遇措置を採る。

第二十四条　国家は失業者が創業した中小企業，当該年度で失業者を雇用した比率が国家の規定より高い中小企業，国家が支援と奨励したハイテク技術型中小企業，少数民族地域と貧困地域に創業した中小企業，採用した身体障害者数が国家の規定に該当した中小企業など，これらの中小企業に対して一定期間内での所得税を減免税する優遇措置を採る。

第二十五条　地方政府は実情に沿って，創業者に商工業，財務・税務，融資，労働者の募集，そして，社会保障など，これらの分野で政策的なコンサルティングや情報のサービスを提供する。

第二十六条　企業に関する登記機関は中小企業が創業登記の手続をするさい，法

定条件と法定手順に従って，仕事の効率を高め，登記者に利便を提供する。法律，行政法規以外に創業登記の前提条件を設けてはならず，また，法律，行政法規が規定した費用の項目と標準以外に他の費用を請求してはならない。

第二十七条　国家は中小企業が国家の外資利用政策に沿って，外国資本，先進的な技術と管理のノウハウを導入し，中外合資企業・中外合作経営企業を創業することを奨励する。

第二十八条　国家は個人あるいは法人が法律に沿って，工業所有権あるいは非特許技術などの投資で中小企業の創業に参入することを奨励する。

第四章　技術革新への支援

第二十九条　国家は中小企業が市場のニーズにあわせて新製品の開発，先進的な技術・生産ライン・設備などを導入し，製品の品質を高め，技術進歩などを実現するための奨励に関する政策を制定する。

　　　　　中小企業が技術革新したプロジェクトおよび大企業の製品に対応して技術改造したプロジェクトには低金利政策の優遇措置を受けられるようにする。

第三十条　政府の関係部署は企画，土地の使用，財政などの面で支援政策を提供し，各種の技術サービス機関を設立し，生産効率促進センター，ハイテク企業のインキュベーター（孵卵器）基地の設立を推進する。こうして設立した機関は中小企業に技術の情報・技術のコンサルティング・技術の譲渡などのサービスを提供し，科学技術の成果が商品化に転化することを促進し，企業の技術・製品におけるレベルアップの実現に貢献する。

第三十一条　国家は中小企業が政府機関・大学などの教育機関と技術における協力・開発・交流を展開し，科学技術の成果を産業化し，積極的にハイテク型中小企業を発展させる。

第五章　市場開拓への支援

第三十二条　国家は大企業が中小企業との間で市場の資源配分を基礎に，安定的に原材料の供給，生産，販売，技術開発，そして，技術改造などの分野で協力関係を築き，中小企業の発展を促進するように支援し，奨励する。

第三十三条　国家は中小企業が合併・買収などの方法で，資産の再編をしたり，資源の配分を合理的に改善するように指導したり，推進したり，規範化したりする。

第三十四条　政府の購買は中小企業の商品あるいはサービスを買付するさいに，優先的に中小企業に配慮する。

第三十五条　政府の関係部署と機関は中小企業のために指導と援助を提供し，中小企業における製品の輸出を促進し，対外経済技術の協力と交流を推進する。

　　国家に関連した政策的な金融機関は，輸出の融資，輸出信用保険などの業務を展開し，中小企業が海外市場へ進出するのを支援する。

第三十六条　国家は条件に該当した中小企業が海外で投資したり，国際貿易に参入したり，海外市場を開拓するのを支援したりするような奨励政策を制定する。

第三十七条　国家は中小企業サービス機関が中小企業のために製品の展示会場や情報コンサルティング活動を行えるように奨励する。

第六章　社会的サービス

第三十八条　国家は社会の各方面から健全な中小企業のためにサービスシステムを構築し，中小企業のためにサービスを提供できるように奨励する。

第三十九条　政府が実際に必要に応じて設立した中小企業のサービス機関は，中小企業のために優れたサービスを提供する。

　　中小企業のサービス機関はコンピューターネットワークなどの先進的な技術手段を十分に利用し，健全に社会のすべてに開放できる情報サービスシステムを徐々に設立する。

　　中小企業に関するサービス機関は各種の社会的な仲介機関と関連させて中小企業のためにサービスを提供するように誘導する。

第四十条　国家は各種の社会的な仲介機関が中小企業のために創業の指導，企業の診断，情報に関するコンサルティング，市場の販売，投資・融資，貸付担保，所有権の取引，技術の支援，人材の斡旋，人材の養成訓練，対外的な協力，展示即売会，そして，法律的なコンサルティングなどのサービスを提供できるように奨励する。

第四十一条　国家は関係機関や大学などの教育機関が中小企業のために経営管理及び生産技術の分野で人材を養成訓練するなどして中小企業の営業販売，管理と技術のレベルを向上するように奨励する。

第四十二条　業界自らの管理団体は積極的に中小企業のためにサービスを提供する。

第四十三条　中小企業が自ら管理する組織は中小企業の合法的な権益を守り，中小企業に対して提案と要求を反映させ，中小企業のために市場を開拓し，経営管理の能力を向上するためにサービスを提供する。

第七章　附　則

第四十四条　省，自治区，直轄市は当該地域における中小企業の状況に沿って，関連する実施細則を制定することができる。

第四十五条　本法は2003年1月1日から実施する。

第7章

地域経済の都市化について
―― 上海近郊の郷鎮企業の変貌から ――

はじめに

　中国は1979年から改革開放政策を導入し，すでに20数年たっており，現在，中国経済の力量を多くの国々が認めつつあるなかで，若干の国々から脅威論も受けている。それは中国が「世界の工場」とか，「世界の生産基地」とか，多くの製品で世界のトップに躍り出ているからであろう。また，最近では外貨準備高が2,000億ドル超にもなっている（2001年10月現在）。そして，念願であったWTO（世界貿易機関）加盟が決まり，不安のなかで，諸外国からの投資も得て，中国経済を持続的に発展させている。今や中国経済は一人勝ちの様相にある。

　こうした中国経済をリードしてきたのが，個人・私営企業であったり，三資企業（合弁・合作・独資）であったりしたのである。とりわけ，個人・私営企業の勃興は市場経済に対応して農村地域で育成され成長してきた郷鎮企業（中国では郷鎮企業は中小企業と位置付けられている）の転換，つまり，私営化からであった。そして，中小都市の国有企業から多数の中小企業が誕生し，発展してきたものであった。それは都市でも農村でも，市場経済に対応して誕生してきたのが個人・私営企業であり，それが中国経済を牽引してきた源泉とも考えられる。特に，大都市近郊の郷鎮企業が農村工業化に貢献し，それが都市化の形成に大きな影響を与えたものと思われる。こうした経済圏の拡大が今日の中国経済を持続的に発展させてきたのではないであろうか。

　本章では，上述のような典型的な経済状況を形成してきた地域として，上海市近郊を取り上げて検証したい。それは，第1に，上海近郊の農村・農業にお

ける発展段階の変遷と形成を取り上げ，第2に，上海近郊における農村工業化はどんな発展段階をたどり，その発展を推進したのが何であったかを明らかにし，そして，第3に，上海近郊の都市化の形成過程を取り上げ，都市化の意義を明らかにしたい。これらのことは中小企業の勃興から来ており，その形成が中小企業の発展によってもたらされたものであった。

第1節　上海近郊の農業における発展状況

（1）　改革開放20数年における農業発展の推移

　中国の農業はWTO加盟で大きな転換点にあるといわれている。確かに，中国の農業の現状を全体的にみると立ち遅れている(1)。それは，第1に，各地の発展はバランスを欠き，構造調整もバラバラで，特に，未だに農村人口が全人口の70％を占め，農業労働力は全体の50％を占め，そして，農業生産高は，GDP（国民総生産）のわずか18％しか占めていない。それは労働生産性において，農業分野を1とすると，工業分野は4.6倍になっている。そのことが所得にもみられて，農民の1人当たり平均所得は都市住民の38％しかない（都市と農村の所得格差は3.7：1となっている）。これらのことが，農民の消費低迷になっており，農業基盤の弱さとなっている。そして，第2に，農業や農民の組織的な欠如から，農産物の加工部門や輸送・販売部門などの整備が立ち遅れており，また，マクロ的な管理システムからいえば，WTO加盟後の新たなシステムや地球規模的なグローバル化の流れに対する新たな要求に対応していない状態にある。

　こうした中国における農村・農業の現状把握は，多くの人びとの認識と一致するところであるが，所得格差は実質的にかなり拡大しているともいわれていることから，若干異なるように思われる。また，WTO加盟に伴う農業分野での対応策はかなり立ち遅れているという認識もこの通りであろう。ただ，すべての地域がそうだということではない。例えば，上海近郊では，その状況が異なり，必ずしも上述で指摘されているような状況にない面もある。その発展状況を3段階でみてみると，第1段階（1979～1984年）(2)は農業の経営システムの

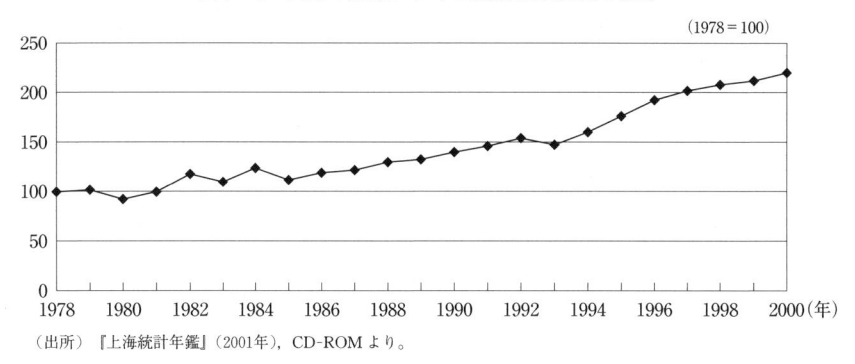

第7章 地域経済の都市化について

図7-1 上海の農村における農業総生産高の推移

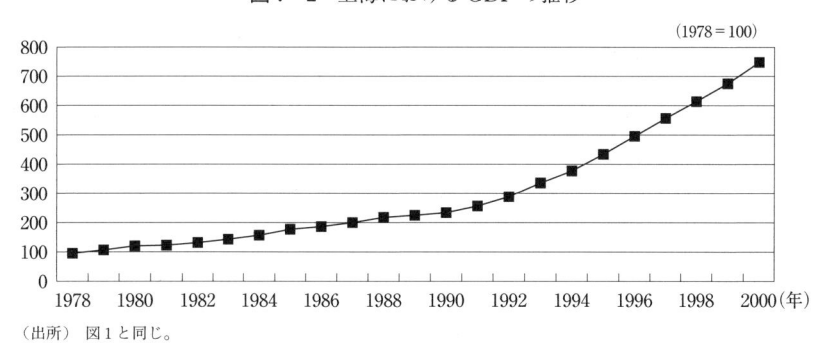

(1978＝100)

(出所)『上海統計年鑑』(2001年), CD-ROM より。

図7-2 上海における GDP の推移

(1978＝100)

(出所) 図1と同じ。

転換からスタートした。それは，人民公社の生産隊が生産責任制を導入し（1982年・88.3％が移行する），その後，家庭生産請負責任制に転換した。その間，農産物の統一買付から一定量の契約や協議購入にかえ（おもに，商業部門によって国家計画の買付外の農産物や副産物が購入された），そして，農民の生産に関する自主権が拡大・強化された（1984年以降）。とくに，農民の生産意欲が引き出され，結果的に，生産を急速に高めることになった（図7-1, 2）。第2段階（1985〜1996年）は都市近郊型農業を形成し，積極的に都市への主・副食品を提供することであった。それは農民の間に「先富裕起来」（先に豊かになれる人は先に豊かになってもよい）を作り出し，都市に副食品を提供する基地として農業生産を位置づけ，徐々に都市近郊型農業に変わっていった。同時に，上海近郊

の農業改革に伴って，多くの省からは副食品（肉やタマゴなど）の流入も盛んになった。この段階は計画経済から社会主義市場経済への転換と都市のサービスを充実させる時期でもあった。特に，都市近郊型農業の役割をみると，一つは副食品の生産基地（1996年・商品化率は78.7%に達する）となり，都会では基本的に野菜がないとか，ミルクや魚がないとか，という状況を解決した。二つ目は都市環境を改善し，緑地化を徐々に実現してきた。三つ目は輸出による外貨獲得ができるような生産基地になってきた。そして，四つ目は食糧・油などの基本的な農産物が自給できるようなシステムになってきた。第3段階（1997年以降）は都市型農業に移行してきている。ただ，都市型農業は実質的に都市近郊型農業を一段と外延化した面もある。それは都市近郊型農業の充実であり，一段の充実と拡大であり，高度化でもある。上海市街地は国際的な経済，金融，貿易などの建設途上であり，上海近郊農業は上海全体のGDPでわずか1～2％しか占めていないが，重要な役割を担っている（1997年・上海の1人当たり平均GDPは3,000ドル超になり，2000年は4,000ドル超である）。上海の経済が発展すると共に，農業に対する需要も変化することから，都市型農業の道を歩むことになった。

　以上，上海近郊の農業における発展過程は農業改革を起点に農民の生産意欲を引き出した。それは1980年代半ばからの都市改革と連動して農業改革も一段と促進したことが，都市近郊型農業を形成し，さらに，都市型農業に発展してきたことと関係している。

　こうした農業の発展過程を具体的なデータでみると，表7-1から明らかなように，農業がGDPに占める比率は，1978年の4.0％から1997年の2.3％に下がっている（農業生産高は上昇している。図7-1）。そして，農業生産高のうち，栽培業の比率が20年余で74.9％から41.7％に減少し，畜産業は20.1％から43.2％に上昇し，また，漁業も4.7％から14.9％に増加し，とりわけ，畜産業が農業生産高で第1位になってきている。このことは表7-2にも連動しており，農家所得や農民1人当たりの消費支出が着実に上昇していることを示している。しかも，農業生産高の伸び率（20年余で約11倍）よりも農家所得などの伸び率が約2倍高くなっている。

第7章　地域経済の都市化について

表7-1　上海近郊の農村における社会経済主要指標の比率関係

（単位：％）

年	従業員数を100とした第一次産業の占める割合	国内総生産を100とした第一次産業の占める割合	農業総生産高を100とした				固定資産総投資を100とした第一次産業の占める割合
			栽培業	林業	畜産業	漁業	
1978	34.5	4.0	74.9	0.3	20.1	4.7	
1979	31.6	4.0	74.7	0.2	20.7	4.4	
1980	29.0	3.2	61.4	0.3	33.2	5.1	
1981	27.3	3.3	61.6	1.0	31.4	6.0	
1982	25.4	3.9	60.0	1.0	32.6	6.4	
1983	23.0	3.8	59.0	0.9	34.4	5.7	
1984	19.5	4.4	63.6	0.9	30.3	5.3	
1985	16.4	4.2	51.3	0.7	39.0	9.0	
1986	14.2	4.0	51.3	0.7	37.8	10.2	
1987	13.0	4.0	46.9	0.9	39.9	12.3	
1988	11.8	4.2	43.4	0.8	41.8	14.0	
1989	11.3	4.3	42.8	0.6	43.6	13.0	
1990	11.1	4.3	43.3	0.5	44.4	11.8	
1991	10.4	3.7	42.0	0.5	45.3	12.2	
1992	8.7	3.1	41.5	0.5	46.5	11.5	
1993	9.5	2.5	42.1	0.4	44.7	12.8	1.0
1994	9.6	2.5	42.9	0.4	44.2	12.5	1.6
1995	9.8	2.5	42.6	0.2	44.7	12.5	0.6
1996	11.9	2.5	43.6	0.4	42.5	13.5	1.0
1997	12.7	2.3	41.7	0.2	43.2	14.9	0.3

（出所）『上海統計年鑑』（2001年），CD ROM より。

　このように，上海近郊の農業構造の変化や農家所得（年間）などをみてみたが，特に，上海近郊の農家所得が全国の農家所得と比べてどの程度の状態にあるかといえば，1998年と1999年のデータでみると，1998年では上海が5,407元で，全国は2,162元あり，上海が約2.5倍高く，この傾向は1999年も同じであった（上海：5,481元〈全国の都市労働者と同じ程度〉，全国：2,217元）。

　ところで，上海近郊の農家所得は何故これほどまでに高いか。それは，郷鎮企業の存在が大きいであろう。全国的にみても，1991年で郷鎮企業の生産高は農業生産高を上回り，1995年には郷鎮企業の生産高は農業生産高の約2倍強になっていた。このことは上海近郊の農家戸数や従業員数の状況を，表7-3からみると，農村工業や第三次産業などの発展をみることができ，そこに多くの従業員（農民）が吸収されており，郷鎮企業から得た労働収入が農外所得とし

表7-2 上海近郊における農業総生産高と農家所得,支出の平均水準

年	農業総生産高1日当たり平均水準(万元)	農業総生産高1人当たり平均水準(元)	農民1人当たり平均収入(元)	農民1人当たりの平均生活消費支出(元)
1978	500	167	281	193
1979	559	183	360	247
1980	518	166	401	323
1981	557	176	444	389
1982	657	205	536	446
1983	621	191	562	510
1984	728	222	785	619
1985	860	259	806	777
1986	925	276	936	896
1987	1,064	313	1,059	976
1988	1,454	423	1,301	1,228
1989	1,661	478	1,520	1,319
1990	1,867	533	1,665	1,262
1991	2,018	573	2,003	1,540
1992	2,192	621	2,226	1,967
1993	2,636	745	2,727	2,200
1994	3,842	1,081	3,437	2,715
1995	4,999	1,404	4,246	3,368
1996	5,505	1,542	4,846	3,868
1997	5,600	1,566	5,277	4,228
1998			5,407	4,207
1999			5,481	3,867
2000			5,596	4,138

(出所) 表7-1と同じ。

表7-3 上海近郊の農村における農家数,人口数及び従業員数の状況(主要年度)

	1978	1990	1995	1999	2000
戸数(万戸)	122.32	139.79	134.59	117.76	115.60
人口(万人)	429.56	417.91	392.27	372.57	366.26
従業員(万人)	272.45	246.40	230.43	257.68	255.60
農業	210.35	75.04	65.61	90.42	84.60
工業	47.06	124.45	105.95	110.58	104.10
運輸,郵便通信業	3.42	3.56	2.72	5.53	6.80
建設業	8.54	6.48	6.18	11.13	13.10
商業,飲食業	0.93	3.87	5.54	11.14	13.00
その他	2.15	33.00	44.43	28.88	34.00

(出所) 表7-1と同じ。

て農家所得に組み込まれているからである。

　上海近郊の農業は改革開放以降順調に発展している下で，同時に，農業構造も徐々に変化しており，今日では都市型農業に移りつつある。次節で，この点について検討しよう。

（2）　都市型農業を目指して

　都市型農業は一般的に科学技術・教育で農業を振興させることといわれている。従って，上海の農村では21世紀に向って基本的に都市近郊型農業から現代的な都市型農業へ転換する方向性を定めており，それに向って努力している。そのためにはどのようにすべきか。当面の課題をみてみると[7]，第1に，世界の先進諸国と比べて，上海農業の科学技術のレベルはかなり低い。例えば，栽培技術でも，バイオ技術でも格差があり，特に，農業が工業のような工場にもなっていないし，一年を通じて質・量ともに安定した各種の農産物を提供できる状態でもない。ある農産物でみると（上海の農業労働者と比べて），アメリカの1人の農業労働者が提供できる農産物は79人の消費者を満足させられるが，中国では10人も満足させられない。また，オランダの小麦生産をみると，1ヘクタール当たり8トンに達するが，これは中国の2.1倍に相当する。こうした上海の農業科学技術は50％の貢献率であるが，先進諸国は一般的に約80％に達している。第2に，上海近郊の農地は大変不足しており，環境汚染も厳しい。前者（農地不足）は農村地域での工業化や都市の拡大及びそれに伴うインフラ整備（特に，道路整備など）による農地の減少となっている。最近の10年間で約60万ムー（1ムーは約6.6アール）減少した。その結果，1997年では1人当たり0.7ムーとなり，国連が警戒ラインと定めた0.8ムーより少なくなっている。また，後者（環境汚染）の汚染状況をみると，すでに20％の耕地は汚染されており，工業分野の三廃（廃水，排ガス，廃棄物など）や家畜類の糞尿（毎日平均2トン）[8]，そして，化学肥料による農薬の残留，生活のゴミ等々の汚染によって，農業生産などに大きな影響を与えている。第3に，上海の近郊農業は市場の拡大とともに他の省からの参入と労賃などの生産コストの上昇に直面している。ある調査によれば（他の省・地域と比較して），上海の畜産における生産コストは約25

％高く，野菜の生産コストは約20％高く，そして，米・小麦・油などの食糧の生産コストは約10％高くなっている。つまり，上海の農産物は徐々にシェアを奪われつつある（それは道路整備がなされたことによって，他の省・地域から多くの農産物が流入しているからである）。そして，第4に，上海の農業はますます市場に左右され，上海市民の生活環境の変化などによって大きく左右されてきている。農業は，自然環境の変化も受けるが，市場リスクの影響がますます強くなってきている。同時に，消費構造の変化にしたがって，都市住民は副食品の需要が多様化し高度化して大きく変化し，一段の市場化への道を進んでいる。そして，都市特有の人口密度が生活環境を悪化させ，人びとの心理的な圧迫ともなっていることもあって，都市型農業が生態環境の保護と一体となることを強く求められている。

　以上，上海の都市型農業の方向性を示しているが，直面している諸問題をどのように克服していくか，新たな道を模索している段階である。それは第1の農業技術の低さにしろ，第2の農地不足や環境汚染にしろ，第3の生産コスト上昇にしろ，そして，第4の市場リスクや住民の多様化にしろ，それらすべて上海の都市型農業が今後解決しなければならない諸課題であろう。このいくつかの課題に対して解決すべき方向が提示されている。それが，農業の産業化の実践である。例えば，上海の近郊地域をみると，第1に，基本的な農産物の基地が建設されてきている。それは食糧における規模経営を設定し，例えば，350万ムーは基本的に農地保護地区とし，そのうちの商品化食糧の生産基地を65万ムーにして，こうした集約化された規模経営を担う専業農家・6,500戸を育成することも決められた。第2に，特色ある農産物の基地が建設されている。例えば，果樹生産基地をみると，7.5万ムーのミカン生産基地を作ったり，2.5万ムーのブドウ生産基地を作ったり，特色のある農産物の基地をいろいろ建設している。第3に，ハイテクを利用した農産物の基地が建設されてきている。オランダやイスラエルから導入した15ヘクタールの温室が建設され，そこにトマトやキュウリが栽培されて一年を通してすでに市場に出荷されている。

　都市型農業の一つの任務は，都市住民に副食品を提供することであり，それが上述のような農業の産業化の一貫として，特定の生産基地を建設しながら，

それらが課題解決の一つになっているようだ。ただ，スケールメリットが生かされる面だけでなく，市場リスクも同時にはらんでいることも認識しておかなければならないのではないか。つまり，特定の生産基地に対するリスク管理が充分になされているかどうか，今後，一段と検討すべき課題であろう。

　中国は課題解決の手段として，農業の産業化を提起しているが，それは生産だけでなく，加工も含めた販売システムまで一体化したシステムの構築を目指したものである。とりわけ，流通市場が最も立ち遅れているということもあり，多様な流通ルートを育成することにあった。例えば，卸売市場，自由市場（いわゆる，農貿市場といわれる農産物を中心にした市場である。この市場が都市住民に対して食材を提供している），専業取引市場，流通市場，そして，市場販売ネットなどの市場システムを形成することになった。1997年をみると，上海近郊地域に，農産物・副産物の卸売市場が設置された。それは曹安，九亭，北蔡・三大卸売市場をセンターとして，その回りに23ヶ所の卸売市場を形成し，上海の流通システムを根本的に変えてきている。

　こうした生産・加工・販売システムの多様化は都市型農業の目指すものであり，それはますます市場化の促進でもあった。そして，都市型農業はそれに対応したシステムを追求しなければならなくなった。それが都市型農業の多様化を生み，多くの農業タイプを形成することにもなっていた。そのいくつかを紹介すれば，一つは施設型農業であろう。それは温室栽培を主体に，一年を通じて消費者に農産物・副産物を提供する農業であった。そして，養鶏・養豚などを機械化や工場化にすることであった。二つ目は生態型エコ農業であり，その主流は無公害の食品を目指すものであった。三つ目は外貨獲得型農業であり，それはWTO加盟を前提にした農産物輸出を目指したものであった（それには価格競争，品質競争，サービス競争において現状では上海の農業が不利であるという考えもある。一般的にいえば，中国の農業はWTO加盟後大変厳しい状況になるといわれている。しかし，上海近郊農業がそうした不利な状態を突破していく一つのきっかけを目指しているが，それが，外貨獲得型農業ではないかと思われる。ただ，いくつかの野菜や花卉はすでに日本などに輸出しているが，まだ具体的な戦略商品はない状況にある）。四つ目は加工型農業であり，その一つ

は上海近郊農産物の加工であり，もう一つは上海以外の地域からの農産物の加工である。この加工型農業が目指しているのが，農産物の端境期の矛盾を解決するものである（おそらく，この加工型農業が都市型農業の主流になっていくのではないかと思われる）。その他，レジャー型農業（例えば，農業体験など）や公園型農業（都市環境の美化型農業など），そして，立体型農業（バルコニーや屋上など）なども考えられている。

　以上，上海近郊の農業における発展状況をみてみたが，1990年代初期から急速に農産物の上昇が量的にみられるが，その背景にある農業構造の変化や制度改革とも連動して，上海近郊農業が都市近郊型農業から都市型農業に変遷してきたことと大いに関係している。特に，上海近郊農業の発展が実は上海の工業部門の発展を大いに支え，そのことが農業部門でも一段と発展したのではないかと思われる。それは，上海市内の国有企業などの改革に伴う経済圏の拡大をスムーズにさせ，上海近郊地域に進出することができ（当然，外資の動向は大きな起爆剤となっている），それに伴って農村の工業化も進んだのではないか。次に，農村工業化の形成と発展について検討してみよう。

第2節　上海近郊農村における工業化の推移

（1）　改革開放以降の農村工業化の発展過程

　農村の工業化は人民公社の解体に伴う農民の生産請負責任制からスタートした。それは農業での余剰労働力の受け皿に社隊企業を発展的に解消した郷鎮企業の誕生からであった（1984年）。ただ，農村の工業化は各地の実情によって異なっており，必ずしも上海近郊地域でなされた郷鎮企業の発展だけではない。しかし，一般的にいえば，郷鎮企業の発展過程が農村における工業化といっても過言ではないかと思われる。以下，上海近郊の農村・農業地域の郷鎮企業がどのような発展過程をたどったか，三つの段階からみてみよう。

　第一段階（1984～1991年）をみると[13]，郷鎮企業が社隊企業を改組・改名してからであった。そして，1984年7月，上海市政府は第1回の都市・農村工業大会を開催した。その後，都市と農村の経済連合体を発足させた。この時期の郷

第7章　地域経済の都市化について

鎮企業の経営は経営請負責任制を導入し，つまり，工場長責任制，あるいは工場長任期目標制を実施した。さらに，1986年に第2回の都市・農村工業大会を開催し，「工業連合経営企業」を発足させ，1990年末には2,310社までに発展させた。その生産高はすでに郷鎮企業総生産高の44.1％を占めていた。同時に，輸出型の企業や外資企業及び合作企業が大いに発展してきた。この時期の郷鎮企業における年平均成長率は23.15％であった。

　第一段階の特徴は，都市の工業分野から農村地域へ旧い機械設備の移転と農村の余剰労働力を生かすような都市・農村の連合経営企業を活発化させたことに意義があった（ただ労働現場は働く人びとの環境を無視した凄じいものがあった）。それが郷鎮企業（非農業分野）の発展に大きく貢献した。ただ，上海近郊地域の郷鎮企業はまだまだ加工業を主として粗放的な経営企業であり，次の段階に進むための助走期間であった時期と考えられていた（この時期は1989年6月4日・天安門事件があり，その影響が上海でもあった）。

　第二段階（1992～1995年）をみると，この時期の郷鎮企業における年平均成長率は31.6％あり，郷鎮企業の発展過程の中でも最も高い成長率を示した時期であった。それは次のような要因からであると考えられた。第1は輸出志向型経済になっていた。上海近郊の郷鎮企業は浦東開発（現在＝2000年・上海市区内における事業所数，従業員数・工業総生産高ですべてがトップである）を契機に，あらゆる取引，ルートを利用して，輸出志向型経済を発展させた。とりわけ，「中中外」（中国の企業を連合させて外国企業と合弁・合作させた）モデルを主として「三資」企業を奨励した。例えば，上海市政府は，総投資額が500万ドル以下のプロジェクトについて，各区県に権限を与えた。そのことが「三資」企業の設立を促進させた。1992年から1994年の3年間，上海近郊の郷鎮企業における新規の「三資」企業は，毎年1,000件を超えていた。第2は，工業ゾーン区の建設に力を入れた。例えば，1995年上海近郊地域の10カ所の県（区），そのうち，浦東新区（この区は当初から対外開放志向）以外の県（区）に9カ所の市レベルの工業ゾーン区を建設した。そのさい，各地区ゾーン区は統一的にバランスを考えた区画，ゾーン内の建築物の配置，ゾーン内における機能，外資との取引もすべて統一的になされた。第3は企業の改革を積極的に実施した。例え

ば,「従業員はすべて労働契約制」にして,また,「職場単位ごとに契約制」を実施した。同時に,1992年から株式合作制がテストケースとして実施され,1995年末でそうした企業数は3,122社となり,それは郷鎮企業総数の21％を占めるまでになった。

　第二段階の郷鎮企業における特徴は,外資企業との合弁・合作ではなかったかと思われる。それは,1991年末のソ連邦の崩壊を目の当たりにして,鄧小平が南巡講話で経済の自由化路線を呼びかけたことにあった。それが末端に権限を付与したことにつながったのである。同時に,郷鎮企業の所有権がそれなりに明確になったこと,つまり,株式合作制の導入で従業員が経営に参加できるようになったことであろう。このことは,この時期の郷鎮企業における経営権のあり方,そして,企業の内部管理制度に大きな影響を与えた。この経験は国有企業の改革にも大きな影響を与えたともいわれている。

　第三段階（1996年以降）をみると[15],郷鎮企業の転換期にあったことが,成長率の鈍化にも示されている（1996～97年の年平均成長率は23.18％であった）。それは郷鎮企業が一定の成長の下で,「質」への転換を目指さなければならなかった。その転換状況をみると,第1に,企業改革が積極的に進められた。1997年末で企業改革がなされた企業数は1.26万社あり,それは1.96万社の66％に相当していた。そのうち,株式合作制企業では42.2％,株式有限責任公司（会社に相当）では17.8％,競売された企業では13.7％,そして,リース・合併・請負などの企業では26.3％でなされた。第2に,工業ゾーン区の下で,郷鎮企業は155社設立され,そのうち,工業生産高で20％,利潤で25％をゾーン内で占めるまでになった。第3に,「三資」企業は郷鎮企業の発展と結び付いており,郷鎮企業に対して,外資と香港・マカオ・台湾などの企業が投資した企業数は,2,577社となっている（1997年末）。そうした企業の生産高は,郷鎮企業の生産高の42％を占めている。そして,第4に,上海近郊地域間に私営企業が急速に増加しており,登記された企業数は61,634社あり,そして,個人企業も81,221社に達し,個人・私営企業の税収は,上海市の個人・私営企業全体の71.6％を占めていた（1997年末）。

　第三段階の郷鎮企業における特徴は,徐々に私営企業や個人企業などとの競

争が激しくなり，質の競争へとなっていた。そうした競争が，郷鎮企業のこれまでの経営体質を転換させたのである。

　以上，上海近郊における農村の工業化は，郷鎮企業の量的な拡大から質的な競争状況の発展過程までいくつかの段階を経た。特に，1990年代前半の郷鎮企業が最も成長している下で，工業ゾーン区内でのさまざまな建設がその後の持続的に発展する要因をもっていたのではないか。それは1996年以降の市場競争に対応できなかった郷鎮企業もあったにせよ，上海近郊地域のインフラ整備が将来の経済を発展させていく素地を作ったものと思われる。特に，第4点で指摘されている私営企業の急増はかなり郷鎮企業からの転換，つまり，民営化されたものであり，それが私営企業として登記されているのであろう。この点はデータ的に必ずしも明らかにされていないが，今後も上海近郊の郷鎮企業は急速に私営化されていくものと思われる。次に，上海近郊の工業化の特徴はどこにあるのかみてみよう。

（2）　上海近郊における農村工業化の特徴

　農村工業は一般的に技術のレベルが低く，商品のレベルが低く，企業の規模が小さいなどという特徴をもっている[16]。これは多くの農村地域にある実態であろう。

　ところで，上海近郊の農村工業はどんな状況であろうか。農村工業における業種構造をみると[17]，第1に，紡績業を主として，軽工業も重工業も同時に発展していた。これは上海の農村工業の実態であったが，改革開放以降になって伝統的な機械工業から日用雑貨の紡績品の生産に徐々に移ってきている。第2に，上海近郊の農村工業は業種が雑多であったが，徐々に輸送用機械，通信・電子，精密化学，新型の建材（エコ建材，合板など），アパレル，レジャー用品と食品加工などの七大業種に集約されてきている。第3に，大都市工業の下請関係を主とする産業構造や都市と農村を一体化させた工業構造になりつつある。その結果，大都市の直接的な下請関係は40％を占め，同時に，約30％の企業が輸出型企業になっている。1997年をみると，近郊農村の企業は市内の1,038社と取引し，その取引額は120億元になっている。それは工業製品の大分類40品目の

うち，32品目で取引し，中分類222品目のうち，162品で，そして，小分類530品目のうち，374品目でさまざまな部品取引をしている。提供する部品はあらゆる業種でなされ，例えば，その一部をあげれば，紡績，食品，建材，自動車，化学，鉄鋼，通信器材，医薬などである。そして，第4に，近郊農村の企業は，各地で自らの得意分野を形成している。例えば，嘉定区は自動車関係，金山県は化繊関係，南匯県は紡績ミシン，そして，崇明県は食品や電気器具関係など，それぞれの専門に特化している。

　農村の工業化は大都市の下請関係を強めながら，自らの得意分野に特化し，それが一定の地域を形成しているのである。そして，力のある企業は海外との取引も視野に入れた活動をしている。このことは農村の企業が大都市の補完的な関係から徐々に農村工業を形成し，つまり，農村工業化となって都市と農村の一体化を作り出し，その延長線上に都市化を形成しているのである。それが現在金山や嘉定などを上海市の行政区に編入してきているのであろう。そして，上海近郊における農村工業化の特徴は，大都市の下請関係にとどまらず，都市との一体化を促進し，都市化を形成するまでになっている。

　以上のような農村工業化の状況を第1の特徴とみれば，第2の特徴を以下にみると[18]，それは企業の規模拡大，つまり，「集団型」企業の形成である。多くの企業は市場リスクの管理を向上させ，設備のレベルを高め，従業員の質や経営管理のレベルを強化し，そして，資本の運用や資産の再編などを実施し，徐々に大型企業を設立している。特に，資本の提携を通して，さまざまな業種を合併させながら「集団型」企業が設立された（1997年・159企業集団）。その代表的な企業集団をみると，上海嘉宝実業集団株式有限会社，上海小龍人食品総合会社，上海海欣株式有限会社などがあり，そのうち，上海嘉宝は中国の軽工業部門で先進企業と認定された200企業の中で，納税額で57位，売上高で9位となっている。こうした躍進企業の要因は，技術や設備のレベルアップであり，人材の質的な向上にあった（1995年・上海近郊の農村工業の技術者が5.3万人となっていた）。

　第2の特徴は，企業規模の拡大を通して自らの技術や管理を向上させ，人びとにさまざまなノウハウを蓄積してきたことにあった。従って，「集団型」企

第7章 地域経済の都市化について

業が企業の総合力を強めてきたところに特徴をもっている。

こうした背景の下で，第3の特徴をみると，郷鎮企業が外資との合弁・合作(19)などを徐々に増加させている。いわゆる「三資」企業が1997年末で8,633社（上海市全体の44%を占める）となり，初期の香港・マカオ・台湾などは小規模な投資であったが，ここ数年は世界のトップクラス・500社のうち，40社の企業が投資を増やしている。その結果，郷鎮企業の輸出額は1978年の0.9億元から1997年の426.9億元に上昇している。また，嘉定区の投資をみると，500万ドル以上の投資企業がすでに100社以上になっている（例えば，アメリカのGM，ドイツのフォルクスワーゲン，日本の富士通など）。同時に，そうした外資との提携が郷鎮企業の所有制を多元化させており，結果的に，私営企業が急増している（1998年末で約4.9万社，ちなみに，個人企業は約10万社になっている）。こうした所有制の変化をみてみると，1992年における集団的な経済，外資系経済，そして，私営経済の生産高の比率は86：12：2であったものが，それが1998年における比率では60：25：15に変わってきている。外資系経済と私営経済の企業活動が活発であるが，特に，集団経済の改革に伴う株式合作制企業への転換が私営経済の増加につながり，それが生産高の上昇になっている。

第3の特徴は外資企業との提携が所有制を変えさせ，私営企業の急増となり，それが輸出志向型企業となって輸出増を生み出している。農村工業は急速に都市型企業と何ら変わらず，都市化を形成しつつある。

こうした「三資」企業が上海近郊の農村工業にどんな役割を果たしているかをみると，一つは第二次産業に投資しており（1996年・701社），そうした投資(20)総額の80%は機械部品であったり，電子組立や軽工業部門，そして，アパレルや食品などになされている。二つ目は投資状況がバランスよくなされている。つまり，合弁が31%，合作が31%，そして，独資が38%になっている。三つ目は投資額の多い順でみると，香港（157社・4.2億ドル），シンガポール（46社・2.63億ドル），日本（86社・1.36億ドル），台湾（158社・1.24億ドル），そして，アメリカ（105社・1.11億ドル）となっている。そして，四つ目は投資プロジェクトの額が徐々に大きくなり，また，農業分野の食品加工にも投資され，ますます三資企業の経済的な役割を高めている。このように三資企業が上海近郊の農

村工業に大きな影響を与えている。それは上海近郊の農村工業が三資企業と結びつき，経済圏の拡大を形成してきている。そうした経済圏におけるインフラ整備が，1997年に工業区ゾーン内・9地区で建設をされたことも大きい（投資額は39億元，土地造成面積・19平方キロメートル，その後，徐々に拡大している）。それは農村工業化の第4の特徴ともいえるであろう。

　第4の特徴を具体的にみると、9地区の建設は2010年を目指し、計画されている面積は161.36平方キロメートルあり，当初計画は40平方キロメートルを9区画で開発された。例えば，松江工業区を見ると，9平方キロメートルが開発され（計画は20.56平方キロメートル），業種は電子，電気・機械設備，医薬，食品，紡績などを誘致することであった（実際に誘致された企業は，計画された業種とは異なり，さまざまな業種が誘致されている。ただ，現在当初区画の開発地域はすべて開発され，新たな開発地域を拡大している）。また，嘉定工業区をみると，8.4平方キロメートルが開発され（計画は24.8平方キロメートルであったが，現在は一段と拡大してきている），業種は自動車部品を先頭にし，金属加工など，そして，ハイテク産業なども誘致し発展させてきている。その他の工業区をあげておけば，金山嘴工業区，康橋工業区，華庄工業区，奉甫工業区，青浦工業区，宝山工業区，城橋工業区である。これらの工業区の建設は中央政府の意向の下で，上海市が強力に指導して各工業区のインフラ整備をしたものである。それは外資の導入を促進するためであり，工業区ゾーンの建設は農村経済と上海市経済の一体化を促進し，それぞれの工業区ゾーン内における規模の経営であったり，区域内の適正な配置であったり，特定の生産を形成したりすることであった。こうした工業区ゾーンの建設は全国的なモデルにもなるであろうといわれている。

　第4の特徴はインフラ整備（土地造成から道路建設，上下水道，電気・ガス，そして，公共施設など）を行政指導の下で施工し，そこに企業誘致（国内・外の企業）を行い，徐々に経済圏を拡大しながら，農村工業区を都市と一体化させる都市化の形成につながっていった。

　以上，上海近郊の農村工業化の特徴がいくつか指摘されているが，それは中小企業の勃興であったし，その形成に中小企業が大きく寄与したのである。こ

のようなことは，一般的にいえば，中国の他の地域でも同じような都市化を形成することができるであろうと思われる。しかし，上海近郊の農村工業化の特徴は，外資との提携による工業化が都市化の大きな要因となっているところに大きな特徴をもっているものと思われる。ここに現段階における上海経済が成長してきた，また今後の成長要因として内外から注目されているのである。次節で，上海近郊の都市化の形成をみることにする。

第3節　上海近郊の都市化について

（1）　上海近郊における都市化の歴史過程とその特徴

　農村地域が都市化に進む過程をみる場合，一般的に二つの方法がある[23]。その一つは都市の拡大に伴って近郊農村が都市に吸収されていく場合である（この現象は多くの先進国でみられる）。もう一つは，大都市から離れた小都市の発展を通して農村の人口を都市化していく場合である。中国の場合，この後者が一般的な方法の道であり，実際に多くの地域で模索され，いろいろと実践されている。

　ところで，上海近郊の都市化はどうであろうか。当然，上海の場合，先進国型の都市化が形成されたといえるであろう。その歴史過程をみてみると，第一段階（1978～1984年）は都市と農村における自由市場が解禁され[24]，そして，都市と農村との間で物資や人びととの交流を活発化させ，さらに，農民の行商人が都市に一時滞在したこともあって（実際は定着していった），上海市の人口は，1978年の約615万人から1984年の約783万人に増加していった（ただ，文革の否定もあって，農村に行っていた若者が，1979～1981年の3年間で41万人も帰還している）。第二段階（1985～1990年）は行政区画の再編が都市化を急速に形成した。それは1984年の国務院の通達によって郷鎮制を町制に再編成したことにある。上海近郊もそうした政策が適用され，とりわけ「都市と農村の一体化」政策を追求していった。それは住宅の開発であり，公共事業の建設であり，都市への吸引と影響力の役割を認めることにあった。その結果，1990年の上海近郊の郷鎮は7つの衛星都市の建設，35の県に属する町の建設，154の郷政府を建設した。

そのうち，35の町制は平均30平方キロメートルを目安に建設された。そして，特に，7つの衛星都市（闵行，吴经，嘉定，安亭，松江，金山，吴淞）には集中的にインフラ整備を実施した。そうした地区を中心に力を入れた分野は，上下水道の普及であったり（1990年・64.6％），ガスの普及であったり（50％超），道路網の整備（高速道路や幹線道路，農道など）であったりした。それは各地域間をバス路線で結びつけ，交通の便をはかるものであった。また，郵便・通信分野の普及（電話の自動化など）がなされた。こうしたハードなインフラ整備は経済活動に直接便益を与えるものであった一方で，他方ではそこに暮らす人びととのソフトなインフラ整備も急速に進められた。例えば，総合文化センター（図書館，多目的ホールなど，つまり，その地域の教育・体育・娯楽などの施設），養老施設，および病院（特に，診療所）などであった。そして，第三段階（1991〜1998年）はインフラ整備された地区に入った企業がその後の経済活動に支障をきたさないために一段のインフラ整備をすることであった。同時に，その地域が都市化を形成していくための整備にも力を入れることであった。前者（インフラ整備）は不動産業を先頭に，商業，飲食業，交通，金融などの第三次産業の発展に力を入れた。それは百貨店やスーパーなどの施設を建設し，そこでのサービスレベルを向上させ，人びとに生活に対する満足感を与えることで，人びとが開発区に定着できるようにインフラ整備を進めた。そのための施設は学校であり，病院であり，託児所・幼稚園であったりした。結果として，この時期に設立された企業は2.37万社になり，そのうち，工業関係が8,044社，建築関係が741社，交通運輸関係が334社，卸売・小売・飲食関係が1万865社，その他の関係が3,765社であった。そして，後者（都市化の形成）をみると，都市化の形成は一段とインフラ整備が進められた。その主要なインフラ整備は上海市街地からの放射線状に道路網を整備することであった（1997年末までに総延長が約9,000km建設された）。それ以外，電話の自動化の実現（1993年），上水道の実現（1994年），電話のシステムコントロール化（1995年，各都市間，地域間の電話交換設備がシステムコントロール化した），そして，農村地域における電化が実現された（1996年）。同時に，地方政府は環境問題にも大いに力を入れた。

　以上，上海近郊の都市化がどのように形成されてきたか，その歴史的な過程

第7章　地域経済の都市化について

表7-4　中国の都市化率と工業化率

(単位：％)

	工業化率	都市化率		工業化率	都市化率
1949	12.57	10.64	1980	48.92	19.39
1950	14.08	11.17	1985	45.06	23.71
1955	22.72	13.48	1987	45.76	25.32
1960	46.31	19.75	1989	47.39	26.21
1965	36.41	17.98	1990	45.95	26.41
1970	40.97	17.38	1991	47.79	26.37
1975	46.02	17.34	1992	50.60	27.63

（出所）『中国乡镇企业增长与效率』，刘国尧著，经济科学出版社，19頁。
都市化率とは，都市人口が全人口に占める割合である。
工業化率とは，工業部門が国民所得に占める割合である。

表7-5　中国の都市化水準と世界の都市化水準の対比

(単位：％)

	中国	世界平均	低収入国	中収入国	高収入国	アメリカ	日本
1970	17.4	35	18	46	74	74	71
1980	19.4	40	22	38	74	74	76
1997	29.9	46	28	49	78	77	78

（出所）「中国农村小城镇建设：现状，问题与対策」孔祥智『农业经济问题』2001年第3期，47頁。

をみてみた。それは第一段階で上海市街地にヒトもカネもモノも流入し，急速な人口の膨張を招いた。それは都市機能の低下にもつながった。それが第二段階での市街地からの近郊地域への工場移転であった。それには上海近郊地域におけるインフラ整備を進めることにもなった。そのことが近郊地域における工業化を促進し，都市化の形成に波及していった。このことは一般的にみると，工業化率（工業部門が国民所得に占める割合）が上昇すれば，都市化率（都市人口が総人口に占める割合）も上昇することにつながった。例えば，工業化率と都市化率の関係を表7-4からみれば，その相関関係は明らかである(25)。そして，第三段階において上海近郊の都市化は工業部門に対するインフラ整備だけでなく，生活基盤のためのインフラ整備も進められた。それが上海近郊の都市化を形成し，その都市化のレベルも39.21％に達した(1997年)(26)。しかし，この都市化率は先進国の都市化率（アメリカや日本）と比べてみると，かなり低い水準にあることも事実である(表7-5)(27)。このことは上海近郊の工業化がまだまだ発展の余地をもっていることを示している（WTO加盟後，海外からの投資増が予測され

る下で，上海近郊はインフラ整備の状況からみて最も有望な投資先になる可能性をもっている）。

このように，上海近郊における都市化の形成をみたが，そのさい，上海の近郊農村の都市化にはどんな特徴があったのであろうか。その特徴をみてみると，[28] 上海近郊の都市化には二つの方法があった。その一つは農村の都市化であり，もう一つは近郊地域の都市化であった。前者は従来の鎮（町）をベースにして，徐々に都市機能を備えた都市に発展した。そして，後者は都市の市街地拡大によって，徐々に近郊地域を都市市街地に編入させ，ついに都市市街地の一部に変えていった。

この二つの都市化の形成が同時併行的に進んだところに上海近郊の都市化を形成した大きな特徴があった。具体的にみると，[29] 一つは上海市街地の拡大であった。それは竜华，梅陇，虹桥，新泾などの郷鎮地区をすべて市区に編入したことであった。もう一つは副都市の建設であった。それは宝山県（1988年）が呉淞区と合併して新区を建設した。この宝山県副都市は二つからなり，一つは杨行地区（呉淞，杨行），もう一つは宝山区（宝山，罗泾，月浦，宝钢）であった。さらに，浦東新区の形成が上海近郊の都市化に大いに貢献した（1992年10月，国務院の決定で浦東新区が設立された）。浦東新区（浦東と川沙県の合併）は基本的に外高橋保税地区（総合的な自由貿易区），金橋輸出加工地区（機械・電子，コンピューター・ソフト，バイオなど），陸家嘴金融貿易地区（金融機関，商社機能，物流センター，会議場など），張江ハイテク地区（開発，教育，研究機関など），その他に周家渡地区（生活・サービスを基盤としたコミュニティーなど）や川沙地区（浦東国際空港を中心にホテルや倉庫業などの第三次産業を発展させてきている）などがある。

こうした上海市街地の近郊地域が徐々に市街地に吸収され，モノもカネもヒトも（当然，情報も含めて）一体化となって現在の巨大な上海市を形成している。同時に，上海市街地から50～60kmも離れた小都市の発展が今日では上海市に吸収されて一つの市区に編入されてきている。これを具体的にみると，[30] それは青浦県であったり，南汇県であったりした。それは上海市街地から放射線上の位置にあって，それなりに相対的に独立した地域で小都市を形成していた。そ

の地域の人びとは農業労働力として止まって，上海市街地に移動しなかった。移動しなかった理由は，その地域に郷鎮企業（主として，紡績とアパレル産業があった）があり，働く場所があったからであった。ただ，大半の人びとは農業を主とした兼業農家でもあった。しかし，こうした小都市の中心地，例えば，青浦県は朱家角など，松江県は泗泾，南汇県は周浦など，そして，崇明県は堡鎮などが急速に拡大していった。

こうした小都市の拡大が，現在ではすでに上海市に編入され，それぞれ市区として都市化の形成の一角を担なっている。

以上，上海近郊の都市化の形成は先進国型のような都市として，近郊農村の地域を吸収し拡大してきただけでなく，同時に市街地から遠く離れた地域の小都市の拡大を伴っていたということである。ただ，こうした都市化の形成には住民の意志がどのように反映されてきたか，それはほとんど考慮されていなかったと思われる（先進国の都市化の形成には多くの諸問題があり，かなり困難な都市問題を発生させている。例えば，「都市は誰のものなのか」という問いがあり，それをめぐって多くの議論がなされている(31)。しかし，今回の上海市近郊における都市化について，そうした議論はあまりなされていない）。だが，住民の問題は上海近郊の都市化の形成過程において農民問題として発生していた。次に残された問題として，農民がどのように扱われてきたか，その問題を少し取り上げておきたい。

（2） 都市化の形成過程で残された農民問題

中国の各地で実施されている小都市の建設問題には多くの諸問題を発生させている。その一つが各地方における指導幹部の力量であった(32)。例えば，計画の手順が法に沿って実施されていなかったり，計画に連続性がなかったり，計画そのものがバラバラにしてしまったりというように計画を実施していく上で諸問題を発生させていた。このような問題はこれまで行政機関と農民の間でしばしばあったことである。しかし，都市化の形成過程で発生している問題は，そうした指導層の恣意的なことでなく，かなり農民にとって本質的な問題ではなかったかと思われる。以下，上海近郊の都市化形成の下で，農民が何に直面し，

どんな問題を解決しなければならなかったか、そして、何を獲得してきたかをみてみたい。つまり、都市化の形成における農民問題とは何であったかということである。(33)

第1点、農民が現在使用している土地（農地も含める）についてである。

都市化は農民の土地を減少させることになる。その減少理由をみると、一つは国家の収用であり、もう一つは集団経済組織（郷鎮や村）の利用であった。収用の場合、公共事業の目的で収用がなされるためかなり低い補償金しか支払われていなかった。そのため、多くの農民は民工（出稼ぎ労働者）となって企業に雇用されるが、その賃金は技術も能力も低いためにかなり低く、大半が月200元前後であり、生活を支えていくことすらできない状態であった。これが現在最も深刻な問題である。その他、数万元の補償金が手に入った農民でも数年で生存していくには困難な状況であったり、また、農民の老後における年金が充分になかったり、農村における社会的な安定にも影響している。そして、利用の場合をみると、農民が集団組織に自らの土地を提供し、その見返りに株を受け取って配当を手に入れる、という方法がなされた。このやり方は企業の業績の善し悪しによって決まった。例えば、仮に企業の業績が悪化したとすれば、配当を手に入れることはできなくなった。そうなれば、農民の生活は何の保障もないのである。

第2点、農民が現在生活基盤としている土地の権利（＝所有権）についてである。

農民の土地が国家に収容されようが、利用されようが、つまり、土地の所有権が基本的に明らかになっていなかったということである（中国では土地はすべて国家のものであると憲法に明記してあるが、それでも農民が土地を利用する権利はある）。それは歴史的に工業化の発展に伴って農業を犠牲にしてきた下で、これまで国家の収用は許されてきたのである。そこには農民の利益が保護されずにきたことを示している。こうした歴史的な困難な問題を解決するには土地制度を改革するしかなかったのである。その方法は集団的所有を維持する前提で、集団の土地収益は集団と農民が共に享受する土地財産制度を確立することであった。それは農民の土地が集団によって開発されても（国家に収用されて開発さ

れても同じであるが），依然として土地収益に対する権利を農民が保持しつつ，配当や利益を得ることにあった。これは土地を資本にして株式有限会社（株式合作制でもよい）にすることであった。つまり，土地資産が資本に転化し，農民が株主となって，農民と土地の関係を保ちつつ，農民たちの根本的な長期的な利益を保障することにあった。

　以上，都市化の形成過程で発生した農民問題は，土地開発に伴う土地に対する補償金の問題であったが，それは結局土地所有権の明確化でもあった。しかし，現段階の土地問題は所有権の明確化でもって解決するものでもなく，土地と農民の関係をどのように解決するかということでもあった。それには，農民の土地使用権（確立されていたとしても，国家の収用ということになれば，それは無力であった）を確立しながら，土地を資本に転化させ，土地の収益を株式有限会社（または株式合作制）の運用に委ねていく方法を採り入れたのである。このやり方が現在では最も有効な解決策として活用されている。

　こうして都市化の形成過程で発生した農民問題は，農民と土地の関係を継続しながら，農民の利益を保護する観点で株式制を導入するに到ったのである。しかし，株式有限会社が常に正常に運用されていることを前提にしているが，当然リスク管理も考えた運用も必要になるであろう。まだまだ，上海近郊の都市化率が上昇することを考えれば，農民と土地の関係を現在のような株式有限会社のままで継続していくことが良いかどうか，今後いろいろ検討すべき問題もあるものと思われる。

おわりに

　上海近郊の都市化の形成には近郊農村の急速な発展が大いに影響していた。それは都市型農業の形成も非常に関係していたものと思われる。この都市型農業が農村工業化を促進させ，そこで育った企業が上海市内の企業との下請関係を強めていたこともあって，都市と農村との一体化が進み，上海近郊の都市化の形成を推し進めた。そして，都市化の形成過程で最も大きな要因は，中央・地方政府の指導の下で，各地域のインフラ整備が進められ，それが都市化の形

成を非常に促進したともいえるであろう。ここで指摘しておけば，上海近郊の都市化の形成は行政機関によるインフラ整備が大いに影響し，工業化を促進させる要因にもなっていた。そして，都市化の形成が，上海近郊の工業化を促進し，経済を持続的に発展させる大きな要因にもなっていた。つまり，都市化の形成が工業化を促進し，工業化が拡大することによって，都市化も拡大していくという，相乗効果をもっていたことも，上海近郊の都市化を急速に拡大したといえるであろう。それが経済発展の大きな要因にもなっていた。同時に，郷鎮企業が，三資企業と提携したことも大きな要因であった。そのさい，上海近郊の都市化における形成過程は，中国のどの地域でも実施できる面とできない面をもっているであろう。それは上海が中国の中でどのように位置付けられてきたかということであった。つまり，上海が中国の中で最も重要視されたことを認識しておく必要があろう。それはヒトもカネもモノも，そして内外の情報も含めて，上海が重要だと認識されたことにあった。例えば，それが浦東開発であり，それを契機に上海近郊の都市化の形成が，中央・地方政府によってなされた。それは，上海近郊における大規模なハードもソフトも含んだインフラ整備と工業区ゾーン開発と連動しており，今日の上海近郊の都市化を形成してきた。この点について，他の都市が上海近郊における都市化と同じようにできるかどうか，必ずしもいえないと思われるが，一つのモデル地域として学ぶ価値のあるということは間違いないであろう。ただ，ここ数年の上海近郊における都市化の形成が点検され，都市のもっている意味，意義を再度考える時期にあることも事実である。

---

(1) 牛若峰「21世紀中国農業変革与発展的走向」『農業経済問題』2001年第3期，2頁。
(2) 『農村経済転型』沈開艶 车江洪等，上海社会科学院出版社，1999年1月，71～74頁。
(3) 沈開艶 车江洪等，前掲書，79～80頁。
(4) 张开华「農民収入持続増長的途径探索」『農業経済問題』2000年第7期，40頁。
(5) 孫文生 靳光镰「論中国農村経済的発展階段与増長特征」『農業経済問題』2001年第3期，9頁。
(6) 沈開艶 车江洪等，前掲書，86頁。
(7) 沈開艶 车江洪等，前掲書，86頁。
(8) 『城市綜合競争力』尹継佐主編，上海社会科学院出版社，2001年1月，209頁。

（9） 沉开艳 车江洪等，前揭書，90頁。
（10） 沉开艳 车江洪等，前揭書，92頁。
（11） 沉开艳 车江洪等，前揭書，95～97頁。
（12） 尹継佐主編，前揭書，201頁。
（13） 沉开艳 车江洪等，前揭書，105～106頁。
（14） 沉开艳 车江洪等，前揭書，106頁。『中国乡镇企业增长与效率』刘国亮著，经济科学出版社，2001年4月，83～84頁。
（15） 沉开艳 车江洪等，前揭書，106～107頁。
（16） 『浙江农村城镇化道路探索』汪水波 冯力宏 主編，浙江人民出版社，2001年6月，133頁，易晓文「温州农村工业持续快速发展的障碍性因素的分析」『中国农村经济』2001年第3期，54～57頁。
（17） 沉井艳 车江洪等，前揭書，109～110頁。
（18） 沉井艳 车江洪等，前揭書，111～112頁。
（19） 沉井艳 车江洪等，前揭書，112～113頁。
（20） 沉井艳 车江洪等，前揭書，114～115頁。
（21） 『城市建设变迁』陆兴龙 耿忠平等，上海社会科学院出版社，1999年9月，162～163頁，沉井艳 车江洪等，前揭書，113～114頁。
（22） 沉井艳 车江洪等，前揭書，113～114頁。
（23） 欧阳「农村小城镇建设的新视角」『中国农村经济』2001年第5期，45頁。
（24） 沉井艳 车江洪等，前揭書，113～114頁。
（25） 刘国亮著，前揭書，19頁。
（26） 沉井艳 车江洪等，前揭書，152頁。
（27） 孔祥智「中国农村小城镇建设：现状，问题与对策」『农业经济问题』2001年第3期，47頁。
（28） 沉井艳 车江洪等，前揭書，155頁。
（29） 沉井艳 车江洪等，前揭書，156～158頁。
（30） 沉井艳 车江洪等，前揭書，158～160頁。
（31） 大野輝之 レイコ・ハベ・エバンス『都市開発を考える——アメリカと日本——』岩波新書，1992年，234～235ページ。
（32） 『面向二十一世纪的小城镇建设—苏州小城镇建设的理性思考』邬才生 孙艺兵 王炎炯主編，国家行政学院出版社，1999年8月，118～119頁。
（33） 沉井艳 车江洪等，前揭書，162～168頁。

第8章

中国における労働者の帰属意識

はじめに

　世界同時株安が起こり，しかもアジアを震源地としている。21世紀はアジアの時代といわれていたが，それに少し赤信号を点滅させたのであろうか。
　中国は1997年9月12日から1週間，中国共産党第15回大会を開催し，今後5年間の政治経済改革の枠組を決定した。赤字企業に悩まされる国有企業改革が当面の大きな改革の柱に位置づけられた。特に，国有企業改革は株式制の本格的な導入が決定され，しかも今後3年間で実施することを決めた。そのさい，改革に伴う労働者の受け皿である社会保障整備の必要性が提唱される一方，他方で，当面労働者の再就職システムが緊急課題であるとの認識を強めてきている。こうした経済環境の下で，国有企業，集団企業，合弁企業，個人・私営企業などで働く人びとは今の企業・会社を，どのような意識でみているのであろうか。本章は中小企業に働く人びとの実態を知ることにある。
　中国における経済改革の下で，労働者はどのような働き方を求めているのか。特に，労働者の帰属意識をキーワードに，企業でのアンケート調査（1997年8月下旬から9月上旬に）を実施した。そして，労働者が企業に対してどのような帰属意識をもっているかを，本章の目的としている。
　調査対象企業は12個あるが，A～B企業は上海，C～F企業は南京，G～I企業は瀋陽，J～K企業は大連，そして，L企業は北京である。A企業は小売関係（独資企業）である。約110人，56/90⇒回収率62.2％。B企業は自動車部品関係（合弁企業）である。約650人，93/100⇒回収率93％。C企業は電機関係（合弁企業）である。約510人，50/50⇒回収率100％。実は日本側の資料では

661人と教えられたが，現地では509人とのことであった。実際に工場見学後，509人もいないように思われた。中国では現在工場の総人数が正確にいえないとのことであった。下崗〈籍だけは企業側にあるが，出勤していない〉とか，社内定年〈法律（現場の女性労働者は45歳定年）とは異なり，独自に規定（女性労働者の40歳定年）している〉とか，などいろいろある。D企業はアパレル関係（集団企業）である。約460人，76/100⇒回収率76％。E企業は玩具関係（私営企業）である。約80人，31/50⇒回収率62％。F企業はアパレル関係（合弁企業）である。約300人，15/50⇒回収率30％。G企業はサービス関係（合弁企業）である。約150人，50/50⇒回収率100％。H企業は日用雑貨関係（郷鎮企業）である。約85人，51/60⇒回収率85％。I企業は農業関係である。約45人，23/25⇒回収率92％。J企業は電機関係（国有企業）である。約432人，51/55⇒回収率92.7％。実際，この企業は約1,000人程いるとのことであるが，現在働いているのが432人という回答であった。国有企業の工場の総従業員数は秘密的な要素があるとのことである。K企業はサービス関係（国有企業）である。約85人，51／55⇒回収率92.7％。この企業の総従業員は倍以上いるとのことである。L企業はアパレル関係（私営企業）である。約45人，22/25⇒回収率88％。なお，全体的に回収率が高くなっている理由は企業の責任者が回収したからである。今回，調査実施にあたって，春に予備調査をやっておいたが，実際に現地に行ってみると，とくに紡績関係（上海・北京）は国有企業の再編成があってアンケートを実施できなかった。また，瀋陽では自動車関係の企業は操業短縮（週3日操業というところもあった）を実施しており・予定の3社（春に予備調査をしていた）はすべてアンケート調査ができなかった。そして，北京では党大会もあってか，1社しか実施できなかった。とくに，瀋陽・大連の国有企業は大変厳しい状況にあるものと思われた。なお，12個の個別企業の分析は，枚数の関係ですべて割愛してある。

第1節　労働者における基本概況

（1）　調査対象者の性別における基本的な構成内容

①性別による年齢構成（表8-1参照）

　男性は47％で女性（約53％）より低く（製造業が多いが），39歳以下に女性が多く（1993年に国務院が現場労働者の女性に対して45歳定年制を法的に導入し，企業によっては女性労働者の40歳定年制を採用する企業も出ている。こうしたことが女性労働者をリストラ対象にし，女性の中高年者が減少していることと関係している），40歳以上は男性労働者が相対的に多くなっている。

②性別による勤続年数の構成（表8-2参照）

　「1～3年未満」が約20％で最も多く，次いで，「3～6年未満」が約19％となっている。また，男女の勤続年数はあまり差異性がみられず，強いていえば，15年以上に若干男性の勤続年数が多いといえるであろう。

③性別による学歴の構成（表8-3参照）

　「短大・専門」卒が約36％で最も多いが，「中学」卒も約17％占めている。また，男性は高卒と大卒が多く，女性は中卒と「短大・専門」卒が多い。ただ，女性の大卒が高い比率を示している。

④性別による転職経験の構成（表8-4参照）

　1978年末以降の「改革開放」政策の導入後，転職の可能性が大幅に出てきたが，かなり特殊な能力をもつ人たちに偏っていた。しかし，1986年10月・「労働契約法」施行後，契約更新が不可能な人びとは大半が転職を余儀なくさせられた。さらに，1994年正式に「社会主義市場経済」が導入されてから，多くの人びとが転職を考えるようになった。

　転職経験が「ある」と回答した人びとは約46％いる。そのうち，男性は約45％あり，女性は約55％で，女性の転職経験が男性より10ポイントほど高い（ちなみに，ある全国的な調査によれば〈劉伯江「第5章　女性的就業状況」張萍主編『中国婦女的現状』紅旗出版社，1995年2月，7～8頁〉，女性の転職経験の回数は男性より少なく，しかも水平的な・同程度クラスの職種に転職する傾向があると指摘している。

表8-1 性別による年齢構成
（上段：実数，下段：％）

	合計	性別	
		男	女
全体	552 100.0%	260 47.1%	292 52.9%
20歳未満	46 100.0%	15 32.6%	31 67.4%
20～24歳	136 100.0%	57 41.9%	79 58.1%
25～29歳	115 100.0%	45 39.1%	70 60.9%
30～34歳	72 100.0%	34 47.2%	38 52.8%
35～39歳	52 100.0%	25 48.1%	27 51.9%
40～44歳	52 100.0%	33 63.5%	19 36.5%
45～49歳	41 100.0%	27 65.9%	14 34.1%
50～54歳	19 100.0%	11 57.9%	8 42.1%
55～59歳	13 100.0%	9 69.2%	4 30.8%
60歳以上	6 100.0%	4 66.7%	2 33.3%

表8-2 性別による勤続年数の構成
（上段：実数，下段：％）

	合計	性別	
		男	女
全体	552 100.0%	257 46.6%	295 53.4%
1年未満	49 100.0%	24 49.0%	25 51.0%
1～3年未満	110 100.0%	45 40.9%	65 59.1%
3～6年未満	103 100.0%	32 31.1%	71 68.9%
6～10年未満	85 100.0%	33 38.8%	52 61.2%
10～15年未満	50 100.0%	21 42.0%	29 58.0%
15～20年未満	53 100.0%	31 58.5%	22 41.5%
20年以上	102 100.0%	71 69.6%	31 30.4%

表8-3 性別による学歴構成
（上段：実数，下段：％）

	合計	性別	
		男	女
全体	549 100.0%	259 47.2%	290 52.8%
小・中	94 100.0%	25 26.6%	69 73.4%
高校（旧中）	163 100.0%	86 52.8%	77 47.2%
短大・高専	200 100.0%	91 45.5%	109 54.5%
大学・大学院	92 100.0%	57 62.0%	35 38.0%

表8-4 性別による転職経験の構成
（上段：実数，下段：％）

	合計	性別	
		男	女
全体	526 100.0%	245 46.6%	281 53.4%
ある	253 100.0%	113 44.7%	140 55.3%
ない	273 100.0%	132 48.4%	141 51.6%

ただ，今回の調査は都市の企業を対象にしていることが，かなり異なった結果となっている）。このことは①で指摘したように，女性のリストラがかなり広範囲になされていることと関係しているようだ。

⑤性別による仕事の内容・ポストの構成（表8-5参照）

管理職（最近やたらに役職名をつける傾向があり，部下のいない人びとが多くなっているようだ）が約24％で最も多く，次いで，一般職（現業・ライン部門）が約

表8-5 性別による仕事の内容ポストの構成

（上段：実数，下段：％）

	合計	性別	
		男	女
全体	541 100.0%	256 47.3%	285 52.7%
管理職	134 100.0%	85 63.4%	49 36.6%
専門職	73 100.0%	39 53.4%	34 46.6%
現業監督職	29 100.0%	16 55.2%	13 44.8%
一般（事務）職	77 100.0%	28 36.4%	49 63.6%
一般（技術・研究）職	62 100.0%	41 66.1%	21 33.9%
一般（営業）職	58 100.0%	13 22.4%	45 77.6%
一般（現業）職	108 100.0%	34 31.5%	74 68.5%

19％いる。この上位二つで約43％を占めている。また，男性は管理職が約33％占め，女性は一般職（現業・ライン部門）が25％占めている。特に，男性は管理職・専門職・現場監督職・一般職（技術・研究部門）のポストが相対的に多く，女性は一般職（事務・営業・現業部門）のポストが多い。

(2) 調査対象者の年齢別における基本的な構成内容

①年齢別による勤続年数の構成（表8-6参照）

「20～24歳」代が約25％で最も多く，次いで，「25～29歳」代が約21％を占めている。ただ，20歳代以下が約53％となっている。そして，勤続年数の比較的長い「20年以上」の「40～45歳」代が約37％を占めている。特に，勤続年数が6年未満以下をみてみると，約46％を占めており，若い人びと（20歳代以下・53％）が企業の多数派となっている（なお，1986年10月以降，「労働契約法」施行との関係もあってか，勤続年数が徐々に短くなっている）。ただ，40歳代以上もバランスよく配置されている。このことは中国の企業が現在かなり順調に経済活動をしているともいえるのではないか。

表8-6 年齢別による勤続年数の構成

(上段:実数, 下段:%)

		全体	1年未満	1～3年未満	3～6年未満	6～10年未満	10～15年未満	15～20年未満	20年以上
合	計	568 100.0%	50 100.0%	112 100.0%	108 100.0%	86 100.0%	51 100.0%	53 100.0%	108 100.0%
年齢	20歳未満	46 8.1%	21 42.0%	22 19.6%	3 2.8%				
	20～24歳未満	140 24.6%	25 50.0%	66 58.9%	42 38.9%	7 8.1%			
	25～29歳未満	116 20.4%	3 6.0%	17 15.2%	43 39.8%	42 48.8%	9 17.6%	2 3.8%	
	30～34歳未満	73 12.9%		2 1.8%	13 12.0%	27 31.4%	21 41.2%	7 13.2%	3 2.8%
	35～39歳未満	52 9.2%		3 2.7%	4 3.7%	7 8.1%	12 23.5%	23 43.4%	3 2.8%
	40～44歳未満	53 9.3%			1 0.9%		3 5.9%	9 17.0%	40 37.0%
	45～49歳未満	42 7.4%	1 2.0%				1 2.0%	8 15.1%	32 29.6%
	50～54歳未満	20 3.5%		2 1.8%			2 3.9%	3 5.7%	13 12.0%
	55～59歳未満	15 2.6%			1 0.9%	1 1.2%	1 2.0%		12 11.1%
	60歳以上	7 1.2%					1 2.0%	1 1.9%	5 4.6%
	不明	4 0.7%			1 0.9%	2 2.3%	1 2.0%		

表8-7 年齢別による学歴構成

(上段:実数, 下段:%)

		全体	小・中	高校(旧中)	短大・高専	大学院
合	計	565 100.0%	97 100.0%	165 100.0%	205 100.0%	98 100.0%
年齢	20歳未満	47 8.7%	18 6.9%	15 5.3%	14 6.8%	
	20～24歳未満	140 25.9%	29 11.2%	34 12.1%	54 26.3%	23 23.5%
	25～29歳未満	117 21.6%	15 5.8%	32 11.3%	50 24.4%	20 20.4%
	30～34歳未満	72 13.3%	4 1.5%	19 6.7%	25 12.2%	24 24.5%
	35～39歳未満	53 9.8%	4 1.5%	18 6.4%	23 11.2%	8 8.2%
	40～44歳未満	51 9.4%	8 3.1%	21 7.4%	18 8.8%	4 4.1%
	45～49歳未満	41 7.6%	6 2.3%	12 4.3%	12 5.9%	11 11.2%
	50～54歳未満	20 3.7%	5 1.9%	10 3.5%	2 1.0%	3 3.1%
	55～59歳未満	15 2.8%	3 1.2%	1 0.4%	7 3.4%	4 4.1%
	60歳以上	6 1.1%	4 1.5%	1 0.4%		1 1.0%
	不明	3 0.6%	1 0.4%	2 0.7%		

第8章 中国における労働者の帰属意識

表8-8 年齢別による転職経験の構成

		全体	ある	ない
合	計	541 100.0%	259 100.0%	282 100.0%
年齢	20歳未満	44 8.1%	13 5.0%	31 11.0%
	20～24歳未満	136 25.1%	48 18.5%	88 31.2%
	25～29歳未満	110 20.3%	59 22.8%	51 18.1%
	30～34歳未満	68 12.6%	29 11.2%	39 13.8%
	35～39歳未満	51 9.4%	29 11.2%	22 7.8%
	40～44歳未満	52 9.6%	32 12.4%	20 7.1%
	45～49歳未満	37 6.8%	23 8.9%	14 5.0%
	50～54歳未満	19 3.5%	9 3.5%	10 3.5%
	55～59歳未満	15 2.8%	11 4.2%	4 1.4%
	60歳以上	6 1.1%	4 1.5%	2 0.7%
	不明	3 0.6%	2 0.8%	1 0.4%

表8-9 年齢別による仕事の内容・ポストの構成

		全体	管理職	専門職	現業監督職	一般 (事務職)	一般(技術・研究)職	一般 (営業)職	一般 (現業)職
合	計	555 100.0%	137 100.0%	74 100.0%	31 100.0%	81 100.0%	65 100.0%	59 100.0%	108 100.0%
年齢	20歳未満	45 8.1%	5 3.6%	5 6.8%	2 6.5%	7 8.6%	4 6.2%	7 11.9%	15 13.9%
	20～24歳未満	133 24.0%	15 10.9%	21 28.4%	4 12.9%	25 30.9%	20 30.8%	14 23.7%	34 31.5%
	25～29歳未満	115 20.7%	20 14.6%	14 18.9%	10 32.3%	19 23.5%	11 16.9%	24 40.7%	17 15.7%
	30～34歳未満	72 13.0%	24 17.5%	7 9.5%	4 12.9%	9 11.1%	12 18.5%	6 10.2%	10 9.3%
	35～39歳未満	52 9.4%	14 10.2%	9 12.2%	4 12.9%	10 12.3%	4 6.2%	2 3.4%	9 8.3%
	40～44歳未満	52 9.4%	25 18.2%	5 6.8%	2 6.5%	5 6.2%	2 3.1%	3 5.1%	10 9.3%
	45～49歳未満	42 7.6%	20 14.6%	8 10.8%		2 2.5%	4 6.2%		8 7.4%
	50～54歳未満	19 3.4%	7 5.1%	2 2.7%	2 6.5%	3 3.7%	2 3.1%	2 3.4%	1 0.9%
	55～59歳未満	15 2.7%	5 3.6%	2 2.7%	2 6.5%		4 6.2%		2 1.9%
	60歳以上	7 1.3%	2 1.5%	1 1.4%	1 3.2%		2 3.1%		1 0.9%
	不明	3 0.5%				1 1.2%		1 1.7%	1 0.9%

②年齢別による学歴の構成（**表 8-7** 参照）

　学歴は「短大・専門」卒（中国の場合，業種による専門学校が多い）が約36％で最も多く，次いで，「高校」卒が約29％を占めている。ただ，「20～29歳」代は「短大・専門学校」卒が比率で高く，「30～34歳」代と「45～49歳」代は「大学・大学院」卒の比率が高い。このことは学歴の推移をみれば，「小・中」卒から「高校」卒に移行し，現在は「短大・専門」卒が増加しており，そして，数年後には「大学・大学院」卒が一段と増加するものと思われる。

③年齢別による転職経験の構成（**表 8-8** 参照）

　転職経験がある人びとは約45％あり，そのうち，「25～29歳」代が約23％で最も多く，次いで，「20～24歳」代が約19％で多い。つまり，20歳代の若年層が自らの能力を発揮できる職場を求めているともいえるであろう。また，この世代は学歴も高いこともある。

④年齢別による仕事の内容・ポストの構成（**表 8-9** 参照）

　管理職についてみると，中国では「30～34歳」代と「40～44歳」代がそれぞれ約18％を占めており，30歳代前半と40歳代前半の管理者が中国の企業をリードしているものと思われる。アパレル産業やサービス業では20歳代で現場主任となっており，それはかなり日本的な訓練方法，つまり「日常の仕事をしながらの訓練」（OJT・非公式訓練が主である）がなされている。

第 2 節　労働者の仕事と満足度

（1）　仕事を選択するさいの条件

　人びとは仕事を選択するさい，どんな条件を最も重視するのであろうか。現在，自らがおかれている状況と社会環境などを考慮し仕事を選択するものと思われる。

　中国は1997年 9 月12日から中国共産党第15回大会で，今後 3 年間にわたり多くの赤字企業にある国有企業改革を実施し，特に本格的な株式制の導入をかかげ，国有企業の労働者に対する合理化，つまりリストラ（首切り）を実施することを打ち出している。

仕事を選択するさいの条件をみると（**表8-10**参照），第1位は「専門職や技術を生かせる」（175人），第2位は「高い収入が得られる」（166人），第3位は「仲間と楽しく働ける」（162人），第4位は「失業の心配がない」（105人），そして，第5位が「世の中のためになる」（71人）である。

こうした中国の労働者における仕事に対する選択肢は，現在の中国社会の状況を一定程度に反映しているものと思われる。例えば，私が上海で「労働力市場」（中国では「人材市場」と呼んでいる）と呼ばれている企業の求人会場をみたさい，会場で掲示されている内容や「人材市場報」（上海人材センターが発行している新聞）などから，現在中国では学歴別（大学院卒，学部卒，短大・専門学校卒・高・中卒など），所有形態別（国有企業，集団企業，三資企業＝合弁・合作・独資，私営・個人経営など），職能別（高級・中級・下級の管理職，営業販売職，秘書職など），そして，専門職別（専門知識の

表8-10　仕事をするさいの条件
（上段：実数，下段：％）

全体	572 100.0%	
仕事を選択するさいの条件	働く時間が短い	35 6.1%
	失業の心配がない	105 18.4%
	健康を損なう心配がない	67 11.7%
	高い収入が得られる	166 29.0%
	仲間と楽しく働ける	162 28.3%
	責任者として，采配がふるえる	54 9.4%
	人に気兼ねなく自由に仕事ができる	62 10.8%
	専門職や技術を生かせる	175 30.6%
	世間からもてはやされる	16 2.8%
	世の中のためになる	71 12.4%
	転勤の心配がない	20 3.5%
	その他	6 1.0%

（注）重複回答。

レベル，外国語のレベル，コンピュータのレベルなど）によって採用条件がかなり厳しくなされており，それが賃金と連動しているのである。このような状況が今回の調査の第1位の「専門職や技術を生かせる」を選択肢に挙げたものであろう。ただ，従来から中国人は自ら得た専門知識や技術・技能は財産と思っており，他人に無償で提供することは考えない面もあったことも反映しているのであろう。そして，第5位の「世の中のためになる」という選択動機は，以前にあった社会道徳ともいうべき「国家・社会のため」とか，「人民のため」とかいう昔の精神の反映かも知れない（ただ，現在でも「精神運動」を展開しているが）。さらに，第4位の「失業の心配がない」項目について，数年前の国有企

表8-11 性別による今の仕事
(上段：実数，下段：%)

	合計	性別	
		男	女
全体	549 100.0%	256 46.6%	293 53.4%
かなり満足	122 100.0%	63 51.6%	59 48.4%
まあ満足	287 100.0%	131 45.6%	156 54.4%
やや不満	78 100.0%	42 53.8%	36 46.2%
大いに不満	15 100.0%	5 33.3%	10 66.7%
どちらともいえない	47 100.0%	15 31.9%	32 68.1%

表8-12 性別による職場での自分の地位
(上段：実数，下段：%)

	合計	性別	
		男	女
全体	540 100.0%	256 47.4%	284 52.6%
かなり満足	79 100.0%	46 58.2%	33 41.8%
まあ満足	288 100.0%	142 49.3%	146 50.7%
やや不満	85 100.0%	40 47.1%	45 52.9%
大いに不満	16 100.0%	6 37.5%	10 62.5%
どちらともいえない	72 100.0%	22 30.6%	50 69.4%

業で働く労働者ならば，「失業の心配」をせずにいたのだが，昨今では失業が現実のものとして受け止められ，その危機感としての選択肢の結果が示されている。

（2） 企業環境に対する態度
【A．性　別】
　①性別による今の仕事の満足度（表8-11参照）
　仕事についての満足度をみると，満足派が約74％（409人）で，不満派が約17％（93人）で，圧倒的に今の仕事に満足している。男性の満足派（約75％）と女性の満足派（約73％）は拮抗しており，不満派も同じような比率（男：18％，女：16％）である。これは労働力市場・人材市場の悪化とも重なり，今の仕事がそれなりに満足感をもっているともいわれている。
　②性別による職場での自分の地位についての満足度（表8-12参照）
　職場での自分の地位についての満足度をみると，満足派が約66％（288人）で，不満派が約18％（101人）で，満足派が不満派の約4倍の高さである。これは最近において管理職になるひとびとが多くなっていることと関係しているものと思われる。

表8-13 性別による月々の賃金
(上段:実数、下段:%)

	合計	性別		
		男	女	不明
全体	557 100.0%	254 45.6%	287 51.5%	16 2.9%
かなり満足	55 100.0%	20 36.4%	33 60.0%	2 3.6%
まあ満足	261 100.0%	115 44.1%	135 51.7%	11 4.2%
やや不満	157 100.0%	80 51.0%	74 47.1%	3 1.9%
大いに不満	45 100.0%	26 57.8%	19 42.2%	0.0%
どちらともいえない	39 100.0%	13 33.3%	26 66.7%	0.0%

表8-14 性別による今の会社
(上段:実数、下段:%)

	合計	性別		
		男	女	不明
全体	557 100.0%	256 46.0%	286 51.3%	15 2.7%
かなり満足	82 100.0%	36 43.9%	44 53.7%	2 2.4%
まあ満足	333 100.0%	155 46.5%	167 50.2%	11 3.3%
やや不満	78 100.0%	43 55.1%	34 43.6%	1 1.3%
大いに不満	14 100.0%	5 35.7%	8 57.1%	1 7.1%
どちらともいえない	50 100.0%	17 34.0%	33 66.0%	0.0%

男性の満足派(約72%)が女性の満足派(約61%)を10ポイント上回っている。これは職場での男性の地位が徐々に増加していく傾向の兆候かもしれない。ただ,男性も女性も,不満派は20%以下である(男:約18%,女:約19%)。

③性別による月々の賃金についての満足度(**表8-13参照**)

月々の賃金についての満足度をみると,満足派が約55%(316人)で,不満派が約35%(202人)で,満足派が20ポイント高い。これは今年のインフレ率の減少が大幅であることに起因しているともいえる。ただし,賃金上昇率は純化ぎみである。特に,満足派が多い中国をみると,それはGDPが今年上半期で9.8%前後あり,その成長率が賃金を押し上げ,しかも政策的にインフレ率を下げており,それらのことが満足感を与えているのであろう。そして,性別でみると,男性(約52%)も女性(約57%)も,ともに満足派が多い。ただ,男性の不満派(約41%)が女性の不満派(約32%)より約10%弱高い。これは男性がかなり重い任務を担わされているのに,それに見合った賃金が得られない不満のようである。

④性別による今の会社についての満足度(**表8-14参照**)

今の会社についての満足度をみると,満足派が約73%(415人)で,不満派は約16%(92人)で,満足派が不満派の約5倍弱ある。これは現在の中国経済の

表8-15 性別による職場の人間関係
(上段:実数,下段:%)

	合計	性別		
		男	女	不明
全体	556 99.8%	253 45.4%	289 51.9%	14 2.5%
かなり満足	118 143.9%	51 62.2%	63 76.8%	4 4.9%
まあ満足	321 96.4%	141 42.3%	172 51.7%	8 2.4%
やや不満	55 70.5%	32 41.0%	21 26.9%	2 2.6%
大いに不満	13 92.9%	8 57.1%	5 35.7%	0.0%
どちらともいえない	49 98.0%	21 42.0%	28 56.0%	0.0%

発展テンポを示しているが,国有企業についてはかなり厳しい状況にあると思っている。しかし,それでも国有企業の人びとの中には国有企業の深刻な経営状態を理解していない人びともいる(何故なら,国有企業の再編成がわずか数ヶ月前に知らされたこともあるからであろう)。つまり,中国の企業は未だに本格的な国有企業改革を実施していないことの反映かも知れないと思われるほど,多くの労働者が少し楽観的な企業観をもっていることを示している。そして,性別でみると,男女ともに満足派が多数であり(男:約73%,女:約72%),男女ともに不満派は20%以下である(特に,女性は約14%しかいない)。現在,中国の企業では女性労働者に対するリストラがかなり実施されているわりには,女性労働者が今の会社に不満をあまりもっていないことに,私は少し驚きを感じさせられた。

⑤性別による職場の人間関係についての満足度(**表8-15**参照)

職場の人間関係についての満足度をみると,満足派が約77%(439人)で,不満派が約19%(68人)で,満足派が不満派の約4割強になっている。これは仕事をスムーズにするためのものであろう。中国ではコネ社会といわれているほど,人間関係が重視されていることを示している。そして,性別でみると,女性の満足派は約80%(253人)で,男性の満足派は約74%(192人)で,女性は男性よりも6ポイント高い。また,女性の不満派は約9%(26人)である。このことは企業活動にとって良いことなのかどうか,意見が分かれているが,現在は少し疑問も出ている。つまり,人間関係が強いため,仕事の責任感や義務感が薄れ,仕事のミスも指摘できなくなる雰囲気があるとのことであった。

【B. 年齢別】

①年齢別による今の仕事についての満足度(**表8-16**参照)

第8章　中国における労働者の帰属意識

表8-16　年齢別による今の仕事

（上段：実数，下段：％）

		全体	かなり満足	まあ満足	やや不満	大いに不満	どちらともいえない
合	計	565 100.0%	125 100.0%	296 100.0%	81 100.0%	16 100.0%	47 100.0%
年齢	20歳未満	46 8.1%	14 11.2%	16 5.4%	9 11.1%	1 6.3%	6 12.8%
	20～24歳未満	140 24.8%	21 16.8%	75 25.3%	31 38.3%	4 25.0%	9 19.1%
	25～29歳未満	116 20.5%	27 21.6%	64 21.6%	12 14.8%	3 18.8%	10 21.3%
	30～34歳未満	73 12.9%	15 12.0%	37 12.5%	10 12.3%	2 12.5%	9 19.1%
	35～39歳未満	53 9.4%	9 7.2%	29 9.8%	8 9.9%	1 6.3%	6 12.8%
	40～44歳未満	51 9.0%	11 8.8%	33 11.1%	4 4.9%	2 12.5%	1 2.1%
	45～49歳未満	42 7.4%	13 10.4%	24 8.1%	1 1.2%	1 6.3%	3 6.4%
	50～54歳未満	20 3.5%	8 6.4%	8 2.7%	2 2.5%		2 4.3%
	55～59歳未満	15 2.7%	3 2.4%	6 2.0%	4 4.9%	1 6.3%	1 2.1%
	60歳以上	6 1.1%	3 2.4%	2 0.7%		1 6.3%	
不	明	3 0.5%	1 0.8%	2 0.7%			

　基本的にすべての年齢層で「まあ満足」という回答が出ている。ただ，「20～24歳」代で若干「やや不満」が出ているともいえる。そして，40歳代から50歳代まで，「かなり満足」している。今日の中国経済がすべての年齢層に満足感を与えていることに，中国経済の高度成長をみることができる。

　②年齢別による職場での自分の地位についての満足度（**表8-17**参照）

　すべての年代で「まあ満足」と回答しているが，特に「20～34歳」代が「かなり満足」を含めて，満足度は高い。ただ，「20～24歳」代について，「やや不満」を解消させるような対策が考慮される必要があろう。そのひとつが若い人びとの技術・技能にマッチした職場を提供することではないであろうか。それは従来のように，一度配属された職場を固定しないことが必要であろう（多能工化を一段と推進する必要があろう）。

　③年齢別による月々の賃金についての満足度（**表8-18**参照）

　各年代における「まあ満足」が「やや不満」をすべて上回っており・満足が主流となっている。しかし・中国の「20～24歳」代と「30～34歳」代は日本と

表8-17 年齢別による職場での自分の地位 (上段:実数, 下段:%)

		全体	かなり満足	まあ満足	やや不満	大いに不満	どちらともいえない
合	計	555 100.0%	82 100.0%	296 100.0%	88 100.0%	16 100.0%	73 100.0%
年齢	20歳未満	46 8.3%	8 9.8%	18 6.1%	9 10.2%	2 12.5%	9 12.3%
	20~24歳未満	139 25.0%	10 12.2%	76 25.7%	35 39.8%	2 12.5%	16 21.9%
	25~29歳未満	115 20.7%	18 22.0%	59 19.9%	19 21.6%	2 12.5%	17 23.3%
	30~34歳未満	72 13.0%	11 13.4%	40 13.5%	7 8.0%	1 6.3%	13 17.8%
	35~39歳未満	52 9.4%	5 6.1%	29 9.8%	7 8.0%	3 18.8%	8 11.0%
	40~44歳未満	48 8.6%	8 9.8%	29 9.8%	3 3.4%	2 12.5%	6 8.2%
	45~49歳未満	41 7.4%	9 11.0%	25 8.4%	4 4.5%	1 6.3%	2 2.7%
	50~54歳未満	20 3.6%	4 4.9%	11 3.7%	3 3.4%	1 6.3%	1 1.4%
	55~59歳未満	13 2.3%	3 3.7%	6 2.0%	1 1.1%	2 12.5%	1 1.4%
	60歳以上	6 1.1%	5 6.1%	1 0.3%			
	不明	3 0.5%	1 1.2%	2 0.7%			

表8-18 年齢別による月々の賃金 (上段:実数, 下段:%)

		全体	かなり満足	まあ満足	やや不満	大いに不満	どちらともいえない
合	計	556 100.0%	55 100.0%	260 100.0%	157 100.0%	45 100.0%	39 100.0%
年齢	20歳未満	45 8.1%	6 10.9%	20 7.7%	11 7.0%	3 6.7%	5 12.8%
	20~24歳未満	140 25.2%	5 9.1%	67 25.8%	44 28.0%	18 40.0%	6 15.4%
	25~29歳未満	115 20.7%	12 21.8%	57 21.9%	34 21.7%	3 6.7%	9 23.1%
	30~34歳未満	73 13.1%	8 14.5%	28 10.8%	20 12.7%	10 22.2%	7 17.9%
	35~39歳未満	52 9.4%	4 7.3%	22 8.5%	15 9.6%	5 11.1%	6 15.4%
	40~44歳未満	49 8.8%	4 7.3%	27 10.4%	12 7.6%	2 4.4%	4 10.3%
	45~49歳未満	40 7.2%	8 14.5%	21 8.1%	8 5.1%	2 4.4%	1 2.6%
	50~54歳未満	20 3.6%	2 3.6%	10 3.8%	7 4.5%		1 2.6%
	55~59歳未満	14 2.5%	2 3.6%	7 2.7%	4 2.5%	1 2.2%	
	60歳以上	6 1.1%	4 7.3%	1 0.4%		1 2.2%	
	不明	2 0.4%		2 1.3%			

同様に不満がそれなりに存在する。そして，その他の年代も満足しているかといえば，必ずしもそうではない。何軒かの家庭を訪問したが・そこには多くの家電製品があった。その購入費はどのように調達したかを問えば，夫婦共働きであるのと，夫婦揃ってか，どちらか一方が第2職業，つまりアルバイトをしているということであった。実は中国の第2職業の多さは一般的によく知られているが，われわれが思っている以上にアルバイトをしているものと思われる（実は日本も主婦のパートがこの数年増加の一途である。仮に，こうした収入がないとすれば，現在の日本のサラリーマン層，つまり中流層は崩壊するともいわれているが）。その収入が勤務先からの月々の賃金に対する不満を解消させているようだ。

④年齢別による今の会社についての満足度（**表8-19**参照）

全般的に，今の会社に対する満足感はかなり強いものがあることを示している。とりわけ，35歳以上の人びとは基本的に契約労働者でないため，現在の身分が保証されていることもあって満足感をもっており，それが調査結果にも表れているものと思われる（ただ，女性にはかなりの不満をもつ人びともいるが）。しかし，「20〜24歳」代と「30〜34歳」代の人びとが他の年代より少し満足度が低いことも示している。この年代は全員が契約労働者になっており（形式的な面もかなりあると思われる企業もあったが），更新のさい，会社が自分をどう評価しているか，ということもあってか，満足度が少し低いようだ。実際，今回の対象企業の責任者（私営企業だが）は，2〜3割は更新しない，という返事であった。

⑤年齢別による職場の人間関係についての満足度（**表8-20**参照）

職場の人間関係は従来から重視される傾向をもっていたが，この調査でも満足派は約80％を占めている。ただ，「30〜34歳」代と「50〜54歳」代には他の年代とは異なり，少し満足度が低いようにみられる。だが，「25〜29歳」代の満足度は他の年代よりかなり高い。それは仕事に対して興味・関心をもち，いろいろなものを吸収したいという年齢とも重なって，人間関係を最も重視するのではないであろうか。

表 8-19 年齢別による今の会社

(上段：実数，下段：％)

		全体	かなり満足	まあ満足	やや不満	大いに不満	どちらともいえない
合	計	557 100.0%	82 100.0%	333 100.0%	78 100.0%	14 100.0%	50 100.0%
年齢	20歳未満	46 8.3%	6 7.3%	25 7.5%	9 11.5%	1 7.1%	5 10.0%
	20～24歳未満	139 25.0%	12 14.6%	85 25.5%	28 35.9%	4 28.6%	10 20.0%
	25～29歳未満	116 20.8%	19 23.2%	69 20.7%	13 16.7%	2 14.3%	13 26.0%
	30～34歳未満	72 12.9%	13 15.9%	34 10.2%	11 14.1%	2 14.3%	12 24.0%
	35～39歳未満	53 9.5%	8 9.8%	33 9.9%	4 5.1%	2 14.3%	6 12.0%
	40～44歳未満	48 8.6%	9 11.0%	35 10.5%	3 3.8%	1 7.1%	
	45～49歳未満	41 7.4%	7 8.5%	28 8.4%	4 5.1%		2 4.0%
	50～54歳未満	20 3.6%	4 4.9%	10 3.0%	4 5.1%	1 7.1%	1 2.0%
	55～59歳未満	13 2.3%	1 1.2%	9 2.7%	1 1.3%	1 7.1%	1 2.0%
	60歳以上	6 1.1%	3 3.7%	2 0.6%	1 1.3%		
	不　明	3 0.5%		3 0.9%			

表 8-20 年齢別による職場の人間関係

(上段：実数，下段：％)

		全体	かなり満足	まあ満足	やや不満	大いに不満	どちらともいえない
合	計	556 100.0%	118 100.0%	321 100.0%	55 100.0%	13 100.0%	49 100.0%
年齢	20歳未満	46 8.3%	14 11.9%	24 7.5%	5 9.1%	2 15.4%	1 2.0%
	20～24歳未満	137 24.6%	20 16.9%	94 29.3%	15 27.3%	4 30.8%	4 8.2%
	25～29歳未満	114 20.5%	28 23.7%	63 19.6%	7 12.7%	2 15.4%	14 28.6%
	30～34歳未満	72 12.9%	15 12.7%	35 10.9%	7 12.7%	3 23.1%	12 24.5%
	35～39歳未満	53 9.5%	8 6.8%	31 9.7%	5 9.1%		9 18.4%
	40～44歳未満	50 9.0%	13 11.0%	30 9.3%	3 5.5%	2 15.4%	2 4.1%
	45～49歳未満	41 7.4%	11 9.3%	21 6.5%	5 9.1%		4 8.2%
	50～54歳未満	20 3.6%	3 2.5%	11 3.4%	4 7.3%		2 4.1%
	55～59歳未満	14 2.5%	2 1.7%	9 2.8%	2 3.6%		1 2.0%
	60歳以上	6 1.1%	4 3.4%	1 0.3%	1 1.8%		
	不　明	3 0.5%		2 0.6%	1 1.8%		

第3節　労働者における労働観・人生観

【A．性　別】
①性別による「昇進などで同期に遅れを取りたくないと思っている」（**表8-21**参照）

労働者の労働観・人生観を，以下13の項目についてみることにする。

「昇進などで同期に遅れを取りたくないと思っている」かどうかをみると，肯定的にみる人びと（72.2％）のうち，女性（53.3％）は男性（44.8％）より同期生との競争意識をもち，誰にも負けたくないという考え方が出ている。昇進などのチャンスは同じ条件としてみているともいえる。

②性別による「〈会社人間〉といわれるような生活をしている」（**表8-22**参照）

「〈会社人間〉といわれるような生活をしている」かどうかをみると，「会社人間」を肯定する人びと（48.2％）が，否定する人びと（40.7％）より若干多く，ここでも女性（49.6％）のほうが「会社人間」だと思う人びとが男性（47.1％）より2％ほど多い。何故，中国では女性が「会社人間」を肯定するのであろうか。それは表8-11（「今の仕事の満足度」）からみると，仕事の満足度の高さと密接に関係しているものと思われる。ただ，男性のうち，肯定する人びとは約50％である。中国は男女ともに肯定する人びとが多いが，女性は「会社人間」を否定する人びとが男性よりも約13％高い。中国では必ずしも「会社人間」を悪いものとしてはみておらず，仕事を熱心にやる人という考え方をもつ人びとを指すようである。

③性別による「家でも会社の仕事をすることが多い」（**表8-23**参照）

「家でも会社の仕事をすることが多い」かどうかをみると，若干の人びと（26.7％）が家に仕事を持参するとしているが，これは聞けば会社の事務所でかなり遅くまで仕事をするということであった（残業時間とは別に自ら仕事をやる場合がしばしばあるようだ）。特に，女性（55.6％）が男性（41.2％）より多いが，必ずしも日本的な「風呂敷」サービス労働ではなく，かなり簡単な仕事を指し

表 8-21 性別による昇進など同期に遅れを取りたくないと思っている

	合計	性別		
		男	女	不明
全体	522 100.0%	235 45.0%	272 52.1%	15 2.9%
はい	413 100.0%	185 44.8%	220 53.3%	8 1.9%
いいえ	109 100.0%	50 45.9%	52 47.7%	7 6.4%

表 8-22 性別による「〈会社人間〉といわれるような生活をしている」

	合計	性別		
		男	女	不明
全体	509 100.0%	228 44.8%	265 52.1%	16 3.1%
はい	276 100.0%	130 47.1%	137 49.6%	9 3.3%
いいえ	233 100.0%	98 42.1%	128 54.9%	7 3.0%

表 8-23 性別による「家でも会社の仕事をすることが多い」

	合計	性別		
		男	女	不明
全体	496 100.0%	222 44.8%	260 52.4%	14 2.8%
はい	153 100.0%	63 41.2%	85 55.6%	5 3.3%
いいえ	343 100.0%	159 46.4%	175 51.0%	9 2.6%

表 8-24 性別による「会社のためなら自分の生活も多少とも犠牲にするのは当たりまえだと思う」

	合計	性別		
		男	女	不明
全体	517 100.0%	232 44.9%	269 52.0%	16 3.1%
はい	361 100.0%	170 47.1%	180 49.9%	11 3.0%
いいえ	156 100.0%	62 39.7%	89 57.1%	5 3.2%

ている（多くは簡単な統計処理や転記などの仕事が多い）。システムの転換期にある中国では，市場競争は競争社会という考え方が強く，仕事は会社でも家でも（会社以外のところという意味に捉えているようだ）一生懸命やるべきだと思う人びとが多く，そうした考え方が，「家でも会社の仕事をすることが多い」という回答の中身であった。

　④性別による「会社のためなら自分の生活を多少とも犠牲にするのは当たりまえだと思う」（**表 8-24参照**）

　「会社のためなら自分の生活を多少とも犠牲にするのは当たりまえだと思う」かどうかをみると，自分の生活に多少とも犠牲を伴うが，会社のためなら仕事を優先させてもよいという人びとが多い（63.1%）。男女ともに同じような考え方があり，特に，女性の場合，仕事優先の考え方がないとみられれば，リストラの対象にされると思っている人びとが多い。同時に，男性とは対等でなけれ

表8-25 性別による「人一倍努力しても，いい仕事をしたい」

| | 合計 | 性別 | | |
		男	女	不明
全体	514 100.0%	229 44.6%	270 52.5%	15 2.9%
はい	407 100.0%	172 42.3%	227 55.8%	8 2.0%
いいえ	107 100.0%	57 53.3%	43 40.2%	7 6.5%

表8-26 性別による「能力が発揮できる機会があれば昇進にこだわらない」

| | 合計 | 性別 | | |
		男	女	不明
全体	512 100.0%	226 44.1%	270 52.7%	16 3.1%
はい	301 100.0%	130 43.2%	165 54.8%	6 2.0%
いいえ	211 100.0%	96 45.5%	105 49.8%	10 4.7%

ばならないという気持ちが強くある。ただ，男女とも自らの人生は自ら決めたいという意識も強い。

⑤性別による「人一倍努力しても，いい仕事をしたい」（表8-25参照）

「人一倍努力しても，いい仕事をしたい」かどうかをみると，肯定する人びとのうち（71.1%），女性（55.8%）が男性（42.2%）より約14%多いが，女性は努力しなければ，自らの希望する仕事は得られないと思っている。このことは努力すれば，現在の社会システムでもそれなりの希望する仕事があるということを示している。ここに現在，中国の活力があるように思われる（逆に，中国は激動している社会であるということもいえる）。

⑥性別による「能力が発揮できる機会があれば昇進にこだわらない」（表8-26参照）

「能力が発揮できる機会があれば昇進にこだわらない」かどうかをみると，肯定する人びとが約半数近くいる（52.6%）。これは計画経済管理システムから市場経済管理システムへの転換の下で，能力の発揮と昇進システムが未だ必ずしも関連していないという現実がある。従って，能力があれば昇進できるというものでもなく，未だに事務部門のなかには与えられた地位とその能力とは別だという人びとがいる。この点について，女性職場といわれるアパレル産業では，女性からかなりの不満があるようだ。今後，中国は各企業に適応した人事考課制度（例えば，職能資格システムや職位システムなど）を整備しなければならないであろう。特に，能力考課は考課者の訓練が非常に重要であるが，中国では現在そうした訓練システムがないともいわれている。

表8-27 性別による「仕事だけの人間なんて魅力がないと思う」

	合計	性別 男	性別 女	性別 不明
全体	512 100.0%	227 44.3%	269 52.5%	16 3.1%
はい	223 100.0%	121 54.3%	97 43.5%	5 2.2%
いいえ	289 100.0%	106 36.7%	172 59.5%	11 3.8%

表8-28 性別による「単身赴任も会社のためならやむを得ないと思う」

	合計	性別 男	性別 女	性別 不明
全体	506 100.0%	227 44.9%	263 52.0%	16 3.2%
はい	297 100.0%	124 41.8%	168 56.6%	5 1.7%
いいえ	209 100.0%	103 49.3%	95 45.5%	11 5.3%

⑦性別による「仕事だけの人間なんて魅力がないと思う」(表8-27参照)

「仕事だけの人間なんて魅力がないと思う」かどうかをみると、少し低い比率（38.9%）もあるが、仕事ができなければ、人間的な魅力もでないのではないか、という考え方の人びとが多い（50.5%）。中国では仕事のエキスパートにならなければ、一人前とみられないのである。だから、現在でも企業内では日本のように「多能工」化（いろいろな仕事をこなすこと）を推進するような雰囲気はない。特に、女性からみて、人間の魅力は仕事ができなければ、その人の評価はできない、ともいう人びとが多い（58.1%）。つまり、仕事の「専門バカ」にならなければ、人間的な魅力がないではないかともいわれているようだ。

⑧性別による「単身赴任も会社のためならやむを得ないと思う」(表8-28参照)

「単身赴任も会社のためならやむを得ないと思う」かどうかをみると、肯定する人びとが約半数近くいる（51.9%）。特に、女性（56.6%）は男性（41.8%）より肯定的な考え方が強い。女性にこの点を聞けば、子供がいても、子供の面倒をみるのは女性とは限らず、男性がみてもよいのではないかとか、両親が元気なら、両親にみてもらってもよいのではないかとか、さらに、両親の面倒は必ず女性がみなければならないとか、とは思っていない、という人びとが多い。こうした前提の上で「単身赴任もやむを得ない」という考え方がでているようだ（ただし、実際には女性の単身赴任は極くわずかであるとのことであった）。そして、事務部門の管理職はかなり頻繁に移動があり、大中型国有企業では省（日本の県に相当）を越えたり、中央機関に転勤ということもあるということであった。

第8章　中国における労働者の帰属意識

表8-29　性別による「会社の人や仕事とのつながりを離れて，趣味や勉強，社会活動を行っている」

	合　計	性　別		
		男	女	不明
全　体	493 100.0%	224 45.4%	256 51.9%	13 2.6%
は　い	290 100.0%	141 48.6%	144 49.7%	5 1.7%
いいえ	203 100.0%	83 40.9%	112 55.2%	8 3.9%

表8-30　性別による「退職金などで優遇されるとしたら，定年前に退職していい」

	合　計	性　別		
		男	女	不明
全　体	511 100.0%	229 44.8%	267 52.3%	15 2.9%
は　い	235 100.0%	100 42.6%	130 55.3%	5 2.1%
いいえ	276 100.0%	129 46.7%	137 49.6%	10 3.6%

地方の企業は交通手段が未整備なこともあり，距離が近くても「単身赴任」を余儀なくされているようだ。

⑨性別による「会社の人や仕事のつながりを離れて，趣味や勉強，社会活動を行っている」（表8-29参照）

「会社の人や仕事のつながりを離れて，趣味や勉強，社会活動を行っている」かどうかをみると，肯定する人びとが半数近くいる（50.6%）。男女とも肯定する人びとのうち，女性が若干多いが，その人たちに聞けば，特に語学（英語が多いが）や会計・財務関係，そして，コンピューターなど，自らの能力アップのために時間を割きたいという人びとが多くなっている。そうした能力アップが次への転職のチャンスともいわれている。

⑩性別による「退職金などで優遇されるとしたら，定年前に退職していい」（表8-30参照）

「退職金などで優遇されるとしたら，定年前に退職していい」かどうかをみると，（中国は退職金制度がなく，一般的に退職金を年金と理解して回答しているようだ。従って，「年金などの優遇」と考えれば），否定する人びと（276人）が，肯定する人びと（235人）より多い。それは定年前に一時的な金額を手に入れたとしても，次の職がみつからない場合が多いこともあって，中国の人びとはあまり歓迎していない。特に，女性は否定的に考えている人びとが多い。ただ，肯定する人びとのうち，女性の方が（55.3%），男性（42.6%）より多い。つまり，女性は否定する人びと（46.2%）と肯定する人びと（43.9%）が拮抗している。そ

表8-31 性別による「ラインの管理職よりもスタッフとして専門的知識を活かすポストにつきたい」

	合計	性別		
		男	女	不明
全体	509 100.0%	228 44.8%	267 52.5%	14 2.8%
はい	354 100.0%	155 43.8%	193 54.5%	6 1.7%
いいえ	155 100.0%	73 47.1%	74 47.7%	8 5.2%

表8-32 性別による「勤務地を自分が希望する地方に限定できれば,昇進・昇格にこだわらない」

	合計	性別		
		男	女	不明
全体	502 100.0%	228 45.4%	262 52.2%	12 2.4%
はい	239 100.0%	96 40.2%	140 58.6%	3 1.3%
いいえ	263 100.0%	132 50.2%	122 46.4%	9 3.4%

のことは,定年前の退職を強要されることを思えば,「退職金などの優遇があれば,定年前でも退職」してもよいという人びとがそれなりにあり,特に,女性の人びとが高い比率である(55.3%)。

⑪性別による「ラインの管理職よりもスタッフとして専門的知識を活かすポストにつきたい」(表8-31参照)

「ラインの管理職よりもスタッフとして専門的知識を活かすポストにつきたい」かどうかをみると,肯定する人びとは一般的に日本より高い比率である(61.8%)。男女別にみると,女性は男性より高い。それはラインの管理職よりスタッフの専門的知識を活かすポストを望み,少しライン部門を低くみているともいわれている。現在の企業における職場環境からみれば,そうした考え方は多くの女性にとってうなづける。特に,専門的知識を活かしたいという人びとが多い。それは職業意識からというよりも,自らの努力で得た知識を活かしたいということのほうが強い。この考え方は知識が一時期であるが軽く見られた反動として,今日では知識の偏重ともみられるような雰囲気がある。

⑫性別による「勤務地を自分が希望する地方に限定できれば,昇進・昇格等にこだわらない」(表8-32参照)

「勤務地を自分が希望する地方に限定できれば,昇進・昇格等にこだわらない」かどうかをみると,否定する人びとのほうが多く(45.9%),昇進・昇格等にはかなりこだわる面が強い。何故なら,昇進・昇格等は賃金の上昇よりも権力をもつということであり,男性は女性よりこの点強い気持ちをもっている。

逆に，女性は肯定的にみる人びとの方が多く，できるだけ自分の希望する地方を選択するようだ。

⑬性別による「結婚・出産等により退職した女子がもとの企業に復帰できる制度があったほうがいい」
（表8-33参照）

表8-33 性別による「結婚・出産等により退職した女子がもとの企業に復帰できる制度があった方がいい」

| | 合計 | 性別 | | |
		男	女	不明
全体	503 100.0%	221 43.9%	268 53.3%	14 2.8%
はい	362 100.0%	136 37.6%	219 60.5%	7 1.9%
いいえ	141 100.0%	85 60.3%	49 34.8%	7 5.0%

「結婚・出産等により退職した女子がもとの企業に復帰できる制度があったほうがいい」かどうかをみると，肯定する人びとは半数以上いる（63.2％）。何故なら，中国では基本的に国有企業等で結婚・出産等で退職をするということはない。ただ，私営・合弁企業等では出産等で退職する場合もあるが，基本的にはそれで退職しなければならないということはない。しかし，最近の状況では，出産退職もあるとのことであった。だから，多くの女性は復帰制度があった方がよいという人びとが多い（73.9％）。

【B．年齢別】

①年齢別による「昇進などで同期に遅れを取りたくないと思っている」（表8-34参照）

「昇進などで同期に遅れを取りたくないと思っている」かどうかをみると，肯定する人びとが多い中で，20歳代から30歳代前半まで同期入社にはかなりライバル心をもっている。そして，40歳代前半の同一年代層もかなり高い比率でライバル心をもち，否定する人びとより約5倍も高いライバル意識をもっている。この40歳代前半はもう一度同期入社の人びとを強く意識するようだ。いろいろ聞いてみると，中国では現在この世代が企業で多くの役職につく年代ともいわれているからである。

②年齢別による「〈会社人間〉といわれるような生活をしている」（表8-35参照）

「〈会社人間〉といわれるような生活をしている」かどうかをみると，肯定する人びとが多い中で，年代によって違いがあるということはあまりない。ただ，

表8-34 年齢別による「昇進などで同期に遅れを取りたくないと思っている」

		全体	はい	いいえ
合	計	522 100.0%	413 100.0%	109 100.0%
年齢	20歳未満	46 8.8%	36 8.7%	10 9.2%
	20～24歳未満	129 24.7%	109 26.4%	20 18.3%
	25～29歳未満	108 20.7%	86 20.8%	22 20.2%
	30～34歳未満	70 13.4%	55 13.3%	15 13.8%
	35～39歳未満	46 8.8%	35 8.5%	11 10.1%
	40～44歳未満	46 8.8%	38 9.2%	8 7.3%
	45～49歳未満	37 7.1%	22 5.3%	15 13.8%
	50～54歳未満	16 3.1%	14 3.4%	2 1.8%
	55～59歳未満	14 2.7%	10 2.4%	4 3.7%
	60歳以上	7 1.3%	5 1.2%	2 1.8%
	不明	3 0.6%	3 0.7%	

表8-35 年齢別による「〈会社人間〉といわれるような生活をしている」

		全体	はい	いいえ
合	計	509 100.0%	276 100.0%	233 100.0%
年齢	20歳未満	42 8.3%	23 8.3%	19 8.2%
	20～24歳未満	130 25.5%	68 24.6%	62 26.6%
	25～29歳未満	103 20.2%	56 20.3%	47 20.2%
	30～34歳未満	69 13.6%	36 13.0%	33 14.2%
	35～39歳未満	44 8.6%	25 9.1%	19 8.2%
	40～44歳未満	46 9.0%	24 8.7%	22 9.4%
	45～49歳未満	35 6.9%	21 7.6%	14 6.0%
	50～54歳未満	16 3.1%	10 3.6%	6 2.6%
	55～59歳未満	14 2.8%	9 3.3%	5 2.1%
	60歳以上	7 1.4%	4 1.4%	3 1.3%
	不明	3 0.6%		3 1.3%

40歳代後半が若干「会社人間」的な生活をする人もいる。現在,中国ではおらく仕事が大変面白いという年代が30歳代前半ではないかと思われる。そうした30歳代前半の何人かに会って話を聞けば,彼らはまさしく「会社人間」ではないかと思われるが,本人はそうした自覚がない人びとが多い。だから,この調査結果には突出していないが,同一年代層でみると,そうした傾向がみられる。ただ,「会社人間」的な生活がどんなものかという概念が,多くの人びとに統一的に把握されていないこともわかった。ある人に聞けば,「会社人間」とは会社のことを思っていることだと理解していたが,確かにそうした理解も成り立つが,心身ともに「会社」のために仕事をし,家族のことは二次的に考えることだと説明すると,あまり理解できる人びとはいなかった。「会社人間」の捉え方が少し幅をもって答えていることを念頭において頂きたい。従って,中国が「会社人間」を肯定する人びとが多いから会社に対する帰属意識が強い

第8章　中国における労働者の帰属意識

表8-36　年齢別による「家でも会社の仕事をすることが多い」

		全体	はい	いいえ
合計		496 100.0%	153 100.0%	343 100.0%
年齢	20歳未満	44 8.9%	12 7.8%	32 9.3%
	20～24歳未満	124 25.0%	25 16.3%	99 28.9%
	25～29歳未満	102 20.6%	36 23.5%	66 19.2%
	30～34歳未満	68 13.7%	26 17.0%	42 12.2%
	35～39歳未満	45 9.1%	14 9.2%	31 9.0%
	40～44歳未満	42 8.5%	12 7.8%	30 8.7%
	45～49歳未満	36 7.3%	11 7.2%	25 7.3%
	50～54歳未満	13 2.6%	7 4.6%	6 1.7%
	55～59歳未満	12 2.4%	6 3.9%	6 1.7%
	60歳以上	7 1.4%	3 2.0%	4 1.2%
不明		3 0.6%	1 0.7%	2 0.6%

表8-37　年齢別による「会社のためなら自分の生活を多少とも犠牲にするのは当たりまえだと思う」

		全体	はい	いいえ
合計		517 100.0%	361 100.0%	156 100.0%
年齢	20歳未満	43 8.3%	30 8.3%	13 8.3%
	20～24歳未満	130 25.1%	74 20.5%	56 35.9%
	25～29歳未満	107 20.7%	74 20.5%	33 21.2%
	30～34歳未満	69 13.3%	53 14.7%	16 10.3%
	35～39歳未満	47 9.1%	36 10.0%	11 7.1%
	40～44歳未満	47 9.1%	39 10.8%	8 5.1%
	45～49歳未満	35 6.8%	27 7.5%	8 5.1%
	50～54歳未満	16 3.1%	11 3.0%	5 3.2%
	55～59歳未満	14 2.7%	11 3.0%	3 1.9%
	60歳以上	7 1.4%	4 1.1%	3 1.9%
不明		2 0.4%	2 0.6%	

とは一概にはいえないであろうと思われる。

③年齢別による「家でも会社の仕事をすることが多い」（表8-36参照）

「家でも会社の仕事をすることが多い」かどうかをみると，否定する人びとが多いが，その中でも当然年代が若い，つまり，20歳代前半が否定する比率が高い。しかし，30歳代前半の人びとは同一年代でも4割弱が肯定して家に仕事をもち込む人びとがいる。この年代層は自覚していないが，「会社人間」的な生活をしている人びとで，家でも仕事をするようだ。この年代層に聞けば，家にパソコンがあり，家でパソコン処理をしているということであった。

④年齢別による「会社のためなら自分の生活を多少とも犠牲にするのは当たりまえだと思う」（表8-37参照）

「会社のためなら自分の生活を多少とも犠牲にするのは当たりまえだと思う」かどうかをみると，肯定する人びとが多いが，20歳代前半は自分の生活を犠牲

にしたくないと思っている。ただ，30歳代から40歳代にかけては，一定の自分の生活を犠牲にしてもよいという人びとがかなりいる。当然，30～40歳代の人びとは市場経済での競争原理を考えると，常にリストラの対象にされるのではないかという恐怖感もあるようだ。現在の中国の経済状態では，過剰雇用を解決しなければならないということもあり，多くの人びとには「会社のために自分の生活を犠牲」にしてもよいという雰囲気もあるようだ。従って，ここでは会社に対する帰属意識が強いというのではなく，解雇に対する心配から出ているのである。だから，中国では自分の生活を多少犠牲にしてでも会社のために働くことが，帰属意識とは別に考え，働く人びとの価値観が急速に変化しているように思われる。

⑤年齢別による「人一倍努力しても，いい仕事をしたい」（表8-38参照）

「人一倍努力しても，いい仕事をしたい」かどうかをみると，30歳代前半の人びとが最も強く，自分が「人一倍努力」すれば，必ず「いい仕事」ができると思っており，「いい仕事をしたい」という願望が強い。聞けば多くの人たちは30歳代前半が人生の勝負だと思っているようだ。ただ，中国の20歳代前半の人びとは日本の同一年代層と違っていて，この年代に努力すれば，「いい仕事」をするチャンスがあると思っている。それだけチャンスがあると思っており，以前の計画経済管理システムより，現在のような市場経済管理システムの方がよいと思う人びとに，20歳代から30歳代が多い。こうした人びとを指して，中国では「改革開放」世代と呼んでいる。ただ，30歳代前半は自らの努力を試す年代だと思う人びとが多い。特に，大都市の上海や北京の人びとはそのように思っている人びとが多い。

⑥年齢別による「能力が発揮できる機会があれば昇進にこだわらない」（表8-39参照）

「能力が発揮できる機会があれば昇進にこだわらない」かどうかみると，20歳代や40歳代は「能力を発揮できる機会」があれば，昇進とは関係なく，自らの能力を活かしたいと思っている。そして，30歳代前半の人びとは「能力の発揮」が一定の昇進に結ぶことは当然と思う人びとが多い。それはこの年代が能力とともに実力をもつ年代でもあり，当然昇進と結びつけて考えているのであ

第8章　中国における労働者の帰属意識

表8-38　年齢別による「人一倍努力しても，いい仕事をしたい」

		全体	はい	いいえ
合	計	514 100.0%	407 100.0%	107 100.0%
年齢	20歳未満	44 8.6%	26 6.4%	18 16.8%
	20～24歳未満	131 25.5%	107 26.3%	24 22.4%
	25～29歳未満	109 21.2%	89 21.9%	20 18.7%
	30～34歳未満	67 13.0%	60 14.7%	7 6.5%
	35～39歳未満	43 8.4%	33 8.1%	10 9.3%
	40～44歳未満	47 9.1%	39 9.6%	8 7.5%
	45～49歳未満	36 7.0%	24 5.9%	12 11.2%
	50～54歳未満	15 2.9%	13 3.2%	2 1.9%
	55～59歳未満	13 2.5%	9 2.2%	4 3.7%
	60歳以上	6 1.2%	5 1.2%	1 0.9%
不	明	3 0.6%	2 0.5%	1 0.9%

表8-39　年齢別による「能力が発揮できる機会があれば昇進にこだわらない」

		全体	はい	いいえ
合	計	512 100.0%	301 100.0%	211 100.0%
年齢	20歳未満	44 8.6%	28 9.3%	16 7.6%
	20～24歳未満	128 25.0%	78 25.9%	50 23.7%
	25～29歳未満	107 20.9%	63 20.9%	44 20.9%
	30～34歳未満	69 13.5%	31 10.3%	38 18.0%
	35～39歳未満	45 8.8%	27 9.0%	18 8.5%
	40～44歳未満	46 9.0%	28 9.3%	18 8.5%
	45～49歳未満	35 6.8%	22 7.3%	13 6.2%
	50～54歳未満	16 3.1%	7 2.3%	9 4.3%
	55～59歳未満	12 2.3%	7 2.3%	5 2.4%
	60歳以上	7 1.4%	7 2.3%	
不	明	3 0.6%	3 1.0%	

る。現在，中国ではこの年代（30歳代前半）がいろいろの分野で能力を発揮する人びとが多い。

⑦年齢別による「仕事だけの人間なんて魅力がないと思う」（表8-40参照）

「仕事だけの人間なんて魅力がないと思う」かどうかをみると，日本とは異なり仕事ができなければ，人間的な魅力を云々することはできないと思う人びとが多い中で，特に，30歳代前半と40歳代後半の人びとは，「仕事人間」が魅力をもっていると思っている。しかし，20歳代前半の人びとは「仕事だけの人間」をつまらないものと考える人びとが多くなっている。先輩たちのような「仕事人間」にはなりたくないと思っている。この点，この年代層は日本の同一年代と同じような考え方をもちつつあるように思う。

⑧年齢別による「単身赴任も会社のためならやむを得ないと思う」（表8-41参照）

表8-40 年齢別による「仕事だけの人間なんて魅力がないと思う」

		全体	はい	いいえ
合計		512 100.0%	223 100.0%	289 100.0%
年齢	20歳未満	43 8.4%	16 7.2%	27 9.3%
年齢	20～24歳未満	129 25.2%	66 29.6%	63 21.8%
年齢	25～29歳未満	106 20.7%	53 23.8%	53 18.3%
年齢	30～34歳未満	69 13.5%	25 11.2%	44 15.2%
年齢	35～39歳未満	45 8.8%	15 6.7%	30 10.4%
年齢	40～44歳未満	46 9.0%	20 9.0%	26 9.0%
年齢	45～49歳未満	35 6.8%	8 3.6%	27 9.3%
年齢	50～54歳未満	15 2.9%	7 3.1%	8 2.8%
年齢	55～59歳未満	14 2.7%	8 3.6%	6 2.1%
年齢	60歳以上	7 1.4%	4 1.8%	3 1.0%
年齢	不明	3 0.6%	1 0.4%	2 0.7%

表8-41 年齢別による「単身赴任も会社のためならやむを得ないと思う」

		全体	はい	いいえ
合計		506 100.0%	297 100.0%	209 100.0%
年齢	20歳未満	41 8.1%	25 8.4%	16 7.7%
年齢	20～24歳未満	129 25.5%	86 29.0%	43 20.6%
年齢	25～29歳未満	105 20.8%	54 18.2%	51 24.4%
年齢	30～34歳未満	68 13.4%	39 13.1%	29 13.9%
年齢	35～39歳未満	43 8.5%	19 6.4%	24 11.5%
年齢	40～44歳未満	46 9.1%	24 8.1%	22 10.5%
年齢	45～49歳未満	35 6.9%	20 6.7%	15 7.2%
年齢	50～54歳未満	16 3.2%	12 4.0%	4 1.9%
年齢	55～59歳未満	14 2.8%	11 3.7%	3 1.4%
年齢	60歳以上	6 1.2%	4 1.3%	2 1.0%
年齢	不明	3 0.6%	3 1.0%	

「単身赴任も会社のためならやむを得ないと思う」かどうかをみると，日本とは若干異なり（この当時の日本はどちらかといえば，否定する人びとが多かった），基本的に肯定する人びとが多い。しかし，その中でも，30歳代後半の人びとは「単身赴任」をやむを得ないとは思っていない（肯定する人びとの中でも，最も否定的に考えている）。何故なら，それはこの年代層にとって子女の教育を最も考えなければならないからである。中国の人びとにとって子女の教育はもっとも重要な関心事である（国策である「一人っ子政策」が人びとに一段の教育熱を与えてしまったが，親にとっては非常に重い教育投資になっているのである）。例えば，上海勤務であった人が，「単身赴任」で南京にきた場合，子女の教育上の関係と奥さんの仕事上の関係などで，「やむを得ず」単身赴任をしているとのことであった（彼は30歳代後半で，日本でいう課長クラスである）。

⑨年齢別による「会社の人や仕事のつながりを離れて，趣味や勉強，社会活

第8章　中国における労働者の帰属意識

表8-42　年齢別による「会社の人や仕事のつながりを離れて，趣味や勉強，社会活動を行っている」

		全体	はい	いいえ
合	計	493 100.0%	290 100.0%	203 100.0%
年齢	20歳未満	41 8.3%	18 6.2%	23 11.3%
	20～24歳未満	122 24.7%	82 28.3%	40 19.7%
	25～29歳未満	102 20.7%	69 23.8%	33 16.3%
	30～34歳未満	67 13.6%	42 14.5%	25 12.3%
	35～39歳未満	45 9.1%	14 4.8%	31 15.3%
	40～44歳未満	44 8.9%	19 6.6%	25 12.3%
	45～49歳未満	34 6.9%	16 5.5%	18 8.9%
	50～54歳未満	15 3.0%	11 3.8%	4 2.0%
	55～59歳未満	13 2.6%	10 3.4%	3 1.5%
	60歳以上	7 1.4%	6 2.1%	1 0.5%
不	明	3 0.6%	3 1.0%	

表8-43　年齢別による「退職金などで優遇されるとしたら，定年前に退職していい」

		全体	はい	いいえ
合	計	511 100.0%	235 100.0%	276 100.0%
年齢	20歳未満	44 8.6%	19 8.1%	25 9.1%
	20～24歳未満	128 25.0%	56 23.8%	72 26.1%
	25～29歳未満	105 20.5%	42 17.9%	63 22.8%
	30～34歳未満	70 13.7%	33 14.0%	37 13.4%
	35～39歳未満	45 8.8%	20 8.5%	25 9.1%
	40～44歳未満	45 8.8%	27 11.5%	18 6.5%
	45～49歳未満	38 7.4%	19 8.1%	19 6.9%
	50～54歳未満	15 2.9%	7 3.0%	8 2.9%
	55～59歳未満	12 2.3%	7 3.0%	5 1.8%
	60歳以上	6 1.2%	4 1.7%	2 0.7%
不	明	3 0.6%	1 0.4%	2 0.7%

動を行っている」(表8-42参照)

「会社の人や仕事のつながりを離れて，趣味や勉強，社会活動を行っている」かどうかをみると，肯定する人びとが半数以上いるが，その中でも20歳代から30歳代前半までの人びとが「仕事を離れて」，自らの「趣味や勉強，社会活動」を行うとしている。例えば，趣味でいえば，若者たちの山登りや釣りなどをあげている。また，日本と同じように，50歳代以上の人びとも，自らの「趣味や勉強，社会活動」が増えているようだ。そして，肯定する人びとが多い中で，30歳代後半から40歳代の人びとは「仕事を離れて」，自らの「趣味や勉強，社会活動」を行うことがあまりできないという人びとが同一年代では多い。それは日本と同じような理由（責任の度合いなど）であった。

⑩年齢別による「退職金などで優遇されるとしたら，定年前に退職してもいい」(表8-43参照)

表8-44 年齢別による「ラインの管理職よりもスタッフとして専門的知識を活かすポストにつきたい」

		全体	はい	いいえ
合	計	509 100.0%	354 100.0%	155 100.0%
年齢	20 歳未満	44 8.6%	27 7.6%	17 11.0%
	20～24歳未満	129 25.3%	94 26.6%	35 22.6%
	25～29歳未満	103 20.2%	76 21.5%	27 17.4%
	30～34歳未満	69 13.6%	49 13.8%	20 12.9%
	35～39歳未満	46 9.0%	31 8.8%	15 9.7%
	40～44歳未満	45 8.8%	26 7.3%	19 12.3%
	45～49歳未満	35 6.9%	24 6.8%	11 7.1%
	50～54歳未満	16 3.1%	12 3.4%	4 2.6%
	55～59歳未満	14 2.8%	9 2.5%	5 3.2%
	60 歳以上	5 1.0%	3 0.8%	2 1.3%
不	明	3 0.6%	3 0.8%	

表8-45 年齢別による「勤務地を自分が希望する地方に限定できれば,昇進・昇格にこだわらない」

		全体	はい	いいえ
合	計	502 100.0%	239 100.0%	263 100.0%
年齢	20 歳未満	42 8.4%	23 9.6%	19 7.2%
	20～24歳未満	125 24.9%	60 25.1%	65 24.7%
	25～29歳未満	104 20.7%	47 19.7%	57 21.7%
	30～34歳未満	71 14.1%	32 13.4%	39 14.8%
	35～39歳未満	46 9.2%	23 9.6%	23 8.7%
	40～44歳未満	44 8.8%	23 9.6%	21 8.0%
	45～49歳未満	34 6.8%	13 5.4%	21 8.0%
	50～54歳未満	15 3.0%	7 2.9%	8 3.0%
	55～59歳未満	11 2.2%	6 2.5%	5 1.9%
	60 歳以上	7 1.4%	4 1.7%	3 1.1%
不	明	3 0.6%	1 0.4%	2 0.8%

「退職金などで優遇されるとしたら,定年前に退職してもいい」かどうかをみると,30歳代以下の人びとは日本の30歳代以下の人びととは逆に,否定的に考えている(転職が容易ではない状況にあるから)。ただ,40歳代以上の人びとは日本と同じように肯定的であるが,同じように複雑な心境である(年金の額にも問題があるが,それ以上に,医療費問題があり,簡単に「定年前の退職」を考えていない。現実に下崗〈失業手続きをせずに,失業状態になっている〉問題が深刻である)。

⑪年齢別による「ラインの管理職よりもスタッフとして専門的知識を活かすポストにつきたい」(表8-44参照)

「ラインの管理職よりもスタッフとして専門的知識を活かすポストにつきたい」かどうかをみると,日本よりも肯定する人びとが多いが,特に,30歳代前半の人びとが,「ラインの管理職」より「スタッフの専門的知識」を活かしたポストにつきたいと思っている(この考え方は日本の以前の若年層と同じ意識では

ないかとも思われる）。ただ，中国ではライン部門とスタッフ部門の交流があまりない中で，現実にライン部門の人びとが「専門的知識」を活かしてスタッフ部門に加わることは限られた分野だけであり，かなり願望的な考え方ともいえる。

⑫年齢別による「勤務地を自分が希望する地方に限定できれば，昇進・昇格等にこだわらない」（表45・参照）

「勤務地を自分が希望する地方に限定できれば，昇進・昇格等にこだわらない」かどうかをみると，否定する人びとが多いが，特に，30歳代前半の人びとは「昇進，昇格等にこだわる」気持ちを強くもっている。それはこの年代層が昇進・昇格など

表8-46 年齢別による「結婚・出産等により退職した女子がもとの企業に復帰できる制度があった方がいい」

		全体	はい	いいえ
合	計	503 100.0%	362 100.0%	141 100.0%
年齢	20歳未満	45 8.9%	29 8.0%	16 11.3%
	20～24歳未満	126 25.0%	99 27.3%	27 19.1%
	25～29歳未満	102 20.3%	78 21.5%	24 17.0%
	30～34歳未満	68 13.5%	45 12.4%	23 16.3%
	35～39歳未満	46 9.1%	27 7.5%	19 13.5%
	40～44歳未満	43 8.5%	29 8.0%	14 9.9%
	45～49歳未満	36 7.2%	26 7.2%	10 7.1%
	50～54歳未満	14 2.8%	10 2.8%	4 2.8%
	55～59歳未満	14 2.8%	11 3.0%	3 2.1%
	60歳以上	6 1.2%	5 1.4%	1 0.7%
不	明	3 0.6%	3 0.8%	

の分岐点にもなりつつあり，かなりメンツを気にする年齢層ともいわれている。そして，40歳代前半の人びとは「自分が希望した勤務地」であれば，「昇進・昇格等にこだわらない」という気持が若干多い。この年代は文革世代であり，昇進・昇格等に対して複雑な気持がある。

⑬年齢別による「結婚・出産等により退職した女子がもとの企業に復帰できる制度があったほうがいい」（**表8-46**参照）

「結婚・出産等により退職した女子がもとの企業に復帰できる制度があったほうがいい」かどうかをみると，20歳代前半から30歳代前半までの人びとは退職後もとの企業に復帰する制度を望んでいる。それは労働契約制導入（1986年10月より実施）後に企業に入った人びとにとって，結婚・出産等で退職強要があるわけではないが，契約更新時に出産等にひっかかる場合，微妙な問題があ

るともいわれている。特に，20歳代前半の人びとの場合，そうした問題に関していろいろ心配もしているということであった。ただ，出産等で退職をすることはないが，もとの職場に復帰するさいの再訓練システムを考えるべきであるように思われる。聞けば，再訓練システムがあれば，復帰しても不安などが解消され，仕事をスムーズにこなせるということであった。

第4節　労働者の労働組合に対する態度

【A．性　別】

　雇用者数のうち労働組合員数（表8-47参照）は，1997年末まで，約1.4億人（国有企業・約1.1億人，集団企業・約3千万人など。中国の労働組合は経営に一定の権限をもっている）の組合員数（組織率はほぼ100％に近いといわれているが）になっている。このような労働組合の組合員数・組織率の下で，労働者の組合活動に対する考え方を性別でみると，「ある程度満足している」が最も多く（191人，33.3％），次いで，「大変満足している」が多い（101人，17.6％）。そして，「労働組合がない」（96人，16.7％）人びと（合弁企業や郷鎮企業でも労働組合がないところがある。形式的にはあるともいわれているが），また，「わからない」（46人，8.0％）と続き，「どちらかといえば不満だ」（25人・4.3％）と「全く不満だ」（21人，3.6％）となっている。基本的に中国の労働者にとって，労働組合の活動は満足（51.0％）とみても良いが，さまざまな雇用形態もあり，以前ほどには労働組合の活動が評価されなくなったともいわれている。それは国有企業等での下崗（籍だけは企業側にあり，つまり失業手続ができない失業状態の人びとを指す）された人びとに対する処置に不満をもっているともいわれている（それはいつ我が身が下崗されるかと思うからである）。男女別にみると，男性の場合，満足派（53.2％）が全体より高く，しかも女性の満足派（48.6％）より高い（男性の不満派〈12.7％〉は4分の1である）。徐々に職場が男性優位の企業社会になりつつあるのではないか。それだけ職場での女性の地位が低下してきているように思われる。そして，男性でも，「なんともいえない」（14.6％）とか，「わからない」（8.8％）とか，という人びとが徐々に増えているのも事実である。それは雇用

第8章 中国における労働者の帰属意識

表8-47 性別による「労働組合に対する考え方」

(上段：実数，下段：%)

	合計	性別		
		男	女	不明
全体	561 100.0%	253 45.1%	292 52.0%	16 2.9%
大変満足している	101 100.0%	48 47.5%	50 49.5%	3 3.0%
ある程度満足している	191 100.0%	90 47.1%	94 49.2%	7 3.7%
なんともいえない	81 100.0%	38 46.9%	40 49.4%	3 3.7%
どちらかといえば不満だ	25 100.0%	20 80.0%	5 20.0%	
全く不満だ	21 100.0%	13 61.9%	7 33.3%	1 4.8%
労働組合がない	96 100.0%	21 21.9%	73 76.0%	2 2.1%
わからない	46 100.0%	23 50.0%	23 50.0%	

表8-48 年齢別による「労働組合に対する考え方」

(上段：実数，下段：%)

		全体	大変満足している	ある程度満足している	なんともいえない	どちらかといえば不満だ	全く不満だ	労働組合がない	わからない
合計		561 100.0%	101 100.0%	191 100.0%	81 100.0%	25 100.0%	21 100.0%	96 100.0%	46 100.0%
年齢	20歳未満	47 8.4%	12 11.9%	7 3.7%	8 9.9%			14 14.6%	6 13.0%
	20～24歳未満	138 24.6%	12 11.9%	40 20.9%	20 24.7%	6 24.0%	7 33.3%	36 37.5%	17 37.0%
	25～29歳未満	116 20.7%	26 25.7%	30 15.7%	17 21.0%	2 8.0%	3 14.3%	29 30.2%	9 19.6%
	30～34歳未満	71 12.7%	10 9.9%	31 16.2%	14 17.3%	5 20.0%	4 19.0%	3 3.1%	4 8.7%
	35～39歳未満	53 9.4%	9 8.9%	23 12.0%	6 7.4%	4 16.0%	1 4.8%	8 8.3%	2 4.3%
	40～44歳未満	52 9.3%	8 7.9%	25 13.1%	8 9.9%	5 20.0%	1 4.8%	1 1.0%	4 8.7%
	45～49歳未満	40 7.1%	10 9.9%	20 10.5%	4 4.9%		3 14.3%	1 1.0%	2 4.3%
	50～54歳未満	20 3.6%	7 6.9%	6 3.1%	4 4.9%	1 4.0%		1 1.0%	1 2.2%
	55～59歳未満	15 2.7%	4 4.0%	6 3.1%		1 4.0%	1 4.8%	2 2.1%	1 2.2%
	60歳以上	6 1.1%	3 3.0%	2 1.0%		1 4.0%			
	不明	3 0.5%		1 0.5%			1 4.8%	1 1.0%	

(注) 複数回答

形態の複雑さ（正規社員，契約工，民工＝出稼ぎ労働者，パート，臨時工など）もあってか，現在の労働組合は従来のサービス機関的（日本の企業でいえば労務課的な仕事を基本的な任務とする）なことから，本来の労働者の労働諸条件を改善する方向に，組合運動の活動をしなければならなくなった時期ともいわれつつあるが，そうした意見はまだ極く少数である。女性の場合，満足派（48.6％）が不満派（4.0％）の約12倍あり，女性の地位の低下がいわれる下で，かなりの女性は満足感をもっている。しかし，女性の職場には労働組合がないという人びとが約25％ある（男性の場合，8％の人びとが労働組合がない）。国有企業や集団企業以外の多くの職場に，徐々に労働組合がない状態になりつつある。

【B．年齢別】

「労働組合に対する考え方」をみると（表8-48参照），満足派（51.0％）は30歳代以降の人びとが全体の比率よりも高い（約60％台）。そして，不満派（8.0％）は30歳代前半（12.3％）と40歳代前半（11.3％）が多いが，その他の年代層はすべて10％台以下である。中国の労組活動は30歳代以降に満足派が大半であるが，それでも30歳代や40歳代の前半の人びとに一定の不満がある。30歳代前半の人びとは住宅配分（労働組合が労働者の生活全般を面倒みており，特に住宅に関してはかなり強力な権限をもっている。ある企業では従業員大会で決定するとのことであった）に不満をもっているといわれている。そして，40歳代前半は下崗問題の措置に対する不満といわれている（特に，女性労働者には不満があるといわれている）。ただ，すべての年代層が労働組合の活動を評価しているが，年代層によって不満も出てきている。そうした不満は現在徐々に顕在化しつつあり，そうした人びとの声を反映させた活動をすべきであろう。

おわりに

　中国の労働者における帰属意識（組織に属し，その中で自らにその地位を占める意識状態をさす）をさまざまな項目でみてきたが，従来大半の働く人びとには，「我が国家はあったが，我が企業はなかった」ことを意識するようになったのではないか（多くの労働者の生活全般は企業に寄りかかっていたが，意識の上ではい

つも国家や社会を念頭において物事を判断してきた面が強かった)。現在，市場経済管理システムへの転換の下で，徐々に自らが働く職場は自らの努力で生計をたてなければならなくなったのである。つまり，自らの生活は自ら守らなければならなくなった。このことが除々にではあるが，人びとに企業に対する帰属意識を醸成しつつあるようだ。しかし，そうした帰属意識は自らの物質的な諸条件を満たしていることを前提にしており，自らを犠牲にしてまで企業のために働きたいということではない（この意識は自らの人生は自らが決めるという意識を前提にしているが）。ただ，多くの中高年層は帰属意識を強めつつあるが，それはリストラの対象にされるかも知れないという恐怖感の反映ではないか。

中国の企業に対する帰属意識をみていると，「労働契約制」がより完全に実施されることに伴って，人びとの意識も少しずつ変わりつつあり，従来も帰属意識が希薄であった上に，さらに，一段と多くの人びとは企業に対する帰属意識をもたなくなっている。ただ，企業の幹部は一般の労働者とは異なり，一定の帰属意識をそれなりに醸成しつつあるように思われる。

中国も，21世紀の前半は「失業の増大」が予想される下で，多くの企業経営者は（労組側も）再度「帰属意識」の問題を考える必要があるのではないかと思われる。それは常に上からの「帰属意識」を求めるのではなく，企業・労組が働く人びとの働き方や生き方をも考慮した「帰属意識」を求められる時代に，中国も遭遇しているのではないかと思われる。

あとがき

　本書はここ4年間くらい中小企業に関して書いたものをまとめたものである。この4年間は中国を経済的にみて，本当に激動の時期ではなかったかと思われる。それは企業の移り変わりが速いことを，毎年訪中していて痛感させられていた。ここから中小企業の研究がスタートしたように思う。そして，今日の中国経済の活力はどこにあるかと思いつつ，それが中小企業にあるのではないかと思うことから始まったのである。

　中国経済の成長要因は，旧ソ連や中・東欧諸国の経済と大きく異なるものとして，システム転換がそれなりにスムーズに進んできたところにあったのではないかと思われる。それは農村改革で人民公社の解体に伴う郷鎮企業の育成と急速な発展をみることができる。

　その成功モデルを適用するものとして，都市改革における国有企業の改革がスタートしたのである。そうした一連の改革の下で，「社会主義市場経済」の決定があり，その後に，「抓大放小」政策が提案されたのである。政策の目的は地方にある中小の国有企業を切り離して，地方財政を軽減することにあった。それは現在からみてみれば，一方ではいろいろな地域間における格差を生み出すことにもなったが，他方では多くの個人・私営企業を創出するということに成功したのではないかと思われる。

　市場経済が各分野・部門に浸透することによるプラス面（それは経済成長の拡大をもたらす原動力ともなる）とマイナス面（それは失業者の増大による社会的な不安定要因ともなる）を生起させながらも，より活力を生み出す社会を求めて中小企業を経済活動の中心に位置付けられるかどうか，今後の中国経済のカギになるのではないかと思われる。

　改革開放政策が導入されてから20年余を経過し，その間に指導部も鄧小平から江沢民，そして今年・2003年から新たな指導部・胡錦涛が誕生し，2020年を

目標に「小康社会」(「まずまずの状態〈社会〉」,実は沿海部の大都市ではすでにそうした生活水準を,1990年代後半に達成したといわれている)を全国的に達成しようというものである。そのさい,中国経済の継続的な発展は,あらゆる面で至上命題であり,その柱に中小企業が位置付けられ,社会進歩を進める中心になっているかどうかであろう。そして,21世紀が中小企業の時代になっているかどうか,それは中国経済のカギを握っているかもしれない。

なお,本書は以下のような掲載雑誌からの採録であり,要旨を変更していないが,各章かなりの訂正,付け加えをしている。特に,第8章は元の分量からみれば,二割程度しか掲載していない。それは枚数の関係が最大の理由である。

第1章　中京大学『中京商学論叢』第46巻第2号（1999年）
第2章　中京大学中小企業研究所『中京大学中小企業研究』No. 21（1999年）
第3章　中京大学中小企業研究所『中京大学中小企業研究』No. 22（2000年）
第4章　中京大学『中京商学論叢』第47巻第2号（2000年）
第5章　中京大学『中京商学論叢』第48巻第2号（2001年）
第6章　中京大学中小企業研究所『中京大学中小企業研究』No. 24（2002年）
第7章　中京大学中小企業研究所『中京大学中小企業研究』No. 23（2001年）
第8章　中京大学中小企業研究所『中京大学中小企業研究』No. 19～20（1997～1998年）

索　引

あ　行

IT 産業　108
アパレル業　26
アルバイト　197
安楽死　67
一大二公　4, 68
イノベーション　52, 79
医療費問題　212
インキュベーター　97
インフラ整備　163
インボイス　103
請負取引関係　96
「売り手市場」から「買い手市場」　8, 47
運転資金　36
営業販売手段　34
衛星都市　173
エンジェルファンド　127
大きな政府　64
OJT　190
卸売市場　165

か　行

海外市場　32
外貨獲得型農業　165
改革開放期　42
外貨準備高　39
開業率　122
外国為替リスク　39
解雇問題　73
外資系企業　24
会社人間　199
街道　62
貨幣の実質的な購買力　40
科学技術型中小企業　82
下崗　8, 19, 20, 57, 60
加工型農業　165
「貸し渋り」現象　83
貸付制限　124
貸付担保　48
　　――方法　52
貸付保証　95
果樹生産基地　164
過剰雇用　208
家族的な管理　14
過当競争　67
家内企業　63
株式合作制　168
株式市場　132
下放　91
為替レート　40
環境汚染　53
還付税　75
官民（行政と企業）一体　iv
官僚機構　64
企業家精神　ii, 44
企業観　194
企業経営請負制　47
企業経営者のインセンティブ　114
企業生産モデル　116
企業の自主権拡大　1
企業秘密　128
企業文化　112
技術サービス機関　153
技術情報　13
技術装備率　58
技術・知識集約型　63, 78
帰属意識　iii, 117
基地型　113
教育投資　210
脅威論　157
協議購入　159
行商人　173
行政　i
　　――手段　124
競争社会　200

221

競争条件　73
共同開発　28
協同互助担保　140
共同担保　82, 84
巨大企業　51
居民委員会　62
金融　i, 124
　　──市場　132
　　──貿易センター　91
　　──保険サービス業　93
軍需企業　143
経営請負責任制　167
経営メカニズム　12
経済手段　124
経済責任制　55
経済の自由化路線　168
経済連合体　166
競売形式　9
検査制度　68
現代企業制度　10
公園型農業　166
工業化率　175
工業連合経営企業　167
公私合営　42
工場所有権　153
工場長責任制　167
工場長任期目標制　167
郷鎮企業　42, 74
郷鎮制　173
公認会計士　65
コーポレート・ガバナンス　76
国際金融危機　62
国際経営開発研究所　97
国際ファンド　124
国民金融公庫　94
国民経済回復期　42
国有企業　8
国有資産経営有限会社　143
国有商業銀行　123
国有の小型企業　1
互助担保　82
五多五少　50
国家資産の流失　10

コネ社会　194
コピー商品　76
雇用問題　73
コンサルティングサービス　38

　　　　さ　行

財産権制度　6
再就職システム　183
財政資金　124
再担保サービス　83
財閥再編　44
債務超過　3
債務負担　16
財務報告書　128
債務危機　16
三角債　15, 39
残業時間　199
三大改革　i
三廃　163
三乱　85
GDP（国内総生産）　66, 89
私営企業　2
　　──協会　19
事業法人　125
資源総合利用型　81
仕事人間　209
仕事優先　200
資産評価　10
自主開発　28
市場意識　115
市場予測　13
システムコントロール化　174
システム転換　41
施設型農業　165
下請企業　96
下請取引の公正　98
失業問題　79, 106
私的所有権　93
私募債　133
資本・技術集約型産業　14
資本市場　132
社会主義改造期　42
社会主義市場経済　i, 2

社区　105
社隊企業　166
社内定年　184
上海都市合作銀行　23
私有化　67
従業員持株会社　5, 6
私有経済　i
自由市場　165
終身雇用　117
住宅配分　116
「集団型」企業　170
集団経営　10
集団的所有制　23
集団法人　125
自由放任　68
小企業法　94
小規模企業　91
商業情報センター　97
商業担保　82
商業手形　132
上下関係＝従属関係　96
証券市場　132
商工会議所　65
商工組合中央金庫　95
小而全　59, 75
昇進システム　201
昇進・昇格　204
昇進制度　117
消費者主権　111
情報公開　44
情報サービスシステム　129
職位システム　201
職能資格システム　201
振興工業　54
人材の問題　18
人事考課制度　201
人的資源　111
信用担保　84
　　――管理法　134
　　――協会　125
　　――システム　81
信用保証協会法　99
税外の費用　85

生産請負責任制　47
生産効率促進センター　153
生産式型から指導サービス型　7
生産都市　91
税収貢献度　101
精神運動　191
生態型エコ農業　165
生態環境　164
製品合格率　58
政府機能の肥大化　65
税理士　65
世界恐慌　63
世界の工場　116
世界の生産基地　iv, 117, 157
世界貿易機関（WTO）　16, 89
　　――加盟　ii, 79
専業取引市場　165
専制主義　64
先富裕起来　159
専門バカ　202
戦略モデル　116
創業企業　36
創業資金　36
創業者利得　112
操業停止　31
総資産収益率（ROE）　107
抓大放小　i, 3, 4, 5, 47, 48, 51
　　――政策　1

た　行

滞貨原因　29
大企業病　49
大規模機械工業　49
第三者機関　67
大而全　59, 75
退職金　203
大中型企業　1
第2職業　197
大躍進と「文革」期　42
代理販売手段　34
タテ割行政　5
多能工化　195
多品種少量生産　43

多様な価値観　v
単位　65
単身赴任　202
男性優位　214
担保貸付　94
担保物権　103
担保法　78
地域サービス型　81
小さい政府　70
チェーン化　116
知的所有権　118
地方教育費付加　75
中央集権的行政システム　97
仲介サービス業　135
中国工商銀行　77
中国人民銀行　83
中小企業管理局　69
中小企業基本法　94, 100
中小企業近代化資金援助法　98
中小企業近代化促進法　98
中小企業金融公庫　94
　　——法　99
中小企業指導法　99
中小企業信用担保会社　125
中小企業信用担保制度　60
中小企業信用担保センター　125
中小企業信用保証機構　52
中小企業政策システム　7
中小企業創造活動促進法　95
中小企業促進法　iii, 20, 87, 99, 100
『中小企業白書』　48
中小企業発展ファンド　136
「中中外」モデル　167
直接貸付　94
直接金融投資ルート　83
直接融資方法　58
通信ネットワーク　44
低利融資　82
手形市場　132
デフレ経済　89
電子商取引　55
展示即売会　154
伝統産業　79

統一買付　159
登記企業　9
統計指標システム　86
倒産率　122
独立採算制　13
都市型企業　171
都市型産業　43
都市化率　175
都市近郊型農業　159
都市貧困層　79
土地財産制度　178
土地使用権　103
土地所有権　179

　　　　な　行

内部資金　35
ナスダック　125
南巡講話　168
攤派　50
農業の産業化　164
農村工業　161
　　——化　157
　　——区　172
農地保護地区　164
農民問題　177

　　　　は　行

バイオ技術　95
ハイテク化　79
ハイテク型中小企業　83
ハイテク技術　78
ハイテク産業　8, 78, 79
ハイテク商品　85
ハイリスク・ハイリターン　138
薄利多売　58
パソコン市場　108
反トラスト法　96
販売市場　33
販売成長率　101
美化型農業　166
非公式訓練　190
非公有制　57
非国有経済　64

非特許技術　153
ファンド収益　137
夫婦共働き　197
副業加工型　81
復帰制度　205
不動産鑑定士　65
不良貸出　78
不良債権化　78
「風呂敷」サービス労働　199
分割担当規制型から総合的なバランス型　7
平均負債率　3
弁護士事務所　65
ベンチャー企業　52,60,96
ベンチャー精神　96
放権譲利　47
訪問販売手段　34
浦東開発　167
部門従属型から行政監理型　7

ま　行

マクロ情報　128
マクロ的(国家的)な観点　110
町工場　42
ミクロ規制型からマクロ規制型　7
ミクロ情報　128
ミクロ的(企業的)レベル　110
民営化　67
民間金融メカニズム　124
民工　178

や　行

有価証券　35

有償譲渡　6
融資利率　36
輸出外貨獲得型　81
輸出型企業　169
輸出志向型経済　167
輸出主導型戦略　102
輸出信用保険　154
余剰人員　121
四多四少　17
四低　56

ら　行

ライバル意識　205
ライフ・サイクル　116
リース経営　103
利改税　47
リスクコントロール制度　83,139
リスク投資会社　83,105
リスク投資ファンド　82,83,105
リストラ(首切り)　190
立体型農業　166
流通市場　165
零細企業　91
レジャー型農業　166
劣悪コピー　66

わ　行

労働契約制　168
労働資本集約型　78
労働集約型産業　14,104
労働力市場　191

〈著者紹介〉

塚本隆敏（つかもと・たかとし）

1941年　愛知県に生まれる
現　在　中京大学商学部教授・経済学博士
著　書　『中国市場経済への転換』（税務経理協会，1999年）
　　　　『中国の社会変動』（税務経理協会，1996年）
　　　　『中国における労働市場問題』（税務経理協会，1991年）
　　　　『転換期にある中国経済』（日中出版，1982年）
訳　書　『中国国民経済の諸問題』（厦門大学経済系財政金融研究室編，日中出版，1980年）

MINERVA 現代経済学叢書㊄

現代中国の中小企業
──市場経済化と変革する経営──

2003年4月20日　初版第1刷発行　　　〈検印省略〉

定価はカバーに
表示しています

著　者　　塚　本　隆　敏
発行者　　杉　田　啓　三
印刷者　　江　戸　宏　介

発行所　株式会社　ミネルヴァ書房
607-8494 京都市山科区日ノ岡堤谷町1
電話代表（075）581-5191番
振替口座 01020-0-8076

© 塚本隆敏, 2003　　　　　共同印刷工業・新生製本

ISBN4-623-03804-1
Printed in Japan

中国経済の歴史的展開
――――――――――――古澤賢治著　Ａ５判　256頁　本体3398円
●原蓄路線から改革・開放路線へ　理論，歴史，実証分析の３つの視角から，中国の経済発展を貫いてきた経済論理を解明するとともに，中国独自の発展方向を展望，激動の現代中国経済をさぐる意欲的研究書。

中国の経済発展と日本的生産システム
――――――――――――郝　燕書著　Ａ５判　338頁　本体3800円
●テレビ産業における技術移転と形成　中国テレビ産業における技術の移転と形成の問題を国際比較の視点から考察し，日本的生産システム受容の実証的分析から，その奇跡的発展の謎を解明する。1999年度国際ビジネス研究学会賞受賞。

メカトロニクス革命と新国際分業
――――――――――――周　牧之著　Ａ５判　256頁　本体3500円
●現代世界経済におけるアジア工業化　電子産業の発展と新たな産業技術体系の形成を，世界経済構造変化の最大の原動力と位置づけ，「メカトロニクス革命」説を提起する。第13回電気通信普及財団賞（テレコム社会科学賞）奨励賞受賞。

東アジアにおける国際分業と技術移転
――――――――――――藤井光男編著　Ａ５判　424頁　本体5300円
●自動車・電機・繊維産業を中心として　国際分業再編の新たな動向と諸課題を，詳細な現地調査により体系的に分析した日・中・韓共同調査による実証的研究。国際的視野から国際分業と技術移転のあるべき方途を探究する。

新・東アジア経済論
――――――――――――平川　均／石川幸一編著　Ａ５判　392頁　本体3000円
●グローバル化と模索する東アジア　世界経済のなかでの位置を明確にし，その一部として各国際経済を捉える視点を重視，アジアの研究者，実務家の目を通して東アジア経済論をわかりやすく展開する学生・ビジネスマン必読の書。

東アジア経済と日本
――――――――――――西口清勝／西澤信善編著　Ａ５判　368頁　本体3800円
奇跡から危機，そして再生へ――。急展開し激動する東アジア経済の全体像を解明すると共に，アジア危機の２つの要因である対外的要因と国内的要因についてバランスの取れた分析を行い，再生の中での日本の役割を考察する。

――――ミネルヴァ書房――――
http://www.minervashobo.co.jp/